GUINÉE ÉQUATORIALE

UN DEMI SIÈCLE DE TERREUR ET DE PILLAGE

MÉMORANDUM

MAX LINIGER-GOUMAZ

GUINÉE ÉQUATORIALE

UN DEMI SIÈCLE DE TERREUR ET DE PILLAGE

MÉMORANDUM

DU MEME AUTEUR

LE SELF-SERVICE EN SUISSE ET DANS LE MONDE
Prix «Édouard Folliet» Université de Genève, 1953

LES ANNIVIARDS. ESSAI DE GÉOGRAPHIE HUMAINE D'UNE VALLÉE SUISSE
(Miméo). Genève, 1958

RÉFLEXIONS SUR L'ANTIFÉMINISME SUISSE
Les Éditions du Temps. Genève, 1959

**L'ORANGE D'ESPAGNE SUR LES MARCHÉS EUROPÉENS
LE PROBLÈME ORANGER ESPAGNOL.** *Les Éditions du Temps*. Genève, 1962

LA SUISSE, SA NEUTRALITÉ ET L'EUROPE
Les Éditions du Temps. Genève, 1965

MÉTHODOLOGIE DE L'ENSEIGNEMENT DE LA GÉOGRAPHIE
Prix *"Arthur de Claparède"*. *Mémoires de l'I.P.N.*, 1. Kinshasa, 1966

**DE L'EURAFRIQUE. UTOPIE OU RÉALITÉ
LES MÉTAMORPHOSES D'UNE IDÉE.** *Éditions CLÉ*. Yaounde, 1972

THE CONGO BASIN AND ADJACENT AREAS
UNESCO Textbook for Teaching Geography of Africa. London 1975

AFRICANA. L'AFRIQUE D'HIER A DEMAIN
Les Éditions du Temps. Genève, 1977

HISTORICAL DICTIONARY OF EQUATORIAL GUINEA
Scarecrew Press. Metuchen (N.J.), 1979, 2e édit. 1988, 3e édit. augmentée 2000

LA GUINÉE ÉQUATORIALE. UN PAYS MÉCONNU
L'Harmattan. Paris, 1980

**GUINÉE ÉQUATORIALE. DE LA DICTATURE DES COLONS A LA DICTATURE
DES COLONELS.** *Les Éditions du Temps*. Genève, 1981

**DE LA GUINÉE EQUATORIALE NGUEMISTE. ÉLÉMENTS POUR LE DOSSIER
DE L'AFRO-FASCISME.** *Les Éditions du Temps*. Genève, 1983

ONU ET DICTATURES. DE LA DÉMOCRATIE ET DES DROITS DE L'HOMME
L'Harmattan. Paris, 1984

CONNAÎTRE LA GUINÉE ÉQUATORIALE
Éditions des Peuples noirs. Rouen, 1986

BRÈVE HISTOIRE DE LA GUINÉE ÉQUATORIALE
L'Harmattan. Paris, 1988

HISTORICAL DICTIONARY OF EQUATORIAL GUINEA
Scarecrew Press. Lanham (Maryland) 1988, 2nd Edition

SMALL IS NOT ALWAYS BEAUTIFUL. THE STORY OF EQUATORIAL GUINEA
C. Hurst & Co. Londres, 1987 – *Barnes and Noble Books*. Totowa (N.J.), 1989

**DE L'ÉRADICATION DU CRÉTINISME ET AUTRES PHÉNOMÈNES
REMARQUABLES TELS QU'ON LES PEUT OBSERVER DANS LA RÉGION DES
ALPES PENNINES**
L'Aire. Lausanne, 1989

COMMENT ON S'EMPARE D'UN PAYS. LA GUINÉE ÉQUATORIALE
Les Éditions du Temps. Genève, 1989

PAROLES D'HELVÈTE. EUROPE : L'ACCENT SUISSE
Les Éditions du Temps. Genève, 1990

L'AFRIQUE A REFAIRE. VERS UN IMPÔT PLANÉTAIRE
L'Harmattan. Paris, 1992

LA DÉMOCRATURE. DICTATURE CAMOUFLÉE, DÉMOCRATIE TRUQUÉE
L'Harmattan. Paris, 1992

**WHO'S WHO DE LA DICTATURE DE GUINÉE ÉQUATORIALE. LES NGUEMISTES.
1979-1993.** *Les Éditions du Temps.* Genève, 1993

**GUINEA ECUATORIAL Y EL ENSAYO DEMOCRATICO.
AFRICA Y LAS DEMOCRACIAS DESENCADENADAS. EL CASO DE GUINEA
ECUATORIAL** Editorial Claves para el futuro. Alcobendas-Madrid, 1994

Présentation de **MÉMORANDUM POUR L'AN 3000. DE L'AFRICA DES ESCLAVES A
L'AFRICA ESCLAVE. Conférence planétaire pour la Proclamation de la Paix universelle
(Anthropopolis, 2999)** L'Harmattan. Paris, 1995

LA CONQUISTA DEL GOLFO DE GUINEA. Claves para el futuro. Madrid 1996

EQUATORIAL GUINEA, in THE ENCYCLOPEDIA OF SUB-SAHARAN AFRICA.
Charles Scribner's Sons Reference Books. New York, 1997

**UNITED STATES, FRANCE AND EQUATORIAL GUINEA. THE DUBIOUS "FRIENDSHIPS"
ÉTATS-UNIS, LES USA ET LA FRANCE FACE A LA GUINÉE ÉQUATORIALE
A LA FIN DU XIXe ET DU XXe SIÈCLE. LA CONTINUITÉ DE L'HISTOIRE.**
Les Editions du Temps. Genève, 1997

GUINÉE EQUATORIALE. 30 ANS D'ÉTAT DÉLINQUANT NGUEMISTE
L'Harmattan. Paris, 1998

ÄQUATORIALGUINEA. 30 JAHRE NGUEMISTISCHER VERBRECHERSTAAT
University of Leipzig Papers on Africa, Politics and Economics, No. 21, Leipzig 1998

**«EQUATORIAL GUINEA. CIVIL RIGHTS ? WHAT HAS THAT GOT TO DO
WITH DEMOCRACY ?»** *Africa Contemporary Record,* 24. Colin Legum Editor.
Africana Publishing Company. Holmes & Meier. New York, 2000

LA GUINEA EQUATORIALE. TRENTA ANNI DI DITTATURA
Il Politico e La Memoria. L'Harmattan Italia. Torino, 2000

HISTORICAL DICTIONARY OF EQUATORIAL GUINEA
Scarecrew Press. Lanham (Maryland) 2000, 3rd Edition

GUINEA ECUATORIAL. LA DEMOCRATURA NGUEMISTA SIN CAMBIOS
Prólogo de Luis Ondo Ayang. Secretario General de la Alianza Nacional para la
Restauración Democrática (A.N.R.D.). *Editorial Claves para el Futuro.* Madrid, 2000

**EQUATORIAL GUINEA : « The Political Environment has not been conducive »
(United Nations), in AFRICA CONTEMPORARY RECORD,** 25. Colin Legum, Editor.
Africana Publishing Company. Holmes & Meier. New York-London, 2001

**MÉLANGES EURO-AFRICAINS – MISCELANEAS EURO-AFRICANAS
MISCELLANEAS GUINEOECUATORIANAS., I.** Del Estado colonial al Estado dictatorial.
Bajo la dirección de Luis Ondo Ayang, Marcelino Bondjale Oko, Humberto Riochí Bobuiche y
Francisco Zamora Loboch. *Editorial Claves para el Futuro.* Alcobendas-Madrid, 2001

MISCELLANEAS GUINEOECUATORIANAS. II. Nguemismo : 33 años de auto-golpes y torturas –
Corrupción nacional e internacional – Guinea Ecuatorial Cultural, con Luis Ondo Ayang, Secretario
general de la A.N.R.D. y Anacleto Bokesa Camó, Portavoz del M.A.I.B.
Editorial Tiempos Próximos, Madrid, 2002

NOS ANCÊTRES LES CRÉTINS DES ALPES ET LEURS COUSINS DU MONDE ACTUEL
Anthologie. *Les Editions à la carte,* Sierre/*Les Editions du Temps,* Genève, 2002

**COLONISATION – NÉOCOLONISATION – DÉMOCRATISATION – CORRUPTION
A L'AUNE DE LA GUINÉE ÉQUATORIALE.** Préface de Luis Ondo Ayang. Secretario general
de la Alianza para la Restauración Democrática. *Les Editions du Temps.* Genève, 2003

**LA GUINÉE ÉQUATORIALE CONVOITÉE ET OPPRIMÉE
AIDE-MÉMOIRE D'UNE DÉMOCRATURE, 1968-2005**
Préface de Djongele Bokoko Boko. *L'Harmattan.* Paris, 2005

**EQUATORIAL GUINEA. GEOGRAPHY AND ECONOMY – HISTORY AND POLITICS
NEW ENCYCLOPEDIA OF AFRICA.** Charles Scribner's Sons/Thomson Gale, vol. 2.
Farmington Hills, MI, 2008.

GUINEA ECUATORIAL. RICA, PERO MISERABLE, con Djongele Bokokó Boko.
Les Editions du Temps. Genève, 2010, il.

Poésie – Reportages

SOLILOQUE LOGOGRIPHE D'UN GÉOGRAPHE ENSEIGNANT
(E. von Kirchendorf) Plaquette. Dessins de Gil Pasteur. *Les Éditions du Temps.* Genève, 1967

LA PIGALLE FÉDÉRALE OU LES GAIETÉS DU CAMEROUN
(Emmanuel von Kirchendorf) Album illustré. *Éditions du Temps.* Genève, 1970

VOYEZ LA TECHNIQUE. LA RONDE DES MÉTIERS DU CAMEROUN
(Emmanuel von Kirchendorf) Album illustré. *Les Éditions du Temps.* Genève, 1971

SUIVEZ LA MODE. LA RONDE DES MÉTIERS DE COTE D'IVOIRE
(Emmanuel von Kirchendorf) Album illustré. Les *Éditions du Temps.* Genève, 1976

INTÉGRATIONS. CÉLESTINE — TERRELANE (Emmanuel von Kirchendorf)
Plaquette. Présentation de Giame Py – Illustrations de Denise Rauss-Chauveton
Les Éditions du Temps. Genève, 1995

MÂLES FAÇONS. CHANSONS ET POÉSIES (Emmanuel von Kirchendorf)
avec 15 illustrations de Denise Rauss-Chauveton. *Les Editions du Temps.* Genève, 2012

Bibliographies – Statistiques

PYGMÉES ET AUTRES RACES DE PETITE TAILLE. Bibliographie générale
Les Éditions du Temps. Genève, 1968

**PRÉHISTOIRE ET PROTOHISTOIRE DE LA RÉPUBLIQUE DÉMOCRATIQUE
DU CONGO.** *Les Éditions du Temps.* Genève, 1969

EURAFRIQUE. Bibliographie générale. *Les Éditions du Temps.* Genève, 1970

BIBLIOGRAPHIES AFRICAINES, I. (Énergie /Politique /Population/Transports)
Les Éditions du Temps. Genève, 1971

HENRY MORTON STANLEY
(en collaboration avec Gerben Hellinga). *Les Éditions du Temps.* Genève, 1972

BIBLIOGRAPHIES AFRICAINES, II (Frontières/Légendes/Orographie/Population)
Les Éditions du Temps. Genève, 1974

GUINEA ECUATORIAL. Bibliografía general, I
(*Commission nationale suisse pour l'Unesco*). Berne, 1974

GUINEA ECUATORIAL. Bibliografía general, II (*Idem*). Berne, 1976

GUINEA ECUATORIAL. Bibliografía general, III. (*Idem*). Berne, 1978

GUINEA ECUATORIAL. Bibliografía general, IV. (*Idem*). Berne, 1980

GUINEA ECUATORIAL. Bibliografía general, V. Vol. recapitulativo
Les Éditions du Temps. Genève, 1985

**ESTADISTICAS DE LA GUINEA ECUATORIAL NGUEMISTA – STATISTICS OF
NGUEMIST EQUATORIAL GUINEA** *Les Éditions du Temps.* Genève, 1986 (épuisé)

GUINEA ECUATORIAL. Bibliografía general, VI *Les Éditions du Temps.* Genève, 1988

GUINEA ECUATORIAL. Bibliografía general, VIII. Vol. recapitulativo
Les Éditions du Temps. Genève, 1994

GUINEA ECUATORIAL. Bibliografía general. IX. *Les Éditions du Temps.* Genève, 1996
GUINEA ECUATORIAL. Bibliografía general. X. *Les Éditions du Temps.* Genève, 1998
GUINEA ECUATORIAL. Bibliografía general. XI. *Les Éditions du Temps.* Genève, 2000
GUINEA ECUATORIAL. Bibliografía general. XII. *Les Éditions du Temps.* Genève, 2001
GUINEA ECUATORIAL. Bibliografía general. XIII. *Les Éditions du Temps.* Genève, 2004
GUINEA ECUATORIAL. Bibliografía general. XIV. *Les Editions du Temps.* Genève, 2005
GUINEA ECUATORIAL. Bibliografía general. XV. *Les Editions du Temps.* Genève, 2007
GUINEA ECUATORIAL. Bibliografía general. XVI. *Les Editions du Temps.* Genève, 2011.

Le profil du masque d'ébène de la couverture est repris de la couverture de *La Guinée Equatoriale. Un pays méconnu*, publié par L'Harmattan en 1979. Ce masque : «Lutte obstinée du peuple de Guinée équatoriale pour sa liberté » (Collection privée, Lausanne) est la dernière œuvre de Santiago Ndong Abeso. Après avoir participé à une tentative de renversement de la dictature de Macias Nguema, il a été fusillé avec 26 autres patriotes, en juin 1974, à l'âge de 24 ans.

«En Guinée Équatoriale, l'arbitraire et la peur, périodiquement mis en évidence lors de procès contre l'opposition, comme celui de juin de l'an passé [2003], constituent les éléments fondamentaux de la pratique du pouvoir. Au-delà des opposants connus, n'importe quel citoyen peut être l'objet de détention arbitraire, d'abus de pouvoir et de maltraitance physique dans les installations de la police. La répression et la violence quotidiennes exercées à tous les niveaux de la société par les forces de sécurité constituent le mécanisme principal utilisé contre la consolidation de n'importe quel type de protestation et dissuade les mécontents de militer dans les partis ou organisations critiques à l'endroit du gouvernement ».

« Combinée à la peur, la cooptation de toute personne susceptible de talent de leader constitue une autre norme de domestication de la dissidence politique. En Guinée Équatoriale ce sont les mêmes personnes qui peuvent être occasionnellement détenues et torturées, puis désignées à de hautes fonctions gouvernementales; l'exploitation du pétrole... et les énormes revenus fournis à l'État depuis le milieu des années quatre-vingt-dix, a facilité grandement cette dynamique de cooptation des élites alternatives ».

« L'appauvrissement que connaît la majorité constitue un autre mécanisme qu'utilise le régime pour éviter la survenue de mobilisations sociales et l'expression de revendications... ».

Alicia CAMPO SERRANO, Université Carlos III, Madrid, «Dynamiques politiques en Guinée Équatoriale. Nouvelles ressources et vieilles oppressions – Instruments de l'autoritarisme en Guinée Équatoriale » (trad.). *Nova Africa*. Centro de Estudios africanos. Barcelona, 14 juin 2004, pp 2-3.*

---

* Actuellement, Alicia Campos Serrano enseigne au Département des Sciences politiques et Relations internacionales. Faculté de Droit. Université Autonome de Madrid.

Table

Préface, par Valentin Oyono Sa Abegue	11
Introduction	13

I   1980 : Deux ans de dictature post Macias Nguema. Les titres
    de la presse internationale. Indices d'histoire immédiate — 15
   1. La mésinformation — 15
   2. Le rôle de la presse internationale — 15
   3. Un essai d'histoire immédiate (mai 1979 – janvier 1981) — 17
   4. La grande illusion — 26
   5. Obiang Nguema = Macias Nguema — 27
   6. Le silence complice — 28
   7. Les leçons de deux années de dictature post-Macias
      Nguema — 30
   8. La réconciliation nécessaire — 31
   Notes — 31

II 1981 : L'enfer de la terreur nguemiste : Rien n'a changé — 37
   Notes — 48

III An 13 : scandales, convoitises, complicités (bis) — 51
   1. De l'Indépendance à fin 1980 — 51
   2. 1981 : an 13 — 54
      a. L'auto-complot de mars/avril 1981, et l'affaire
         EXIGENSA — 56
      b. Trafic de drogue — 58
      c. Le sabordage du pays par le mépris des règles
         démocratiques — 60
      d. Intérêts, convoitises, complicités — 64
      e. La résistance populaire – La relève — 70
   3. Le « dernier » mois — 73
   4. La « Suisse » africaine — 75
   Notes — 79

IV Réflexions autour de la visite du Pape Jean-Paul II en
   Guinée Équatoriale (18 février 1982) — 81
   Notes — 92

V La Guinée Équatoriale selon Obiang Nguema — 97

VI Dictature et convoitises. Les titres de la presse internationale. Nouveaux indices d'histoire immédiate (1982-1983) — 101
   1. La grande illusions (suite) — 111
   2. Les nouvelles convoitises — 113

3. Le nguémisme perdure	117
4. Et maintenant ?	121
Notes	123
VII L'honnête presse africaine	127
VIII Journal d'un renversement d'alliance. Titres de la presse et histoire immédiate (1983-1985)	135
1. Un passé récent détestable	135
2. Illusions et convoitises (suites)	145
3. «Gonzalez v. Mitterrand» ou le match Espagne-France	146
4. Une opposition divisée	148
5. « Ne croyez pas qu'il suffit de tuer Macias Nguema »	149
6. Quelques enseignements pour l'avenir	150
Notes	153
IX Une nouvelle constitution fasciste	155
1. La Constitution d'Obiang Nguema reproduit celle de Macias Nguema	157
2. Obiang Nguema : « L'Etat, c'est moi »	160
3. Les travailleurs opprimés de Guinée Équatoriale	161
4. L'astuce démocratique nguémiste : on donne d'une main, on reprend de l'autre	163
Notes	166
X Le pétrole de la misère	167
XI L'hispanité des îles du Golfe de Guinée Antecedents historiques	173
a) Le passé colonial de Mbañe	173
b) L'hispanité de Mbañe	174
c) Trente ans de tergiversations	175
d) Dictature équato-guinéenne intraitable	176
XII Les aboyeurs du régime	179
1. *Forza Italia* et *Opus Dei*	180
2. Un consul très honorable	185
3. Les bons conseils hollandais	189
Postface, par Dongele Bokokó Boko	193
Index	198

Préface

Valentin Oyono Sa Abegue

Le regroupement de textes dispersés dans diverses publications spécialisées nous permet de découvrir – une fois de plus – le talent de chercheur du Professeur Max Liniger-Goumaz (connu comme principal bibliographe de la Guinée Équatoriale), mais qui, par ses études, ses essais et chroniques sur le devenir récent de la Guinée Équatoriale, nous apparaît aussi comme un de ses meilleurs historiens. L'histoire n'est utile que si les peuples savent en tirer des leçons, pour poser les bases d'un futur meilleur. Vue sous cet angle, la lecture des textes ici réunis est riche d'enseignements.

Il nous arrive souvent d'oublier que Macias, en 1968, parvient au pouvoir démocratiquement. La Guinée Équatoriale accède à la pleine Indépendance politique avec une Constitution démocratique, une Charte constitutionnelle fruit de négociations laborieuses entre les forces politiques nationales, et qui, malgré ses défauts, établit un État de droit citoyen avec la reconnaissance explicite des garanties démocratiques. Quelques moins plus tard, Macias accéda à la Présidence de la République, après une victoire électorale sur Ondo Edu – victoire obtenue, au second tour, grâce à une coalition de forces composée par les partis IPGE, UNION BUBI, les factions du MONALIGE (celle de Ndongo Miyone et celle de Macias Nguema), ainsi que celles, dissidentes du MUNGE (Mikomiseng/Ebebiyin), qui s'étaient séparées d'Ondo Edu. Malheureusement, Macias, à cause de sa politique brutale et cahotique, détruisit rapidement les bases de l'unité nationale en construction. S'instaura alors un climat de terreur visant les partisans d'Ondo Edu, que l'on se mit à pourchasser sous de fausses accusations, et qui furent les premiers à être assassinés, trois mois à peine après la proclamation de l'indépendance. A partir de mars 1969, la répression s'étendit aux forces politiques de la coalition – à commencer par la faction du MUNGE de Ndongo Miyone et P. Torao, elle aussi pourchassée et éliminée physiquement entre mars 1969 et 1972. Vinrent alors les épisodes du PUNT et de la «présidence à vie», qui mena à l'élimination de quasi tous les acteurs majeurs de la coalition qui l'avait mené au pouvoir, presque tous assassinés ou forcés à l'exil, entre 1972 et 1975; après quoi suivirent les liquidations du dernier carré historique de l'entourage de Macias, avec des personnages d'origine obscure, opportunistes et flatteurs, qu'il avait recrutés sur la base de critères clanique (Esangui) ou régionalistes (Mongomo). De sorte que, lorsque Obiang opèra son Coup de Palais, l'appareil d'État de Macias se confondit déjà, pratiquement, avec cet entourage réduit, au sein duquel commencèrent aussitôt des querelles pour le pouvoir.

Neveu gentilice de Macias, principal exécuteur des purges politiques et assassinats opérés par le régime depuis 1968, le capitaine Obiang Nguema vit alors sa situation menacée par l'arrivée aux commandes de la Garde Nationale du propre fils de Macias, Teonesto, après sa formation militaire en Corée du Nord. Rapidement se joignirent à Obiang nombre d'officiers de Mongomo qui, comme lui, se sentirent de moins en moins en sécurité, et préoccupés par l'isolement international croissant. Ainsi naquit l'idée du coup. Mais bien que celui-ci se décida dans un contexte de rivalités entre factions internes au district de Mongomo, Obiang sut maquiller son entreprise personnelle de destitution de son oncle d'un "vernis national", en y associant, en plus des officiers complices de Mongomo, le soi-disant *Grupo de Zaragoza*, composé de vieux compagnons de promotion de Saragosse, dont presque tous pourrissaient dans les geôles de Macias, ou étaient confinés dans leurs villages. Cette opération donna au CMS de 1979 une colorations "nationale", d'où les illusions et espoirs du peuple sur une évolution du régime vers du "meilleur". A côté des hommes formées sous Macias, majoritairement Esangui du district de Mongomo, on trouvait aussi des Esebekang, Mbon, Nkodjoé, Obuk, du même district; puis affluèrent les hommes de la "promotion de Saragosse", formés sous le gouvernement autonome d'Ondo Edu (1964-1968), qui présentaient une coloration nationale, venant de tous horizons géographiques et ethniques.

Les illusions furent de courte durée, car les plans d'Obiang ne tardèrent pas à se révéler. Notamment en anihilant le pouvoir effectif du CMS. Les deux piliers du pouvoir militaire furent neutralisés, en particulier par l'introduction d'un nouvel élément : le corps expéditionnaire marocain, quelque 500 hommes chargés de le protéger, lui et sa famille. Obiang eut les mains libres pour instaurer les conditions d'un État patrimonial, dynastique, propriété personnelle de sa famille directe. Les Marocains permirent à Obiang d'écarter et d'évincer les acteurs du coup de 1979, auxquels on substitua frères, oncles, fils, neveux, beau-frères et autres proches.

Les textes ici réunis sont une mine d'information. Chapitre après chapitre, on réalise que cette période a été celle du franc CFA, qui captura notre pays comme une néo-colonie de la France – et aussi, dès 1990, comme une néo-colonie des majors pétroliers américains. Mais c'est surtout le corps expéditionnaire marocain qui a permis à Obiang de poser les bases d'un véritable État familial, patrimonial et dynastique.

La Guinée Équatoriale est née comme République, et non comme État à vocation patrimoniale-dynastique d'une famille. Aussi vaut-il la peine de rappeler la définition de la République par le Romain Cicéron : « *Res Publica*, soit *Res Populi* ». Le terme – « République » signifie : «Affaire du peuple », « Affaire de tous », « Entreprise commune et colective ». Puisse la lecture de ce livre stimuler la jeunesse guinéenne par une réflexion positive sur les solutions urgentes que nécessite notre pays qui, bientôt, comptera un demi-siècle d'existence comme « République ».

Introduction

On connaît l'adage : «Les peuples ont mauvaise mémoire». Cela est probablement le cas davantage dans des pays à population majoritairement jeune, comme c'est le cas de la Guinée Équatoriale. S'ajoute peut-être aussi la médiocrité du système scolaire, qui néglige les rappels historiques, au profit de la glorification du despote en place. Sans oublier la qualité déplorable de l'enseignement, même si, selon la Banque mondiale, 87% des enfants sont scolarisés au niveau primaire. La Banque Africaine de Développement (BAD) déplore que « la pauvreté touche plus de 77% des équato-guinéens » et que seulement 42% des populations rurales ont accès à l'eau potable.

Une situation pas très différente de celle qui prévalait en 1972 – quatre ans après l'indépendance, et trois ans après l'accaparement du pouvoir absolu par Macias Nguema. C'est dans ce contexte que l'UNESCO me confia la tâche d'aider le gouvernement de la République, déjà nguemiste, à créer un *Centro de Desarrollo de la Educación* (Institut pédagogique) pour préparer les enseignants du secteur secondaire. Un projet qui n'a jamais démarré vraiment, en dépit du soutien que m'ont témoigné deux ministres de l'Education successifs, le Fernandino de Santa Isabel, Agustín Grange Molay et le Fang d'Ebebiyin, Buenaventura Ochaga Ngomo. La méfiance du 1er dictateur de tout ce qui a un caractère intellectuel a fait qu'en 1974, alors que le carnage des combattants pour la démocratie s'exacerbait, le Représentant résident du PNUD, le Haitien Marceau Louis a été expulsé *manu militari*, avec, peu après, la déclaration de *persona non grata* de l'auteur de ces lignes, suivi de l'expert en chef de la Banque mondiale, le Colombien Hernando Rueda; en tout neuf fonctionnaires des Nations Unies, liquidés sous l'accusation d'immixtion dans les affaires intérieures de l'État.

En août 1979 – était-ce à l'instigation des pétroliers américains ? – Macias Nguema est destitué par ses neveux militaires, jugé lors d'un procès digne de ceux qu'il avait autorisés au cours de son mandat, et excécuté par une unité de mercenaires marocains fournis peu auparavant par l'État chérifien, grand allié des USA. Le présent livre rassemble les analyses produites depuis lors, de l'évolution de la Guinée Équatoriale, avec le triste constat que rien n'a changé depuis presque un demi siècle. Notre *Mémorandum* nous fait remonter aux débuts de la seconde dictature nguemiste, en 1979, avec des textes souvent édités grâce à Mongo Beti.

La Banque mondiale, dans un récent Rapport sur la situation politique, fait le constat que « le président Teodoro Obiang Nguema Mbasogo exerce les fonctions de chef d'État depuis le plus longtemps en Afrique subsaharienne et continuera probablement à diriger le pays d'une main de fer. Son pouvoir a été renforcé par sa victoire écrasante aux dernières élections présidentielles en novembre 2009. En l'absence d'un équilibre des pouvoirs digne de ce nom, son parti (*Partido Democrático de Guinea Ecuatorial*, PDGE) maintient son hégémonie sur le pays. De même persiste le contrôle de l'information sur et dans le pays. Selon le Conseil norvégien pour l'Afrique, qui se base sur les rapports de l'ONU et du Comité pour la protection des journalistes de mai 2012, il ressort que le droit de photographier reste limité, comme sous Macias Nguema. Et on ajoute que le gouvernement a payé trois sociétés de relations publiques de Washington, avec 1,2 millions de dollars, entre avril et octobre 2010, pour « produire de l'information positive » sur le pays. On découvre aussi que lors de l'éclatement du Printemps arabe, le gouvernement a banni toute mention de cet événement, suspendant, puis détenant un speaker de la Radio oficielle pour avoir fait allusion aux événement de Libye.

Le régime ngemiste actuel est confisqué par la même famille : un tiers de parents et de proches parmi les 60 ministres désignés fin mai 2012 (1/10.000 habitants), et le fils ainé, Teodorín Nguema, anticonstitutionnellement nommé deuxième vice-président de la République, derrière l'ex-premier ministre, Milam Tang – que l'on dit malade – promu 1er vice-président.

Fin 2011, des parlementaires britanniques ont été invités en Guinée Équatoriale, afin de modifier la perception mondiale du régime de Teodoro Obiang. Parmi eux, Ian Birrell qui, dans *The Guardian Weekly* (Londres, 17 novembre 2011), a fait état des doutes concernant la démocratie locale, malgré des investissement imposants. Et Birrell de préciser que l'élément le plus fumeux du gouvernement est Teodorín, dont un fonctionnaire des services de renseignement américains aurait déclaré qu'il s'agissait d'« un idiot instable ». Ainsi, parmi le *trio funeste* qui domine le pouvoir depuis l'Indépendance, seul Obiang Nguema semblerait non atteint par des déréglements mentaux. On devine le scénario qui pourrait mener Teodorín à remplacer son père.

Le monopole du pouvoir par le Clan de Mogomo explique pourquoi, selon la BAD, le pays « continue d'être confronté à un problème de transparence dans la gestion des ressources publiques, de responsabilisation et de corruption dans le secteur public qui le classe en deçà de la moyenne africaine ». D'où les réserves émises en 2008 par l'Union Européenne, suite au refus d'accepter l'Article 11 de l'Accord de Cotonou qui se réfère à la Cour Pénale Internationale en cas d'abus de pouvoir. Voici qui explique pourquoi elle refuse de faire bénéficier les nguemistes de l'aide du 10e Fonds Européen de Développement dédiée à la bonne gouvernance. Des aides extérieures sont-elles indiquées pour un régime qui, entre 2007 et 2011 (selon le SIPRI de Stockholm) détient le record africain d'achats d'armements, avec 408,1 \$/US *per capita*/an, derrière l'Algérie (131,2) ou le Nigeria (28,4) ?

C'est en 1980 que l'*L'Harmattan* a facilité la publication de mon premier livre sur la Guinée Équatoriale; six autres ont suivi de 1984 à 2005. Je les remercie une fois de plus pour leur hospitalité.

Tout autant, je me flatte de la compétente collaboration du Bubi de Baney, Djongele Bokokó (1949), et du Fang d'Evinayong, Valentin Oyono Sa Abegue (1946), amis de longue date.

I

DEUX ANS DE DICTATURE POST MACIAS NGUEMA

Les titres de la presse internationale
Indices d'histoire immédiate (mai 1979-janvier 1981)

1. La mésinformation

Le renversement du président Macias Nguema par les neveux et cousins membres de son gouvernement et de son armée, début août 1979, a contribué brièvement à attirer l'attention de l'opinion mondiale sur la petite République de Guinée Équatoriale, 126e État membre des Nations Unies. Certes, durant les années antérieures, divers mouvements de réfugiés politiques, ainsi que des organisations de défense des Droits de l'Homme, ont tiré la sonnette d'alarme devant la terreur du régime du «Tigre» et de sa famille Esangui[1]; mais, hélas, la presse internationale – écrite et parlée – ne s'en faisait que très rarement l'écho. La Guinée Équatoriale était ainsi le pays le moins connu de la planète. Il faudra attendre 1979 et début 1980 pour que paraissent le premier livre en langue anglaise, puis le premier livre en français sur ce lambeau d'empire espagnol du Golfe de Guinée, échappé à la convoitise des grandes puissances, en particulier de la France, au XIXe siècle. Il n'existe toujours pas d'ouvrage sur la Guinée Équatoriale publié en Union soviétique ou dans les mondes arabo- ou lusitanophones.

Assimilé aux autres tyrans africains – les Idi Amin Dada et Bokasa – Macias Nguema, pourtant démocratiquement élu en 1968, mais promu «Président à Vie» par les membres de son régime népotique (en 1972), polarisait les crimes et atteintes de toute sorte aux Droits de l'Homme. Le « Grand Maître en Éducation, Science et Culture traditionnelles, Unique Miracle de la Guinée Équatoriale », apparaissait comme la seule incarnation de la politique de terreur tribale qu'il pratiquait à l'abri du silence des médias et des institutions internationales, dont l'OUA. Aussi, à l'annonce de la chute du despote de Mongomo (localité du sud-est de la Province du Rio Muni), le monde a naïvement cru que la Guinée Équatoriale était parvenue à l'aube d'une paix retrouvée.

2. Le rôle de la presse internationale

L'essai d'histoire immédiate que voici tente d'élucider, à l'aide des seuls titres de la presse internationale, la question suivante: « Quels changements le renversement de Macias Nguema a-t-il entraînés pour la République de Guinée Équatoriale et son peuple ? » Impossible de répondre à une telle interrogation par la lecture d'un seul quotidien, ou même de la presse d'un seul pays; les éclairages sont trop partiels, voire trop partiaux. Par contre, la prise en compte de l'ensemble de ce qui a été publié, tant par les agences de presse, les envoyés spéciaux de certains journaux, que par les chroniqueurs des rédactions et les institutions internationales, constitue une mine insoupçonnée de renseignements. Certes, certaines informations ou affirmations sont contradictoires, mais rapidement une nouvelle dépêche, un autre indice, viennent corriger l'imprécision de l'information antérieure. De la sorte, les titres de la presse internationale constituent des archives immédiatement accessibles, dont les strates successifs composent des sous-sols d'étrange nature. Aussi a-t-il paru intéressant de tenter l'essai d'une chronologie attentive sur les 18 mois qui ont suivi la chute de Macias Nguema, afin de dégager les vérités profondes qui échappent au lecteur ou à l'auditeur isolés, qui n'accèdent qu'à des informations fragmentaires et déformantes.

Pour ce faire, les titres repris plus bas sont ceux qui, sur chaque événement, apportent le renseignement le plus digne de foi. Voici la liste des périodiques (de 21 villes et 12 pays différents) et noms d'organismes auxquels il a été fait appel :

Périodiques

ABC, Madrid – *Africa* (AFP), Paris – *Africa News,* Durham – *Afrique contemporaine,* Paris – *Africa Economic Digest,* Londres – *Afrique Nouvelle,* Dakar – *Alcazar, El,* Madrid – *Boletín Informativo,* Santa Isabel (Malabo) – *Boletín Oficial del Estado,* Santa Isabel (Malabo) – *Cambio 16,* Madrid – *Cameroon Tribune,* Yaoundé – *Continent, Le,* Paris – *Correo de Andalucía,* Séville – *Correo catalán, El,* Barcelone – *Corriere della Serra,* Rome – *Demain l'Afrique,* Paris – *Diario 16,* Madrid – *Economiste du Tiers Monde, L',* Paris – *Faim – Développement,* Paris – *Hoja del Lunes,* Barcelone – *Hoja del Lunes,* Séville – *Information UNICEF,* Genève – *International Herald Tribune,* Zurich *Jeune Afrique,* Paris – *Journal de Genève,* Genève – *Levante, El,* Valencia – *Marchés tropicaux,* Paris – *Monde, Le,* Paris – *Mudjahid, El,* Alger – *Mundo obrero,* Madrid – *Nueva Andalucía,* Séville – *País, El,* Madrid – *Pueblo, El,* Madrid – *Réalités,* Paris *Revue française d'Etudes politiques africaines,* Paris – *Soir, Le,* Bruxelles – *Spectacle du Monde,* v. *Réalités – Suisse, La,* Genève – *Sunday Nation,* Nairobi – *UNESCO Press,* Berne – *Vanguardia, La,* Barcelone – *Vanguardia obrera, La,* Madrid – *24 Heures,* Lausanne – *Voz del Pueblo, La* (Organe de l'A.N.R.D.), en exil – *Welt, Die,* Francfort – *West Africa,* Londres – *World today,* Londres – *Ya,* Madrid

Organismes

Agence France Presse, Paris – *Agence Reuter,* Londres – *Agence Télégraphique Suisse,* Berne – *Alianza Nacional de Restauración Democrática de Guinea Ecuatorial,* en exil – *Commission des Droits de l'Homme* des Nations Unies, Genève – *Commission internationale des Juristes,* Genève –

Conseil Oecuménique des Eglises, Genève – *Mouvement panafricain de la Jeunesse – Nations Unies,* New York – *United Press International,* New York

L'éventail des tendances des périodiques cités ci-dessus s'étire de la gauche communiste (par exemple *Mundo obrero*, Madrid) à la droite royaliste (par exemple *ABC*, Madrid).

3. Un essai d'histoire immédiate (mai 1979 – janvier 1981)

L'exercice auquel le lecteur est maintenant invité ne laissera pas d'étonner; tout aussi grande a été la surprise de l'auteur de constater combien une simple chronologie de titres parvient à exprimer l'essentiel sur un sujet aussi important que la destinée d'un pays et d'une nation. Pour faciliter la présentation, seuls sont fournis les titres des articles et documents, ainsi que leur source, date et lieu de publication, les noms des journalistes étant omis pour n'avoir, dans ce cas-ci, qu'une importance mineure.

Voici donc cette histoire de la Guinée Équatoriale entre milieu 1979 et l'aube de 1981, qui couvre les deux premières années de la seconde dictature nguémiste :

1979

Mai
31 Motion de condamnation du régime néo-fasciste de Macias Nguema. *Mouvement panafricain de la Jeunesse.* Alger

Juillet
« L'enfer de la Guinée Équatoriale ». *Revue française d'Etudes poltiques africaines.* Paris
« Guinea Ecuatorial lleva el record de los refugiados en Africa ». (La Guinée Équatoriale détient le record des réfugiés d'Afrique.) *La Voz del Pueblo.* En exil[2]

Août
6 « On a laissé faire ». *24 Heures.* Lausanne
« La fin du tyran le plus fou de la planète ». *Le Monde.* Paris
« Une junte prend le pouvoir »[3]. *24 Heures.* Lausanne
« España envía un equipo diplomático a Duala (Camerun)». (L'Espagne envoie un groupe de diplomates à Douala (Cameroun). *Hoja del Lunes.* Séville
7 « El gobierno español conocia y apoyó al Golpe de Estado de Guinea Ecuatorial »[4]. (Le gouvernement espagnol connaissait et a accordé son appui au coup d'Etat de Guinée Équatoriale). *El País.* Madrid
« Guinea Ecuatorial y las posibilidades de España ». (La Guinée Équatoriale et les possibilités de l'Espagne). *El País.* Madrid
« Macias [Nguema] ganó las unicas elecciones democráticas ». (Macias [Nguema] a remporté les seules élections démocratiques). *El País.* Madrid

« Teodoro Nguema, un pariente golpista ». (Teodoro Nguema, un parent factieux). *El Correo catalán*. Barcelone
« Le Colonel Teodoro Obiang Nguema Mbazogo, le nouvel homme fort de la Guinée Équatoriale ». *Journal de Genève*. Genève
« Un Consejo Revolucionario presidido por el Coronel Teodoro [Nguema] manda en Guinea ». (Un Conseil Révolutionnaire présidé par le Colonel Teodoro [Nguema] commande en Guinée Équatoriale). *Correo de Andalusia*. Séville
« Los dirigentes de Guinea pretenden instaurar la democracia y los derechos humanos ». (Les dirigeants de Guinée Équatoriale prétendent instaurer la démocratie et les Droits de l'Homme). *ABC*. Madrid
« Tous les détenus politiques libérés ». *La Suisse*. Genève
8 « Macias déchu ». *Afrique nouvelle*. Dakar
« El presidente tanzano Nyerere a *El Pais*: la caída de Macias, buena lecccicón para Africa ». (La chute de Macias Nguema, une bonne leçon pour l'Afrique). *El Pais*. Madrid
« Guinea ve a España como su amigo mas próximo ». (La Guinée Équatoriale voit en l'Espagne son meilleur ami). *Nueva Andaluda*. Seville
« Suarez confirma que el Gobierno conocia el Golpe de Guinea ». (Suarez confirme que le Gouvernement [espagnol] connaissait le coup de Guinée Équatoriale). *El País*. Madrid
9 « El Rey y Suarez felicitan al nuevo presidente ». (Le Roi [Juan Carlos] et Suarez félicitent le nouveau président). *ABC*. Madrid
« En Iibertad, cinco mil presos políticos ». (Cinq mille prisonniers politiques libérés). *ABC*. Madrid
10 « Les maîtres d'aujourd'hui sont les laquais d'hier »[5]. *Journal de Genève*. Genève
« Communiqué de presse de l'A.N.R.D. fixant les conditions d'une réconciliation nationale ». Comité Central de l'Alianza Nacional de Restauración Democrática de Guinea Ecuatorial. *En exil*
12 « Une affaire de famille ». *Agence Télegraphique Suisse*. Berne
« España, primer país que establece relaciones con Guinea ». (L'Espagne, premier pays à rétablir des relations diplomatiques avec la Guinée Équatoriale). *ABC*. Madrid
13 « Carrera de influencias en Africa ». (Lutte d'influences en Afrique). *Hoja del Lunes*. Barcelone
14 « Entretien avec des réfugiés équato-guinéens ». *Journal de Genève*. Genève
« Le «Frelifer» demande une nouvelle Constitution ». *Africa* (AFP). Paris
15 « Le régime de Macias Nguema n'est pas vraiment tombé, déclare le chef d'un des mouvements d'exilés ». *Le Monde*. Paris
16 « Obiang Nguema : En menos de un año transformaremos el país ». (Obiang Nguema: En moins d'un an nous transformerons le pays). *La Vanguardia*. Barcelone

17 « La oposición guineana desconfía del nuevo régimen ». (L'opposition guinéenne se méfie du nouveau régime). *ABC*. Madrid
18 « España entrega a Guinea listas de exilados ». (L'Espagne remet à la Guinée [Équatoriale] des listes d'exilés). *ABC*. Madrid
« La ideología de Obiang [Nguema] es su ausencia de ideología ». (L'idéologie de Obiang [Nguema] derrière son absence d'idéologie). *La Vanguardia*. Barcelone
19 « "L'armée supervisera tout", déclare le chef du nouveau régime » [Teodoro Obiang Nguema]. *Le Monde*. Paris
22 « La foule conspue l'URSS dans les rues de la capitale ». *Le Monde*.
23 « La CEE coopera al máximo con el nuevo régimen de Guinea ». (La CEE coopère pleinement avec le nouveau régime). *La Vanguardia*. Barcelone
« Nombramiento por aclamación de Nguema Obiang como presidente de la República (reunión del 10 de agosto) ». (Nomination de Nguema Obiang comme président de la République par acclamation (réunion du 10 août)). *Boletin Informativo*. Santa Isabel
24 « Llegan a Guinea los primeros exilados ». (Les premiers exilés arrivent en Guinée). *ABC*. Madrid1°
26 « La mise en cage du «tigre» n'a pas tout résolu »[6]. *Le Soir*. Bruxelles
« Les exilés équato-guinéens se méfient du successeur de l'ex-dictateur ». *Le Soir*. Bruxelles
27 « Macias Nguema arrested ». (Macias Nguema arrêté). *West Africa*. Londres
29 « Próximo acuerdo pesquero híspano-guineano ». (Accord de pêche hispano-guinéen imminent). *Mundo Obrero*. Madrid
31 « Alto funcionario norteamericano en Guinea Ecuatorial ». (Un haut fonctionnaire nord-américain en Guinée Équatoriale). *El Pais*. Madrid

Septembre
1 « El neocolonialismo en acción »[7]. (Le néo-colonialisme en action). *La Vanguardia obrera*. Madrid
9 « Le putsch de Guinée équatoriale ». *Revue française d'Etudes politiques africaines*. Paris
30 « Macias is sentenced to death ». (Macias est condamné à mort). *Sunday Nation*. Nairobi

Octobre
1 « La République de Guinée Équatoriale: une indépendance à refaire ». *Afrique contemporaine*. Paris
9 « Guinea wants Exiles to return ». (La Guinée Équatoriale souhaite le retour des exilés). *Africa* (AFP). Paris
19 *Decreto 45/199 del 10 de Octubre por el que se proclama Amnestía general en favor de todos los súbditos de Guinea Ecuatorial refugiados en el extranjero por razones políticas.* (Décret par lequel est proclamée une amnistie générale en faveur de tous les sujets Équato-Guinéens réfugiés

à l'étranger pour des raisons politiques). *Boletin Oficiai del Estado*. Santa Isabel
« Equatorial Guinea. A country without Law ». (La Guinée Équatoriale, un pays sans loi)[8]. *Africa News*. Durham[8]
20 «España enviará «asesores militares» a Guinea Ecuatorial ». (L'Espagne enverra des «conseillers militaires» en Guinée Équatoriale). *El País*. Madrid
23 « Im Westen sucht Malabo [Santa Isabel] einen Weg aus den Trümmern». (Malabo [Santa Isabel] cherche à l'Ouest une voie pour sortir des décombres). *Die Welt*. Francfort
30 « Spain offers help to new rulers » (L'Espagne offre de l'aide aux nouveaux dirigeants). *Africa* (AFP). Paris
« La CEE concederá al Gobierno guineano diez milliones de dolares ». (La CEE accordera au gouvernement équato-guinéen dix millions de dollars)[9]. *El País*. Barcelone

Novembre
I *Le procès contre Macias en Guinée Équatoriale. Histoire d'une dictature.* Commission internationale des Juristes. Genève
6 « US Normalisation of diplomatic ties ». (Normalisation des relations diplomatiques avec les EU). *Africa* (AFP). Paris
17 « Guinea Ecuatorial denuncia su convenio pesquero con la Unión soviética ». (La Guinée Équatoriale dénonce sa convention de pêche avec l'Union soviétique). *El País*. Madrid
27 « Million from OPEC ». (Un million de l'OPEC). *Africa* (AFP). Paris
29 « Morto N'Guema se ne fa un altro ». (Nguema mort, en voici un nouveau). *Corriere della Serra*. Rome
30 «Direct French Aid». (Aide française directe). *Africa* (AFP). Paris

Décembre
2 « Bienvenido Mister España ». (Bienvenue, Mister Espagne). *Cambio 16*. Madrid
4 « Cooperación hispano-francesa para la reconstrucciôn de Guinea ». (Coopération hispano-française pour la reconstruction de la Guinée Équatoriale). *El Levante*. Valencia
5 « Le Vice-Président de la Guinée Équatoriale reçu par le président Giscard d'Estaing. Un accord de coopération avec la France signé ». *Le Monde*. Paris
6 « Firma de un acuerdo financiero entre España y Guinea Ecuatorial ». (Signature d'un accord financier entre l'Espagne et la Guinée Équatoriale). *El Levante*. Valencia
13 « Los reyes inician hoy su visita oficial a Guinea Ecuatorial ». (Le couple royal commence aujourd'hui sa visite officielle en Guinée Équatoriale). *ABC*. Madrid
14 « Juan Carlos I: "Queremos cooperar en la igualdad" ». (Juan Carlos Ier : "Nous souhaitons coopérer dans l'égalité"). *La Vanguardia*. Barcelone

15 « La situación en Guinea Ecuatorial es caótica. Francia introduce su influencia en la ex-colonia a través de Marruecos ». (La situation en Guinée Équatoriale est chaotique. La France étend son influence par l'intermédiaire du Maroc). *La Vanguardia.* Barcelone

« Obiang [Nguema} : «España deberá ocuparse del presupuesto guineano durante 5 anos ». (Obiang [Nguema]: L'Espagne devra s'occuper du budget guinéo-équatorien durant 5 ans»). *La Vanguardia.* Barcelone

16 « Obiang (Nguema] llama Juan Carlos «nuestro rey ». (Obiang [Nguema] appelle Juan Carlos Ier «notre roi»). *Mundo Obrero.* Madrid

17 « Repartir de zéro ». *Demain l'Afrique.* Paris

18 « Entre España y Guinea ha nacido una amistad indestructible ». (Entre l'Espagne et la Guinée Équatoriale est née une amitié indestructible). *ABC.* Madrid

« Obiang [Nguema]: «El futuro de Guinea sin España no tiene sentido »[10]. (L'avenir de la Guinée Équatoriale sans l'Espagne n'a pas de sens). *La Vanguardia.* Barcelone.

« Guinea Ecuatorial no tendrá de inmediato una democracia parlamentaria ». (La Guinée Équatoriale n'aura pas de démocratie parlementaire dans l'immédiat). *El País.* Madrid

« Morrocan ties ». (Les liens avec le Maroc). *Africa* (AFP). Paris

« Closer to Spain ». (Resserrement des liens avec l'Espagne). *Africa* (AFP). Paris

20 « El nuevo Embajador de la República popular de China llega a Guinea Ecuatorial ». (Le nouvel Ambassadeur de Chine populaire arrive en Guinée Équatoriale). *Boletín Informativo.* Santa Isabel

« El Embajador de los Estados Unidos de America presentó sus cartas credenciales ». (L'Ambassadeur des États Unis d'Amérique a présenté ses lettres de créance). *Boletín Informativo.* Santa Isabel

Decreto 1/1979 por el que se dispone un indulto general a todos los presos políticos en la República de Guinea Ecuatorial. (Décret 1/ 1979 mettant en vigueur une amnistie générale pour tous les prisonniers politiques dans la République de Guinée Équatoriale)[11]. *Boletín Informativo.* Santa Isabel

21 « Russia to Quit Post in Equatorial Guinea ». (L'URSS quitte sa base en Guinée Équatoriale). *International Herald Tribune.* Zurich

22 « España puede sustituirse a la URSS en la base naval de Luba [San Carlos] ». (L'Espagne peut succéder à l'URSS dans la base navale de Luba [San Carlos]). *El País.* Madrid

« Présentation des lettres de créance de l'Ambassadeur de Guinée Équatoriale [1er en France] ». *Le Monde.* Paris

1980

Janvier
I « La ruée des Occidentaux ». *L'Économiste du Tiers Monde.* Paris[12]

11 « Paris et Madrid se disputent la Guinée Equatoriale ». *Journal de Genève*. Genève
12 « Los soviéticos se retiran de Guinea Ecuatorial ». (Les Soviétiques se retirent de Guinée Équatoriale). *El País*. Madrid
26 « Le couple présidentiel équato-guinéen au Cameroun ». *Cameroon Tribune*. Yaoundé
27 « Yaoundé et Malabo (Santa Isabel) renforcent leur coopération ». *Cameroon Tribune*. Yaoundé
28 « Equatorial Guinea suffers on after Dictator's Death ». (La Guinée Équatoriale continue à souffrir même après la mort du dictateur). *International Herald Tribune*. Zurich
« Constituida la Empresa Guineo-Española de Petróleos ». (L'entreprise guinéo-hispanique des pétroles est constituée). *El País*. Madrid

Février
« Equatonial Guinea: the terror and the coup ». (Guinée Équatoriale : la terreur et le coup). *World today*. London
12 *Etude sur la situation des Droits de l'Homme en Guinée Équatoriale.*[13] *Commission des Droits de l'Homme des Nations Unies*. Genève
18 « World Food Program helps Equatorial Guinea ». (Le Programme Alimentaire Mondial aide la Guinée Équatoriale). *West Africa*. Londres
20 « Guinea Ecuatorial estreña un nuevo Gobierno ». (La Guinée Équatoriale inaugure un nouveau gouvernement). *Boletín Informativo*. Santa Isabel
22 « Oreja: «Guinea no tiene un calendario político ». (Oreja : «La Guinée Équatoriale n'a pas de calendrier politique»). *El País*. Madrid
« Oreja: «España no quiere colonizar Guinea».» (Oreja: «L'Espagne n'envisage pas de coloniser la Guinée Équatoriale). *Mundo Obrero*. Madrid
25 « Sale para Libreville SE. Obiang Nguema Mbasogo ». (SE. Obiang Nguema Mbasogo part à Libreville). *Boletín Informativo*. Santa Isabel
« Reunión de la Comision mixta hispano-guineana ». (Réunion de la Commission mixte hispano-guinéenne) *Boletín Informativo*. Santa Isabel
27 « L'héritage du Tigre. L'Espagne reprend le pays en charge ». *Jeune Afrique*. Paris

1981
Mars
1 « Para cacao, Guinea! » (La Guinée pour du cacao!). *El Alcazar*. Madrid
3 « S.E. Obiang Nguema Mbasogo recibe en audiencia al Embajador de Francia ». (S.E. Obiang Nguema Mbasogo reçoit en audience l'ambassadeur de France). *Boletín Informativo*. Santa Isabel
« Los embajadores de Alemania federal y Holanda presentan sus credenciales ». (Les ambassadeurs d'Allemagne fédérale et des Pays-Bas présentent leurs lettres de créance). *Boletín Informativo*. Santa Isabel

« Salieron varios embajadores guineanos a sus respectivos destinos ». (Divers ambassadeurs équato-guinéens ont rejoint leurs postes respectifs). *Boletín Informativo*. Santa Isabel

« Expertos y tecnicos de la BAD llegaron a Malabo (Santa Isabel) ». (Des experts et des techniciens de la BAD sont arrivés à Santa Isabel). *Boletín Informativo*. Santa Isabel

« Macias vive en los Gobiernos de Teodoro ». (Macias vit dans les gouvernements de Teodoro [Nguema]). *La Voz del Pueblo*. En exil

« Porqué la lucha debe continuar ». (Pourquoi la lutte doit se poursuivre). *La Voz del Pueblo*. En exil

« Les hommes ont changé, la dictature demeure ». *24 Heures*. Lausanne

« Informe crítico de la ONU sobre Guinea Ecuatorial »[14]. (Rapport critique de l'ONU sur la Guinée Équatoriale). *El País*. Madrid

6 « L'UNICEF aide à la remise en place des services de santé pour enfants en Guinée Equatoriale ». *Information UNICEF*. Genève

8 « United Nations man fears for Guinea ». (Un représentant des Nations Unies émet des craintes à propos de la Guinée Équatoriale). *The Guardian*. Londres

« Premier livre en français sur la Guinée Équatoriale ». *UNESCO Press*. Berne [Max Liniger-Goumaz, *La Guinée Équatoriale. Un pays méconnu*. L'Harmattan. Paris]

12 « Desinterés de los empresarios españoles para investir en Guinea Ecuatorial ». (Désintérêt des hommes d'affaires espagnols pour les investissements en Guinée Équatoriale). *El País*. Madrid

Avril

4 « El golpe de Estado – en el interés de quienes ? » (Le coup d'Etat : Dans l'intérêt de qui ?). *La Voz del Pueblo*. En exil

« El pueblo sigue con hambre, trabajos forzados, encarcelamientos gratuitos. NADA HA CAMBIADO ». (Le peuple continue à connaître la faim, les travaux forcés, les incarcérations non justifiées. RIEN N'A CHANGE). *La Voz del Pueblo*. En exil

« Expulsion du consul soviétique ». *Afrique défense*. Paris

21 « European Economic Community helping Equatorial Guinea ». (La CEE aide la Guinée Équatoriale). *West Africa*. Londres

24 *Comunicado* de la A.N.R.D. por motivo de la visita a España del Presidente del Consejo Militar Supremo de Guinea Ecuatorial, Teniente Coronel Teodoro Obiang Nguema Mbasogo. (*Communiqué* de l'A.N.R.D. à l'occasion de la visite en Espagne du Président du Conseil Militaire Suprême, le lieutenant-colonel Teodoro Obiang Nguema Mbasogo). *Alianza Nacional de Restauración Democrática de Guinea Ecuatorial*. En exil

Mai

I « Los Guineanos, somos los benjamines de la comunidad hispánica ». (Nous, les Équato-Guinéens, nous sommes les benjamins de la communauté hispanique). *Ya*. Madrid

7 « La Guinée Équatoriale et le Maroc ». *Le Monde*. Paris
8 « L'agence mauritanienne de presse s'élève contre les propos du président équatoguinéen ». *El Mudjahid*. Alger
16 « Support for Morocco ». (Soutien du Maroc [par la Guinée Équatoriale]). *Africa Economic Digest*. Londres
18 « Heading for Home ». (Un groupe de réfugiés rentre au pays [460 sur les 60.000 Équato-Guinéens au Gabon). *Africa* (AFP). Paris
29 « Constituida en Malabo (Santa Isabel) la empresa mixta Guineo-Española de Minas S.A.». (La société mixte Guinéo-Espagnole des Mines SA. est constituée à Santa Isabel). *El País*. Madrid

Juin

1 *Rapport de mission en Guinée Équatoriale.* Conseil Oecuménique des Eglises. Genève
24 *Communiqué* de l'A.N.R.D. condamnant les déclarations du lieutenant-colonel Teodoro Obiang Nguema Mbasogo, président du CMS de la Guinée Équatoriale, lors de sa visite officielle à Rabat (Maroc). *Alianza Nacional de Restauración Democrática de Guinea Ecuatorial*. En exil

Juillet

17 « Guinea, la nueva colonia de UCD ». (La Guinée Équatoriale, nouvelle colonie de l'Union du Centre Démocratique [Espagne]). *Interviú*. Madrid
18 Communiqué du Comité exécutif de l'A.N.R.D. au Haut-Commissariat des Nations Unies pour les Réfugiés dénonçant certains procédés du UNHCR. *Alianza Nacional de Restauración Democrática de Guinea Ecuator*. En exil
24 « Así opera la mafia española ». (Voici comment opère la mafia espagnole). *Interviú*. Madrid

Août

1 « Guinée Equatoriale », in « L'Afrique des massacres ». *Le Spectacle du Monde. Réalités*. Paris
5 « Déclaración del Vice-Presidente guineano FI. Maye: : Estamos muy satisfechos de la colaboración española, pero necesitamos más ayuda ». (Déclaration du vice-président équato-guinéen FI. Maye: « Nous sommes très satisfaits de la collaboration espagnole, mais nous avons besoin de davantage d'aide »). *ABC*. Madrid
26 « Un an après la chute de Macias Nguema, la reconstruction de l'économie repose principalement sur l'assistance de Madrid ». *Le Monde*. Paris

Septembre

19 « Assistance à la Guinée Équatoriale. Rapport à l'Assemblée Générale. ». *Nations Unies*. New York

Octobre

7 « Assistance économique spéciale et de secours en cas de catastrophe ». Guinée Équatoriale». *Nations Unies*. New York

11 « Protestas por la rapatriación [forzada, por UNHCR] de Guineanos ». (Protestations contre le rapatriement [forcé, par le UNHCR] d'Équato-Guinéens). *La Vanguardia*. Barcelone
17 « La France aidera la Guinée Équatoriale à rompre son isolement ». *Le Continent*. Paris
20 « El Presidente de Guinea Ecuatorial terminó su viaje europeo : «Habrá democracia cuando la pida el pueblo» ». (Le Président de la Guinée Équatoriale a achevé son voyage européen: « Il y aura la démocratie quand le peuple la demandera »). *Pueblo*. Madrid
24 « Recrutement de travailleurs nigérians ». *Marchés tropicaux*. Paris
« Rabat et Malabo [Santa Isabel] décident de renforcer leur coopération ». *Le Continent*. Paris

Novembre
7 « Thoughts of UDEAC ». (On pense à l'Union Douanière et Economique de l'Afrique centrale). *Africa* (AFP). Paris
11 « Quince meses después de la caída de Macias (Nguema). Un caos llamado Guinea ». (Quinze mois après la chute de Macias [Nguema]. Un chaos nommé Guinée Équatoriale). *Diario 16*. Madrid
13 « Le président Obiang Nguema M'Basogo fait une visite de travail à Paris ». *Le Monde*. Paris
14 « Ha cambiado algo en Malabo [Santa Isabel] ? »[15] (Est-ce que quelque chose a changé en Guinée Équatoriale?). *Diario 16*. Madrid
15 « Perspectivas de cooperación petrolífera franco-guineana ». (Perspectives de coopération pétrolière franco-équato-guinéenne). *El País*. Madrid
17 « Pasó sin dejar rastro. El Presidente de Guinea Ecuatorial estuvo algunos días en Paris ». (Il est passé sans laisser de trace. Le Président de la Guinée Équatoriale a séjourné quelques jours à Paris). *Pueblo*. Madrid
19 « Une déclaration de Teodoro Obiang [Nguema], président de la Guinée Équatoriale. On ne peut à la fois reconstruire le pays et instituer la démocratie... les divergences politiques ne sont pas compatibles avec la reconstruction nationale ». *Le Continent*. Paris
« L'A.N.R.D. [Alianza Nacional de Restauración Democrática de Guinea Ecuatorial] répond à Obiang [Nguema] ». *Le Continent*. Paris
« Le droit d'ingérence» [induit par l'oppression du peuple équato-guinéen par le régime T. Nguema]». *Le Continent*. Paris
« Préstamo español de 320 millones de pesetas a Guinea Ecuatorial ». (Un prêt espagnol de 320 millions de pesetas à la Guinée Équatoriale). *El País*. Madrid
« Francia y Guinea Ecuatorial estrechan relaciones ». (La France et la Guinée Équatoriale intensifient leurs relations). *ABC*. Madrid
21 « West Germany Backing of Equatorial Guinea ». (L'Allemagne occidentale soutient la Guinée Équatoriale). *Africa* (AFP). Paris
« Une coopération renforcée avec la France ». *Marchés tropicaux*. Paris
25 « La France se place ». *Jeune Afrique*. Paris[16]

30 « Pero - Qué pasa en Guinea Ecuatorial ? » (Mais, que se passe-t-il en Guinée Équatoriale?). Ya. Madrid
« La Guinée Equatoriale en voie de recolonisation? » *Faim – Développement.* Paris

Décembre
I « El descalabro de Guinea. El Gobierno esta preocupado con Guinea Ecuatorial ». (L'échec de Guinée. Le Gouvernement espagnol est préoccupé par la Guinée Équatoriale). *Cambio 16.* Madrid
5 « Para renforzar la presencia de España en el Golfo de Guinea los Reyes viajan hoy a Camerún, Gabón y Guinea Ecuatonial ». (Afin de renforcer la présence espagnole dans le Golfe de Guinée, le couple royal part aujourd'hui au Cameroun, au Gabon et en Guinée Équatoriale). *El País.* Madrid
9 « Como negociar con Guinea ». (Comment négocier avec la Guinée Équatoriale). *La Vanguardia.* Barcelone
« Don Juan Carlos media en el conflicto entre Gabón y Guinea Ecuatorial ». (Don Juan Carlos s'entremet dans le conflit entre le Gabon et la Guinée Équatoriale). *El País.* Madrid
10 « La visita del Rey a Malabo (Santa Isabel) abre una nueva etapa en la cooperación España-Guinea ». (La visite du Roi à Santa Isabel ouvre une nouvelle étape dans la coopération entre l'Espagne et la Guinée Équatoriale). *El País.* Madrid
16 « El reto de Guinea ». (Le défi de Guinée Equatoriale). *La Vanguardia.* Barcelone

1981
Janvier
7 « Guinea Ecuatorial: un país dividido entre dos hombres fuertes » [Teodoro Obiang Nguema/Fl.Maye Ela]. El Tribunal de La Haya decidira sobre el tema del petróleo guineano ». (Guinée Équatoriale: un pays divisé entre deux hommes forts [Teodoro Nguema/Maye Ela]. Le Tribunal de La Haye décidera au sujet du pétrole équato-guinéen). *El Correo catalán.* Barcelona.

Parmi le millier de textes publiés depuis août 1979, les quelque 140 titres repris ci-dessus fournissent, sans conteste, un tableau de premier choix pour la compréhension de ce qui se passe réellement en Guinée Équatoriale.
Voici à grands traits l'histoire des 18 mois de dictature post-Macias Nguema qu'ils révèlent.

4. La grande illusion

Début août 1979, le peuple équato-guinéen, comme la communauté internationale, sont remplis d'espoir : le tyran est tombé, le coup d'État est celui de la «Liberté». Cette fois-ci, la Guinée Équatoriale sera en mesure de réussir son indépendance, ratée par la faute d'un mégalomane. Les mouvements de résistance anti-Nguémisme, l'A.N.R.D. en tête, fixent les conditions de leur participation à la reprise d'un dialogue en vue d'un renouveau national: mise en place rapide d'une Constituante, retour à un régime civil, jugement de tous les responsables du chaos antérieur, élimination des structures répressives, respect des Droits de l'Homme. Ces exigences minimales n'ont pas à ce jour reçu de réponse, et pour cause: les successeurs de Macias Nguema sont ceux-là même qui ont tenu les rênes du pouvoir, au nom du dictateur, durant de longues années, la plupart parents de sang et par alliance ou bénéficiaires complices du pouvoir coiffé par le dictateur déchu. Le régime nguémiste ayant étouffé tout débat politique dès les débuts de la République, notamment par l'interdiction des partis qui avaient lutté pour l'indépendance, les neveux et cousins de Macias Nguema étant en majorité des militaires, les militants nguémistes ignorant le b-a-ba de la démocratie pour avoir grandi dans le fascisme espagnol suivi du pouvoir absolu du PUNT (Parti Unique National des Travailleurs) et de la féroce *Jeunesse en marche avec Macias*, tous ces éléments expliquent à suffisance la crainte des "nouveaux anciens" maîtres du pays devant la renonciation à un régime taxé fin mai 1979 de «néo-fasciste» par le socialiste Mouvement Panafricain de la Jeunesse (à une époque où, pourtant, l'URSS et la Chine populaire étaient largement actives en Guinée Équatoriale).

On peut être surpris par le fait que privés du consensus populaire, les parents et adeptes de Macias Nguema soient parvenus à se maintenir au pouvoir. Mais comment aurait-il pu en aller autrement avec un peuple exsangue et toutes les élites en exil ? Sans parler de la série de complicités dont les héritiers directs de Macias Nguema ont bénéficié: après avoir nié le fait, le Gouvernement espagnol a dû admettre qu'il connaissait l'imminence du coup d'État (sa délégation diplomatique était sur place dans les premiers jours); les Etats-Unis ont été avisés par la diplomatie espagnole; le Maroc, grâce aux bons offices du Gabon, fournit à Obiang Nguema une garde présidentielle de quelque 250 hommes[17], sans lesquels le coup eût été impossible, vu la déliquescence du régime et la haine populaire; compte tenu de la place qu'occupe la France au Gabon, elle ne pouvait pas ne pas être au courant. Il ne fait pas de doute que l'URSS et Cuba ont été les dindons de la farce; leur éviction de la tête de pont au coeur du Golfe de Guinée que constitue la Guinée Équatoriale, et particulièrement les îles de Fernando Poo [Bioko] et d'Annobon (fort utiles durant la Guerre d'Angola)[18], a rendu possible la reprise en main du pays par les Occidentaux. Seule la Chine populaire a traversé l'orage sans broncher, elle qui, depuis 1970, aide la Guinée Équatoriale, au plan civil, sans contrepartie connue.

5. Obiang Nguema = Macias Nguema

Rapidement, les rares spécialistes des affaires de Guinée Équatoriale ont attiré l'attention du public sur le fait que les «nouveaux maîtres» du pays ne sont que les laquais d'hier. Pire même, car si le pouvoir de Macias Nguema provenait initialement d'un large suffrage populaire suite aux élections de septembre 1968, la dictature de Obiang Nguema, elle, plébiscitée par ses subordonnés militaires «par acclamation», ne peut en aucune façon se prévaloir d'une quelconque légitimité ni représentativité. Le Conseil Militaire Suprême, coiffé par les neveux de Macias Nguema et des amis de Obiang Nguema formés comme lui à l'Académie militaire de Saragosse entre 1963 et 1965, concentre un nombre important d'officiers de l'instrument de terreur que furent – à côté de l'Armée commandée par Obiang Nguema – les Jeunesses en marche avec Macias. Ces hommes, tantôt directeurs des prisons (en particulier Obiang Nguema, pour celle de Black Beach, à Santa Isabel (Fernando Poo), où sévissait la torture[19], tantôt exécuteurs d'incendies de villages, juges aux procès des partisans anti-nguémisme, et coresponsables de plusieurs dizaines de milliers d'assassinats, ces hommes se mettent subitement à proclamer le respect des Droits de l'Homme tant bafoués et affichent de prétendues convictions démocratiques: Obiang Nguema ne se dit-il pas favorable au suffrage universel dans un avenir éloigné, en affirmant à Madrid, en octobre 1980 : « Nous accorderons la démocratie lorsque le peuple la demandera », ajoutant à Paris, en novembre 1980 : « On ne peut à la fois reconstruire le pays et instituer la démocratie » ?

Le Rapport spécial de la *Commission des Droits de l'Homme* (février et décembre 1980) et de nombreux indices convergents, de même que les déclarations maladroites du président Obiang Nguema et de son complice, le vice-président (et ministre des Affaires étrangères) Maye Ela (du clan Mbon, mais de Mongomo), attestent qu'on n'a que faire du suffrage universel. Mieux: nombre de réfugiés qui ont naivement cru au changement, et qui sont rentrés au pays, ont été physiquement malmenés, et souvent emprisonnés, faisant de la sorte l'expérience d'une bien curieuse amnistie[20]. Cela explique pourquoi, par des communiqués successifs, la résistance a attiré l'attention sur le fait que le régime des Nguémistes n'était pas mort et que la lutte pour la restauration d'un État démocratique devait se poursuivre.

6. Le silence complice

Alors que les réfugiés politiques rentrent au pays au compte-gouttes (parmi eux surtout des ex-complices et souvent parents de Macias Nguema, qui avaient pris le large avec l'aggravation de la démence de celui-ci, les institutions internationales); ONU et agences spécialisées, ainsi que la CEE, la BAD, l'OPEP, débordent d'enthousiasme: Macias Nguema, celui à cause duquel elles ont, depuis 1978, à l'instigation de l'UNESCO, dû suspendre leurs projets d'assistance, Macias Nguema est tombé. Le champ est donc à nouveau libre pour la création de projets aptes à digérer des crédits trop longtemps retenus. Peu importe que les observations faites sur place au nom de la *Commission des Droits de l'Homme*, et que les déclarations des héritiers du «tigre» démontrent que le pays n'est pas sorti des griffes de la famille des Nguema: comme une troupe en fin de manoeuvres, on tire les cartouches restantes (autrement dit, on gaspille les dollars). A l'abri de ce qui, naguère, avait été qualifié de «silence complice» des institutions internationales et des pays voisins, les intérêts principalement espagnols et français se pressent au portillon. L'Espagne, en vertu de son devoir historique et du ratage successif de la décolonisation de ses deux ex-colonies africaines, a un défi à relever; la France, qui considère le Golfe de Guinée comme sa zone d'influence, compte se placer également dans cette écharde hispanophone plantée au coeur de sa francophonie. Le Gabon profite de l'inexpérience politique d'un Obiang Nguema pour s'approprier des avantages économiques en Guinée Équatoriale, notamment dans le domaine pétrolier (après avoir militairement arraché à la Guinée Equatoriale plusieurs îles des zones pétrolifères du sud-ouest du Rio Muni, en 1972); le Maroc, lui, fait payer ses mercenaires par le soutien équato-guinéen aux thèses de Rabat sur l'ex-Sahara espagnol (alors que Macias Nguema soutenait le Front Polisario).

La ruée occidentale sur la Guinée Équatoriale, simultanément au décrochage soviétique et cubain, fait apparaître la création successive de projets pétroliers et miniers, tantôt hispano-guinéens, tantôt franco-guinéens (sans parler des guinéo-gabonais), et ce en dépit de la méfiance qu'inspire à tout le monde le régime militaire des «enfants» de Macias Nguema. Les médias français ont fait quasiment silence autour de la visite de Obiang Nguema dans l'hexagone (et sur sa réception par le président Giscard d'Estaing); le ministre espagnol des Affaires étrangères a souligné l'absence de calendrier politique du Conseil Militaire Suprême, et les hommes d'affaires espagnols, à l'exception des protégés politiques de l'UCD du président Suarez, hésitent à s'implanter dans l'ex-colonie.

Les dissensions au sein du Conseil Militaire Suprême (modérées par la peur des mercenaires marocains), et les maladresses verbales et politiques du chef de l'Etat, notamment face au Gabon, ont contraint l'Espagne à envoyer le roi Juan Carlos I° par deux fois dans la région du Golfe de Guinée pour réparer les pots cassés. Pendant ce temps, progressivement, la France se place, en particulier à travers la semi-officielle Société Française de Dragages et Travaux Publics[21] qui, par divers grands travaux somptuaires, a retiré de larges bénéfices de ses activités dans la patrie de la terreur nguémiste. Bien entendu l'étude sur la Guinée Équatoriale publiée en juin 1980 par le ministère français de la Coopération se tait à ce sujet, comme il fait silence sur les profits juteux de la française Société Forestière du Rio Muni.

Devant les luttes d'influence néo-coloniales, les Institutions onusiennes continuent à afficher naïvement leur détermination d'aider la «nouvelle» Guinée Equatoriale, sous des prétextes humanitaires (comme si ceux-ci n'avaient pas été valables du temps de Macias Nguema aussi). L'incohérence du système des Nations Unies apparaît bien ici : d'un côté, la *Commission des Droits de l'Homme* montre, preuves à l'appui, qu'il s'agit de rester vigilant, et que les séquelles de l'ère Macias Nguema sont loin d'être extirpées, de l'autre côté on décide de faire dépenser à la communauté internationale, à travers des projets qualifiés d'urgents, du domaine de l'assistance humanitaire, de réhabilitation et de reconstruction, un montant de presque 60 millions de dollars; cela représente plus de 120 millions de francs suisses destinés à faire durer les maîtres nguémistes de la Guinée Équatoriale, au mépris des Droits de l'Homme. Mieux même : le *Haut Commissariat des Nations Unies pour les Réfugiés* s'est attiré des protestations du principal mouvement de résistance anti-Nguémisme, l'A.N.R.D., pour avoir, semble-t-il, forcé des réfugiés politiques en Espagne à aller se jeter dans la gueule du « Tigre » dans une patrie non encore libérée de la dictature tribale. Semblablement, le Nigeria oublie les sévices encourus par ses compatriotes entre 1970 et 1980, et accepte, en octobre 1980, de renvoyer quelques milliers de travailleurs agricoles – à vrai dire principalement des chômeurs – en Guinée Équatoriale voisine. Il est vrai que la démonstration militaire nigériane de janvier 1976 (retrait de 25 000 ressortissants dans une opération navale et aéroportée, au nez de Obiang Nguema et de son armée) peut servir aujourd'hui encore d'avertissement suffisant pour ne pas recommencer. Les cartes du Nigeria – celle du Cameroun aussi – n'ont d'ailleurs pas encore été avancées dans cette partie du jeu géopolitique d'Afrique centrale, et pourraient valoir, tant à l'Espagne qu'à la France, certaines surprises.

7. Les leçons de deux ans de dictature post-Macias Nguema

L'essai d'histoire immédiate entrepris ci-dessus a donné des résultats insoupçonnés. Ce que certains intérêts néo-coloniaux souhaitent occulter transparaît toujours dans l'information à l'échelle mondiale, ne serait-ce qu'en raison de la susceptibilité des intérêts opposés. Ce que la seconde dictature des Nguémistes espère cacher derrière des slogans et des proclamations de bonne foi du même type qu'aux meilleurs moments du régime du « Gran maestro » est systématiquement éclairé par les journalistes et observateurs de l'intérieur comme de l'extérieur, particuliers ou missions officielles.

Il ressort de cette lecture des titres de la presse mondiale une série d'indices qui confinent à des certitudes, à savoir:
– Le régime Macias Nguema n'est pas mort et perdure à travers Obiang Nguema et ses acolytes, pratiquement tous à des places de responsabilité depuis de nombreuses années.
– La situation intérieure de la Guinée Équatoriale continue à se dégrader en dépit des aides diverses – et ouvre au pays la perspective d'un nouveau chaos[21].
– La dictature tribale et militaire de Obiang Nguema et de ses cousins ne reste en place que parce qu'elle fait le jeu des intérêts néo-coloniaux de certaines puissances occidentales, après que la dictature civile/militaire de Macias Nguema ait répondu aux intérêts néo-coloniaux du monde soviétique.

– Après avoir promis de changer la Guinée Équatoriale en un an, les neveux et émules de Macias Nguema parlent maintenant de cinq ans, si l'Espagne – ou la France – veulent bien les prendre en charge. La reconstruction nationale, en collaboration avec ces deux démocraties occidentales, n'est toutefois pas compatible avec le retour à un régime démocratique.

– Le peuple équato-guinéen – qui obtiendra cet hypothétique suffrage universel dès qu'il le demandera... – continue, dans cet espoir lointain, à souffrir de nombreuses privations de libertés et de privations matérielles; il est, de plus, rendu fragile, en raison du fait que les élites survivantes sont pratiquement toutes de la diaspora, qui représente le tiers de la population totale.

8. La réconciliation nécessaire

Face à ces constatations, il reste à espérer qu'après treize ans de dictature et de domination par la famille Macias Nguema s'installe entre les cinquante ethnies de Guinée Équatoriale un dialogue fraternel que l'indépendance de 1968 laissait pourtant augurer. Divisée par le virus des intérêts étrangers, fractionnée par des années d'exactions auto-destructrices, la nation équato-guinéenne n'échappera au suicide ou à l'absorption par des voisins aux aguets que grâce à une véritable réconciliation nationale telle que préconisée par la *Commission des Droits de l'Homme*.

La prise de conscience de cette évidence par ceux qui ont été entraînés dans l'aventure des Macias et Nguema, de quelque côté qu'ils se trouvent, civils et militaires, est leur unique chance de survie comme Équato-Guinéens. Mais il y a danger en la demeure, et l'urgence est grande d'un apaisement des courroux, d'un élan de courage afin de sceller la réconciliation. L'Histoire n'attend ni les faibles ni les lâches.

Et si tout ce qui précède était faux ?

Il faudrait alors admettre que les moyens d'information à l'échelle de la planète nous abusent. Mais c'est là un débat vain, car il va de soi que les médias divergeront toujours dans la mesure même où s'opposent les intérêts.

Notes

1 Le clan des Esangui est parmi les quelque 50 clans du pays Fang l'un des moins nombreux. Il est principalement concentré dans l'ancien district de Mongomo, fondu aujourd'hui dans celui de Wele-Nzas.
2 Au moment de la révolte de palais qui a mis à la place de Macias Nguema ses neveux et cousins, conduits par Obiang Nguema, chef d'état-major de l'armée depuis 1976, la Guinée Équatoriale comptait quelque 120 000 citoyens réfugiés à l'étranger pour sauver leur vie, tandis que la population résidente s'élevait encore à quelque 245 000 personnes.
3 Le coup d'État a été annoncé sur les ondes de la radio équato-guinéenne le 2 août 1979. Il sonna le glas de la première dictature "nguémiste". Ce dernier vocable a

été prononcé la première fois devant la *Commission des Droits de l'Homme* des Nations Unies, en 1978, par C.M. Eya Nchama, Secrétaire général de l'A.N.R.D.

4 Dans un premier temps, les milieux officiels espagnols avaient nié cette évidence. Il est maintenant avéré que le coup a été perpétré avec l'assentiment espagnol et nord-américain, et avec la complicité du Gabon et du Maroc (et à travers eux la France et les États-Unis).

5 La grande majorité des hommes du CMS constituaient les cadres du régime de terreur de Macias Nguema. Alors que Macias Nguema avait accédé démocratiquement au pouvoir, en septembre 1969, Obiang Nguema et ses deux complices vice-présidents feront fi des Droits de l'Homme et des règles de la démocratie. Il faut savoir aussi que l'instrument de terreur qu'était à côté de l'armée la «Jeunesse en marche avec Macias» a été intégré dans cette Armée coiffée par Obiang Nguema, et que nombre de ses cadres sont maintenant membres du Gouvernement militaire ou Gouverneurs de Province.

6 Des témoignages divers attestent l'existence de nombreux prisonniers politiques dans les prisons des localités de province: Akonibe, Akurenam, Ebebiyin, Evinayong Kogo, Mikomeseng, Niefang, Rio Benito, San Carlos.

On peut se demander ce que les Nations Unies ou le CICR ont entrepris durant l'ère Macias Nguema pour approcher ces 5000 prisonniers politiques.

L'appel du principal mouvement de résistance contre le Nguemisme, l'A.N.R.D., suivi de celui du Frelifer (Front de Libération de Fernando Poo, issu de l'Union Bubi), n'ont pas reçu de réponse.

7 La récupération du pays ne tardera pas à se manifester, avec comme principaux protagonistes l'Espagne et la France, mais également d'autres pays occidentaux. Alors que l'URSS (et Cuba) qui a profité de l'hospitalité guinéo-équatorienne pour la guerre d'Angola et l'approvisionnement du marché soviétique en crustacés, se trouve mise en quarantaine, le néo-colonialisme occidental se met, lui, en action.

8. L'absence de conscience démocratique chez Obiang Nguema et ses parents Esangui était manifeste bien avant la révolte de palais. L'analphabétisme politique se manifeste tant dans les déclarations gratuites que dans les attitudes dévotes face aux "amis" espagnols ou français, et dénote un manque total de pensée politique et d'amour-propre. Si même tous ces hommes n'étaient pas des complices de Macias, ils seraient pour le moins des lâches d'avoir durant onze ans occupé leur poste sans jamais broncher.

9 Nombreux seront les organismes qui négligeront de s'informer sur la réalité du changement, et qui s'empresseront de déverser leurs dollars aux pieds des héritiers de Macias Nguema. heureux de pouvoir dépenser ce qui avait dû être retenu à la fin du régime Macias sous la pression d'Amnesty International, de la Commission Internationale des Juristes, de la Fédération Internationale des Droits de l'Homme, de la Société Anti-esclavagiste, etc. Les complices des Nguémistes se dépêchent de faire affluer cette manne au plus vite, et facilitent la liquidation rapide des fonds et des marchandises. Un intense marché noir s'est instauré avec le Gabon.

10 Il y a actuellement en Guinée Équatoriale quelque 150 policiers et conseillers militaires espagnols qui émargent au budget de la coopération espagnole. Mais le coup d'État a été rendu possible principalement par la mise à disposition, par le Maroc, de 250 soldats et officiers de l'armée chérifienne, via le Gabon. Ces Marocains (auxquels de nombreux abus sont attribués) constituent encore la garde

prétorienne de Obiang Nguema, qui ne fait confiance, semble-t-il, ni à son armée ni à ses cousins et amis officiers.

11 En ce qui concerne le retour des exilés, il faut préciser que les premiers du petit nombre qui sont rentrés sont en fait des parents de Macias Nguema, tel Masié Ntutumu, ex-ministre de l'Intérieur (et responsable de la terreur policière jusqu'en 1976), accompagné d'ailleurs par le tristement célèbre Ciriaco Mbomio, ex-chef de la police de Santa Isabel.

Divers témoignages convergents montrent que, d'une part, les quelques réfugiés politiques rentrés ont été cantonnés dans des fonctions subalternes, d'autre part, que plusieurs ont été battus jusqu'au sang, et incarcérés, ou admis à l'hopital durant des semaines à cause des sévices, tels Moíses Mba Ada et Justino Mba Nsué, respectivement ex-Président du Conseil de la République et ex-Secrétaire du ministère des Mines et de l'Industrie.

Il s'agit d'une amnistie à l'envers: c'est le régime des tyrans qui pardonne aux victimes.

12 Dès le début 1980, la lutte entre l'Espagne et la France pour la suprématie en Guinée Équatoriale devient flagrante. Les vieux conflits du XIXe siècle se rallument. Coup sur coup, chaque pays tente d'arracher le plus de projets profitables : pétrole, mines, pêche, plantations, constructions, etc. ou par des bourses ainsi que, pour la France, par la multiplication des centres culturels servant à dévier le pays de la sphère linguistique espagnole.

13 Le rapport spécial de la *Commission des Droits de l'Homme* souligne la situation précaire du pays et recommande que l'ONU reste attentive à l'évolution de la situation intérieure. Le Rapporteur recommanda même, en mars 1980, que tout projet des Nations Unies, y compris des Agences spécialisées, reçoive, avant sa mise en application en Guinée Équatoriale, l'aval de la *Commission des Droits de l'Homme*. Les pressions de certaines puissances ont ruiné ces bonnes intentions.

14 Sous le couvert de l'aide humanitaire indispensable pour secourir une population malmenée onze ans durant par le régime Macias Nguema (dont le neveu Obiang Nguema), l'ONU, la CEE, l'UNICEF, la BAD et d'autres organisations internationales vont céder à l'enthousiasme de pouvoir faire démarrer de nouveaux projets, quelle que soit la réalité intérieure de la Guinée Équatoriale, plutôt que d'exercer une saine influence sur le Gouvernement issu du putsch, en vue d'un retour pacifique à la démocratie ruinée avec le concours des maîtres d'aujourd'hui.

15 Fin 1980, le Gouvernement était formé surtout d'hommes de Mongomo:

T. Obiang Nguema (neveu de Macias Nguema, Esangui de Mongomo): Président du Conseil militaire Suprême, Chef de l'État, Chef du Gouvernement, ministre de l'Économie et des Finances, ministre de l'Information et Tourisme, ministre de la Défense et de la Sécurité

Fr. Maye Ela (neveu, Mbon de Mongomo); 1er Vice-Président de la République, ministre des Affaires Etrangères

P. Obama Ondo Eyang (Esangui de Mongomo): ministre de la Fonction publique, puis de la Santé

F. Mba Nchama (de Mongomo): ministre de l'Intérieur

T. Mene Abeso (Esangui de Mongomo): ministre de l'Éducation

P. Mensuy Mba (de Mongomo): ministre de la Justice

P. Obiang Enama (de Mongomo): ministre de l'Agriculture

P. Nsué Obama (Esangui de Mongomo): ministre de l'Industrie/Mines/Énergie

En 1963, à l'aube de l'Autonomie interne, le District de Mongomo comptait 12 039 habitants, soit 5,3% de la population totale et 6,6% de celle de la province continentale du Rio Muni. Il s'agit d'un des Districts les moins peuplés de la province (avec Kogo, Añisok, Nsok et Akurenam). En 1963 précisément, lors du plébiscite en vue de l'Autonomie de la Guinée Équatoriale, les inscrits du District de Mongomo (3 441) représentaient 2,7% de l'électorat national.

En 1952, un dixième des villages du District de Mongomo était peuplé d'Esangui. Mongomo et sa banlieue totalisent actuellement approximativement 5 000 habitants.

A l'Indépendance, le total des Esangui de Guinée Équatoriale, soit quelque 4 000, représentait à peine 1,5% de la population totale, composée de 50 clans Tous les Esangui ne se sont pas faits complices des Nguemistes.

Voici donc bien un Gouvernement très représentatif. des seuls Nguema. A préciser que des confusions sont possible, pour le non inité à l'anthropolgie locale, avec des personnes mentionnées ici et qualifiées d'Esangui alors qu'elles appartiennent à d'autres clans du Wele-Nzas.

16 Dès fin 1980, la lutte d'influence franco-espagnole dans le Golfe de Guinée s'intensifie. L'étude du ministère français de la Coopération sur la Guinée Équatoriale (juin 1980) mentionne cette rivalité .

Faut-il placer dans le cadre de la récupération de la Guinée Equatoriale par la France le regrettable encart publicitaire sur la Guinée Équatoriale que *Jeune Afrique* s'est abaissé à accepter dans son numéro 1021 du 30 juillet 1980? Il s'agit là d'un vil éloge polychrome du prétendu «Coup de la Liberté» qui ne sert qu'à leurrer l'Afrique sur les réalités du népotisme nguémiste, et qui nuit à la crédibilité de l'hebdomadaire en question. Dans *Universalis* 1980 (p. 572), René Pélissier remet les choses en place. montrant que les héritiers directs de Macias Nguema ont jugé prudent « de ne pas faire trop de lumière sur les complices du président Macias, afin de ne pas ternir l'image internationale du nouvel homme fort : on se contenta de choisir six collaborateurs jugés seuls coupables des malheurs du peuple. Ils accompagnèrent Macias Nguema dans la tombe. »

17 L'arrivée des mercenaires marocains via Libreville n'étonnera que ceux qui ignorent que la garde présidentielle gabonaise est elle aussi truffée de soldats chérifiens. A noter également ici qu'il existe de fortes présomptions que lors du coup d'État, en août 1979, l'armée gabonaise ait pénétré profondément dans la partie méridionale et orientale du Rio Muni.

18 Fernando Poo et Annobón ont joué un rôle important dans la guerre d'Angola. Alors qu'Annobón recevait régulièrement des navires soviétiques pour y faire eau, Fernando Poo, avec la baie de San Carlos (Luba), à l'ouest de l'île, servait de base de transbordement pour le contingent cubain et le matériel de guerre soviétique. Arrivant sur des cargos cubains, hommes et armes passaient sur des navires de moindre tonnage appartenant au MPLA. Quelque 9 000 Cubains ont ainsi transité par la Guinée Équatoriale (à l'instar des armes françaises qui transitèrent par São Tomé durant la guerre du Biafra). Le dock flottant mis en place par les Soviétiques à San Carlos aurait été coulé par eux à leur départ fin 1979. Quant à l'aviation, elle bénéficiait d'une imposante station radar sur le Monte Santa Isabel. Dans la baie de Santa Isabel mouillaient fréquemment des sous-marins et autres bâtiments de guerre soviétiques.

19 En novembre 1978, un rapport du Fonds International d'Échange Universitaire insistait sur la torture dans les prisons avec la bénédiction d'hommes comme l'actuel président Obiang Nguema et son oncle Bonifacio Obiang Nguema (actuellement ambassadeur auprès de l'OUA). V. *Equatorial Guinea – Macias Country. The forgotten Refugees.* Genève, 1978.

20 La révolte de palais – terme couramment utilisé par le ministère français de la Coopération (v. son *Dossier d'information économique sur la Guinée Équatoriale.* Paris, juin 1980, pp. 3 et 26) – a en fait été réalisée parce que Obiang Nguema commençait à craindre pour sa propre vie, en dépit de dix ans de complicité active. D'autres membres de l'oligarchie des Nguema avaient pris le large plus tôt. Ce sont principalement eux qui composent le premier lot de réfugiés rentrés au pays, le plus souvent bien avant qu'une «amnistie» ait été proclamée.

21 Dragages, en tant que filiale de la SCREG (54,5% de son capital), a pu s'implanter grâce à l'Union Financière pour l'Afrique (tout comme la française Société Forestière du Rio Muni), dont l'administration se trouvait à Commugny (Vd), Suisse.

Le Dossier du ministère français de la Coopération sur la Guinée Équatoriale (juin 1980) – qui parle clairement de la «révolte de palais» de Obiang Nguema – se tait sur les juteuses activités tant de Dragages, sous Macias Nguema, que de la Forestal del Rio Muni proche de la Banque Rothschild.

A travers sa branche espagnole, Dragas Construcciones, liée au Banco Atlántico, la Société Française des Dragages et Travaux Publics construit présentement la nouvelle Ambassade d'Espagne, sur un terrain appartenant à ladite société; montant de l'opération: 100 millions de pesetas (environ 1,5 Mo de $). Durant la terreur des Macias et des Nguema, Dragages a construit le nouveau Palais présidentiel et la jetée du nouveau port de Bata (non adapté aux conditions locales), ainsi que les bâtiments de la Banque centrale à Santa Isabel et à Bata, grâce à des prêts officiels français d'un montant total de quelque 27 Mo de $.

22 Un exemple parmi nombre d'autres: Fl. Mba Oñana (Esangui de Mongomo), cousin de Macias Nguema et ex-Gouverneur militaire du Rio Muni, a été désigné Conseiller de la Mission diplomatique auprès des Nations Unies, en janvier 1980. Dix mois plus tard il est de retour en Guinée Équatoriale après avoir ligoté et battu l'Ambassadeur, qui n'est autre que son neveu C. Nvono Nka (Esangui de Mongomo). Depuis lors, il s'est signalé pour avoir abattu un civil dans la rue, à Santa Isabel, sous le prétexte de «légitime défense».

Les dissensions au sein du Conseil Militaire Suprême sont de plus en plus aigües et généralement le fait de Maye Ela. Récemment, le Secrétaire général du ministère de la Défense, S. Bee Ayetebe (qui n'est pas de Mongomo, mais un Yeengui de Mikomeseng) vient d'être traduit devant un Tribunal militaire, à Bata, sous l'accusation de tentative de coup d'État. Fin 1980, la presse internationale n'en faisait pas encore mention.

Par contre, dès le 7 janvier 1981, la lutte pour le pouvoir au sein de la junte transparaît grâce au *Correo catalán* (Barcelone, p. 14), qui décrit une «Guinée Équatoriale, un pays divisé entre deux hommes forts», soit Obiang Nguema et son ancien complice Maye Ela. Et pour bien montrer que ce conflit a des implications internationales, le journal sous-titre : «Le Tribunal de La Haye décidera a propos du thème du pétrole équato-guinéen». Une affaire à l'odeur d'hydrocarbure, comme le disait déjà la presse en 1972, en rapportant l'occupation par la force d'îles équato-guinéennes dans l'estuaire du Rio Muni, par l'armée gabonaise.

II

1981 : L'ENFER DE LA TERREUR NGUEMISTE
Rien n'a changé

Le régime Macias Nguema, en place depuis octobre 1968, a été qualifié par la presse internationale de dictature sanguinaire. Le 3 août 1979, une junte dirigée par Obiang Nguema, neveu de Macias, a proclamé la destitution du premier président de la Guinée Équatoriale. La quasi totalité des auteurs du coup d'État faisaient partie de l'entourage actif du dictateur. Après plus de deux ans depuis ce bouleversement, on peut se demander comment évoluent les choses dans le 126e Etat membre des Nations Unies[1].

Le président Macias Nguema a été élu démocratiquement en septembre 1968 (sous contrôle de l'OUA et de l'ONU), et n'a pas pris le pouvoir par la force comme des J.-B. Bokasa ou Idi Amin Dada. Cependant, deux mois déjà après son accession à la fonction suprême, il a commencé à éliminer physiquement les leaders politiques, les intellectuels, supprimant aussi les divers partis politiques qui avaient lutté pour l'indépendance, les remplaçant par un parti unique à sa dévotion : le *Partido Unico Nacional de Trabajadores* (PUNT), doublé d'un mouvement de *Jeunesse en marche avec Macias,* à formation para-militaire. Progressivement, avec l'élimination des élites, et plus généralement de toute personne, homme ou femme, adoptant une attitude critique à l'égard de la dictature naissante, ainsi qu'avec le départ en exil de quelque 125 000 Équato-Guinéens en onze ans, Macias Nguema a concentré le pouvoir militaire, policier et civil (politique, économique, financier) entre les membres de sa famille, le plus souvent de l'ethnie Esangui (région de Mongomo, au sud-est de Rio Muni). Ainsi, dès octobre 1968, son cousin Masié Ntutumu devenait ministre de l'Intérieur (et notamment responsable de la Sûreté et de la Police), assisté de sbires comme Ciriaco Mbomio et Feliciano Obama Nsue Mangue, dont nous aurons à reparler à propos des événements de 1981. En 1971, les cousins Bonifacio Nguema Esono et Miguel Eyegue Ntutumu devenaient respectivement ministre des Affaires étrangères et gouverneur civil de la province de Rio Muni, après l'assassinat de leurs prédécesseurs. Le neveu de Macias Nguema, Obiang Nguema (actuel chef de l'État) était promu gouverneur militaire de la province de Fernando Poo [ou Bioko] et notamment responsable de la prison de *Playa Negra,* dans la capitale, Malabo. A partir de 1975, le cercle de famille s'agrandit encore, tant par le nombre que par les fonctions : Eyegue Ntutumu (cousin) est promu vice-président de la République (après l'assassinat de son prédécesseur Bosio Dioco), Mba Oñana (cousin) devient commandant de la place militaire de Bata à la tête de la

2e Compagnie, Maye Ela (neveu) passe commandant de la Marine nationale, Ela Nzeng (neveu) remplace son oncle Eyegue Ntutumu comme gouverneur civil du Rio Muni, Oyono Ayingono (neveu) monopolise les postes de ministre des Finances, du Commerce et de l'Industrie, de secrétaire d'État à la Présidence et directeur de l'information (après l'assassinat de tous ses prédécesseurs), et dirige la trop fameuse *Jeunesse* du régime.

Les témoignages sont nombreux qui attestent, depuis 1969, que Obiang Nguema, actuel président de la République, est directement mêlé à la répression pratiquée par le régime nguemiste. Rappelons que le néologisme « nguemisme » a été utilisé la première fois, par analogie avec « franquisme », par le secrétaire général du principal mouvement de résistance à la dictature des hommes de Mongomo, *l'Alianza Nacional de Restauración Democrática de Guinea Ecuatoria* le Prof. C.M. Eya Nchama, devant la *Commission des Droits de l'Homme* des Nations Unies, en 1978. En décembre 1969, par exemple, Obiang Nguema est présent au stade de Malabo devant une population obligée d'assister à l'exécution capitale de trois civils, dont un Nigerian. En 1970, son collègue de promotion Jesus Eworo, Ndongo, déjà sous-lieutenant dans la Garde coloniale avant l'indéendance, devenu ministre de la Justice en octobre 1968, est assassiné, alors qu'un autre compagnon, M. Miko Oyono mourait en prison la même année. Progressivement, les militaires expérimentés et n'appartenant pas au clan nguemiste étaient éliminés. C'est sous le commandement d'Obiang Nguema que se fera *manu militari,* à la demande de l'oncle Nguema Esono, ministre des Affaires étrangères, et futur vice-président de la République, l'expulsion du Représentant résident des Nations Unies, le Haïtien Marceau Louis, en 1973. C'est Obiang Nguema lui-même qui procède, en décembre 1976, à l'arrestation de la dernière centaine de hauts fonctionnaires compétents, dont de nombreux sont liquidés, en particulier le ministre, le secrétaire général et l'inspecteur général du ministère de l'Education populaire. Le régime nguemiste a toujours méprisé la culture, au point d'interdire l'emploi même du mot « intellectuel ». Responsable de l'Armée chargée de la garde des prisons où sévit une torture féroce, Obiang Nguema a à répondre principalement de la prison de Malabo. L'enquête faite sur place par un expert du *Fonds International d'Échanges Universitaire* (FIEU) – expulsé quelques jours après son arrivée à Fernando Poo – dit textuellement : « Les interrogatoires sont conduits par le sergent Ondo Ela. Il est de Mongomo, vieux, mais fort et vigoureux. Il est impossible de confirmer les allégations que sa force viendrait de la consommation de chair humaine, mais sa réputation de brutalité peu commune semble bien fondée. Il a été décoré pour sa ferveur et diligence par le Président. Deux employés l'assistent par la dactylographie du protocole, le cas échéant, et en conduisant les prisonniers. Habituellement, au moins deux des trois personnages clés du système judiciaire sur l'île sont présents : le Commandant Nguema Mba N'zogo [= Obiang Nguema], Chef d'État-Major de son Excellence, Bonifacio Nguema Esono, ex-vice-ministre des Affaires étrangères et maintenant vice-président, et Carmelo Bico, officier de police. En cas d'exécution ou d'interrogatoires intéressants, tous les trois sont normalement présents ». Simultanément, le Cdt Ela Nzeng, autre neveu, était responsable de la non moins célèbre prison de Bata, alors que le Cdt Maye Ela s'occupait à faire garder les côtes afin de freiner l'exode des réfugiés politiques.

Le renversement de Macias Nguema est intervenu alors que le revenu par tête n'était plus que de 70 dollars, contre 180 dollars en 1968. Le 3 août 1979, les parents de Macias Nguema, militaires et civils, déclarent déchu l'« Unique miracle de la Guinée Équatoriale », nommé président à vie par leurs soins en 1972. Après de courts affrontements entre loyalistes et rebelles, et la participation de troupes gabonaises dans le sud du Rio Muni, Mongomo, le « bunker » de Macias Nguema, est investi, et peu après le « Gran maestro » capturé. Ce dernier, condamné à mort, est exécuté fin septembre 1979 avec quelques personnages mineurs et Eyegue Ntutumu, extrait de sa résidence surveillée depuis 1976.

Alors que le premier gouvernement nguemiste militaire, du 23 août 1979, compte onze membres, on y relève neuf ressortissants de Mongomo, fief autant de Macias Nguema que d'Obiang Nguema. Dans le deuxième gouvernement militaire, du 22 janvier 1980, sur dix membres – à côté de deux Bubi collègues d'École militaire de Obiang Nguema (Saragosse, Espagne), d'où l'existence d'un *Grupo de Zaragoza*, Oyo Riqueza et Seriche Dugan Borico – huit ressortissants de Mongomo subsistent. Voici la liste du groupuscule qui concentre le pouvoir né de l'emploi de la force et non du suffrage populaire :

T. Obiang Nguema (neveu de Macias Nguema, Esangui de Mongomo): Président du Conseil Militaire Suprême; Chef de l'État; Chef du Gouvernement; Ministre de l'Economie et des Finances; Ministre de l'Information et Tourisme; Ministre de la Défense et de la Sûreté.

Fl. Maye Ela (Mbon de Mongomo) : Premier vice-président de la République; Ministre des Affaires étrangères.

E. Oyo Riqueza (Bubi) : Deuxième vice-président de la République; Ministre du Travail.

F. Mba Nchama (Esangui de Mongomo) : Ministre de l'Intérieur (sous-lieutenant de la *Jeunesse en marche avec Macias*)[2].

T. Mene Abeso (Esangui de Mongomo) : Ministre de l'Éducation (sous-lieutenant de la *Jeunesse en marche avec Macias*).

P. Nsue Obama (Esangui de Mongomo) : Ministre de l'Industrie/Mines/ Énergie (sous-lt de la *Jeunesse en marche avec Macias*), ultérieurement remplacé par P. Obiang Enama (de Mongomo).

P. Esono Obama Eyang (du district du Wele-Nzas, Mongomo) : Ministre de la Santé (sous-lieutenant de la Garde nationale), ultérieurement remplacé par le Bubi nguemiste Seriche Dugan.

P. Mensuy Mba (de Mongomo) : Ministre de la Justice.

P. Obiang Enama (de Mongomo) : Ministre de l'Agriculture, remplacé par le civil Buale Borico[3].

C. Seriche Dugan Borico : Ministre des Travaux publics – Transports, remplacé par Micha Ela Obono (de Mongomo).

Les autres revenants du régime Macias Nguema monopolisent la totalité des postes diplomatiques, dans les neuf pays où la Guinée Équatoriale est représentée :

S. Ela Nzeng (Ela Nzeng, Nzomo d'Añisok) : Ambassadeur en Chine populaire (ex-deuxième vice-président de la République, ex-directeur de la prison de Bata).

B. Obiang Nguema (cousin, Esangui de Mongomo) : Ambassadeur auprès de l'OUA et de l'Ethiopie (ex-Ministre des Affaires étrangères et vice-président de la République).

Fl. Mba Oñana (cousin, Esangui de Mongomo) : Conseiller de la Mission auprès des Nations Unies, ex-Cdt militaire de la province du Rio Muni, promu inspecteur général des Forces armées, remplacé à New York par Esono Obama Eyang.

C. Nvono Nka Manene (neveu, Esangui de Mongomo) : Ambassadeur auprès de l'ONU (ex-Ambassadeur en Espagne, Gabon, Chine populaire et Corée du Nord).

J. Micha Nsue (neveu, Esangui de Mongomo) : Ambassadeur au Nigeria (ex-chargé d'affaires au Cameroun).

A. Owono Asangono (neveu, Esangui de Mongomo) : Ambassadeur en Espagne et Italie (ex-représentant auprès de l'ONU).

M. Ekua Miko (nguemiste notoire) : Ambassadeur au Gabon (ex-Ambassadeur à l'ONU), remplacé par Obama Nsue Mangue, ex-instrument no 1 de la terreur nguemiste.

J. Esono Abaga Ada (nguemiste notoire) : Ambassadeur en France (ex-Ambassadeur itinérant de Macias Nguema).

F. Okenve Mituy : Ambassadeur au Cameroun (ex-Secrétaire général du ministère de la Défense, ex-président du Tribunal militaire qui a jugé la tentative de coup d'État anti-nguemiste de Bata, en 1974, avec 27 condamnations à mort, remplacé en 1981 par Ekua Miko.

S. Mban Nsolo Mban (nguemiste notoire): Ambassadeur au Maroc.

En plus des ministres et diplomates nguemistes mentionnés, il faut citer aussi le Créole camerounais Messa Bill, responsable de l'administration civile sous Macias Nguema, et chargé de la même fonction par Obiang Nguema, avec le grade de ministre de la Présidence. Quant à l'Esangui de Mongomo M. Ndongo Mba, ex-ss-lt de la *Jeunesse en marche avec Macias,* il a été propulsé gouverneur militaire de Fernando Poo (l'ancien poste d'Obiang Nguema). Au Rio Muni, après la mutation provisoire de Mba Oñana à New York, c'est le nguemiste notoire P. Ondo Nguema qui a été investi du poste de Gouverneur militaire. De la sorte, le commandement militaire des deux provinces de la Guinée Équatoriale est dominé par des parents de Obiang Nguema, donc de feu Macias Nguema, ou de subordonnés militaires. Le fief des nguemistes, Mongomo, a été placé sous les ordres du Lt Fr. Nguema Edu, membre du CMS et ex-chef d'escorte de Macias Nguema[4]. Par ailleurs, la plupart des juges du Tribunal militaire « populaire » qui a jugé la tentative de coup d'État anti-nguemiste de Bata, en juin 1974, condamnant à mort 27 citoyens et à la prison pour de longues années une centaine d'autres, occupent aujourd'hui des postes importants :

J. Moro Mba : ex-responsable de la *Jeunesse en marche avec Macias* dans la province continentale. Juge instructeur du procès de Bata de 1974, juge instructeur du procès de son ex-patron Macias Nguema, juge instructeur du procès bidon de juin 1981, aujourd'hui commandant militaire de Bata.

Ch. Seriche Dugan : juge à Bata en 1974, membre du CMS, ministre des Travaux publics, puis de la Santé.

M. Ebendeng Nsomo : juge à Bata en 1974, membre du CMS, chef d'Etat-major, juge au procès bidon de juin 1981. Il accompagne Obiang Nguema ou Mba Oñana dans leurs déplacements officiels.

Au procès de Macias Nguema, en septembre 1979, alors que (selon l'observateur de la Commission Internationale des Juristes) on tentait d'empêcher que soient évoqués les crimes commis depuis 1975 – année de la promotion aux plus hautes fonctions de la plupart des membres du gouvernement militaire nguemiste actuel – Macias ne s'y est pas trompé, en répondant aux accusations de génocide par : « J'étais président de la République et non directeur des prisons », ce qui visait surtout Obiang Nguema et Ela Nzeng, ses deux neveux responsables des prisons de Malabo et de Bata. Début 1980, le rapporteur spécial de *la Commission des Droits de l'Homme* soulignait que la torture et les arrestations de prêtres se sont aggravées précisément à partir de 1975 soit l'année où Obiang Nguema et ses acolytes ont obtenu leurs diverses promotions. Le rapport de la Commission Internationale des Juristes insiste, d'autre part, sur le fait que les procès de l'époque Macias Nguema ont toujours été conduits par des tribunaux militaires. Or ce sont les cadres de l'armée de Macias Nguema et de sa *Jeunesse* qui sont au pouvoir en Guinée Équatoriale depuis août 1979.

Ces hommes sont nés dans le fascisme espagnol, et n'ont comme formation que celle de sous-officier de l'armée espagnole (acquise à Saragosse en 1963-65), voire n'ont aucune formation, tel ceux issus des *Jeunesses en marche avec Macias*. Tout comme le fit Macias Nguema, ils déclarent par la bouche de Obiang Nguema que « les divergences politiques ne sont pas compatibles avec la reconstruction nationale » (Paris, 18 novembre 1980). Alors qu'avec Macias Nguema le vide politique était dominé par un civil, assisté par des militaires et para-militaires complices, souvent parents, le vide politique actuel est uniquement dominé par l'armée, sous le même commandement qu'auparavant. Le 28 août 1979 déjà, le quotidien espagnol *Ya,* proche des milieux conservateurs royalistes, déclarait : « Il ne s'est pas produit une révolution du peuple contre l'oppression, mais une sorte de « Révolte de Palais ». Le Conseil Militaire Suprême, présidé par Teodoro Obiang Nguema, est composé d'hommes qui avaient soutenu le régime de Macias »... Il convient de rappeler « que les hommes qui ont été les protagonistes du coup d'État contre Francisco Macias Nguema faisaient partie de *l'establishment* équato-guinéen, étant donné que toute opposition au régime politique et militaire avait été systématiquement éliminée par le tyran, à travers les successifs « bains de sang » pratiqués en presque onze ans, ou est réfugiée à l'étranger».

« C'est pourquoi on peut supposer que nous nous trouvons devant un changement de régime provoqué par des hommes qui étaient eux aussi sur le point de tomber sous la hache folle de Macias, mais que pour destituer le tyran ils ont profité des circonstances de chaos et de ruine totale auxquels était réduit le pays. Il s'agit ainsi d'un coup d'État militaire dans lequel n'entreront que très progressivement les politiciens de l'opposition en exil ».

« Compte tenu de la formation militaire et idéologique des actuels responsables au sein du Conseil Militaire Suprême, il ne faut pas espérer qu'en Guinée Équatoriale se produise un profond changement institutionnel ».

Un mois plus tard, l'organisation nord-américains *Catholics for Christian Political Aid* attirait l'attention du gouvernement des États-Unis sur le fait que rien n'avait changé en Guinée Équatoriale. Le lendemain 28 septembre – un jour avant l'exécution de son oncle – le premier vice-président de la IIe République nguemiste, Maye Ela, affirmait devant l'Assemblée générale des Nations Unies que le gouvernement militaire avait créé les circonstances propres à une reconstruction nationale et que les conditions qui ont obligé les réfugiés à quitter le pays avaient « totalement disparu ». Puis, au XIe anniversaire de l'Indépendance, le 12 octobre 1979, le président Obiang Nguema annonçait une amnistie générale pour les réfugiés.

Il convient, maintenant, de vérifier le degré de crédibilité de ces hommes, de leurs affirmations et proclamations. En novembre 1979, le vice-président Maye Ela attirait l'attention du rapporteur spécial de la *Commission des Droits de l'Homme*, à Malabo, sur le fait que les réfugiés de retour « seront soumis aux mêmes restrictions que le reste de la population en matière d'activités politiques ». Cet avertissement est significatif, car il montre que les conditions antérieures perdurent, puisque depuis 1973 pratiquement toute activité d'expression démocratique est interdite. Divers documents importants fournissent la preuve que la situation en Guinée Équatoriale ne s'est pas fondamentalement modifiée avec la disparition de Macias Nguema. C'est ainsi que le rapport de la Commission Internationale des Juristes sur le procès du président de la Ière République nguemiste précise dans sa préface (Genève, novembre 1979, p. 3) : « Étant donné qu'il s'agit d'un rapport sur le procès, il ne faut pas y chercher des évaluations politiques sur le futur de la Guinée Équatoriale. Il est trop tôt de conclure que les faits positifs, comme l'est la convocation d'un Tribunal Militaire Spécial et d'y conduire Macias Nguema ainsi que certains de ses collaborateurs, marque un changement réel dans l'histoire de ce pays. Mais ce qui ne peut être ignoré, c'est qu'un nombre important de réfugiés qui échappèrent à l'oppression implantée par Macias ne se décident pas à rentrer en Guinée Équatoriale, craignant que l'engagement du gouvernement du Lt-Col. Teodoro Obiang Nguema avec la démocratie et le respect des Droits de l'Homme soit moindre que ne le laisserait supposer le fait d'avoir organisé un procès public. De telles appréhensions ne peuvent pas être écartées si l'on se souvient que le Lt-Col. Obiang [Nguema] fut Ministre des Forces Armées et Gouverneur militaire de la province de Bioko jusqu'au moment du coup d'Etat dirigé par lui. Comme le souligne le Dr Artucio, seuls quelques rares coupables de délits durant l'ère de Macias [Nguema] ont été jugés et, d'autre part, le Conseil Militaire Suprême n'est pas encore disposé à tolérer les activités politiques. Les antécédents de ceux qui occupent aujourd'hui le pouvoir sont également un motif de préoccupation parmi les exilés équato-guinéens »[5].

Début 1980, la Société Anti-Esclavagiste et pour la protection des Droits de l'Homme, à Londres, approuvait les termes du rapport ci-dessus. En février 1980, le rapport de la *Commission des Droits de l'Homme*, outre la confirmation des observations pessimistes déjà signalées, apportait une série de constats le plus souvent accablants :

– le gouvernement militaire n'a pas rempli ses engagements face aux Nations Unies (manque d'assistance à la mission; entrevue promise avec le président Obiang Nguema, puis refusée; empêchement d'enquêter en toute liberté; insolence de Mba Oñana, etc) ;
– la liberté de culte, d'enseignement, de mouvement, de commerce semble rétablie (sans restrictions visibles), et le peuple espère que le pays sorte bientôt du chaos;
– une forme atténuée de travail forcé subsiste dans les plantations de cacaoyers;
– « le système judiciaire n'est pas encore conçu de manière à assurer efficacement la protection des droits des citoyens et, ce qui est pire, pour les cas les plus graves et les plus importants, il dépend en dernier ressort de la décision politique de l'élite militaire au pouvoir »
– le «Gouvernement de Guinée Équatoriale ne semble pas accorder l'attention voulue au problème de la promotion de la défense des Droits de l'Homme »
– « L'absence de mécanisme de contrôle politique, caractéristique de la démocratie représentative et indispensable à la mise en pratique des valeurs supérieures qui en sont la raison d'être, compromet gravement la liberté recouvrée par le peuple et, comme le Rapporteur Spécial a pu le constater,

permet d'apporter actuellement de graves restrictions des libertés d'expression des citoyens et de les généraliser dans l'avenir ».

Suivait, en juin 1980, un Rapport de mission du *Conseil Œcuménique des Églises* (Genève), qui laisse entendre que toute réunion de plus de trois personnes est interdite, ce qui peut gêner les activités religieuses.

Hormis la disparition de Macias Nguema et d'Eyegue Ntutumu, rien n'a donc changé à la tête de l'Etat équato-guinéen (sinon l'éloignement provisoire du civil Oyono Ayingono, qui travaille à Madrid chez García Trevijano, l'ex-conseiller économique, voire politique de Macias Nguema). Certes, l'épidémie d'assassinats a cessé, mais cela en fait avant le coup d'État du 3 août 1979; c'est en 1978 déjà que pratiquement toutes les personnes prétendument dangereuses avaient été liquidées ou étaient parvenues à fuir à l'étranger (selon le rapport d'Amnesty International de 1978, 40 000 personnes ont été liquidées pour sauver les intérêts de la famille des Macias et des Nguema). On ne peut donc pas parler, à propos du régime militaire nguemiste actuel de « dictature sanguinaire », sinon de la continuation en ligne directe du régime nguemiste civil : crimes, tortures, viols, incendies de villages, expulsions de diplomates, rançons, à travers les instruments de la dictature que sont la *Guardia nacional* (armée) et la *Jeunesse en marche avec Macias,* qui monopolisent le pouvoir depuis le 3 août 1979.

La volonté des militaires nguemistes de ne pas accorder aux civils l'exercice des droits politiques (donc aussi celui d'expression) dont ils ont été privés depuis douze ans, a été affirmée une nouvelle fois par le vice-président de la République, Maye Ela, lors de son voyage en Espagne en tant que ministre des Affaires étrangères, fin octobre 1980 : « pas avant cinq ans ». Les déclarations d'Obiang Nguema, déjà citées, faites à Paris milieu novembre 1980 au sortir de l'Élysée – vont dans le même sens. Elles confirment les dires du rapporteur spécial de la *Commission des Droits de l'Homme*, en mars 1980, à Genève, qu'il y a de gros risques de rechute de la Guinée Équatoriale dans le despotisme antérieur. Toutes les informations disponibles jusqu'à présent prouvent que cette rechute a été quasi immédiate.

Il est aisé d'imaginer que dans ces conditions, rentrer au pays relève, pour un exilé politique, de la témérité ou de l'inconscience. Diverses sources concordantes montrent d'ailleurs que des opposants au régime Macias Nguema, appâtés par l'amnistie d'Obiang Nguema, ont été sévèrement malmenés à leur retour au pays. Début 1980 déjà le rapporteur de la *Commission des Droits de l'Homme* signalait que trois réfugiés politiques enfuis en 1972 – et rentrés en novembre 1979 – ont été emprisonnés dans leur ville d'Evinayong (connue pour avoir toujours résisté aux nguemistes). Il s'agit de Angel Nguema Edu (31 ans), Sebastian Mba Nguema (33 ans) et Maria Simon Eyoma (40 ans). Ces hommes avaient participé en 1976 à une action armée contre les nguemistes, avec des fusils de chasse, en partant du Gabon, et en particulier contre la *Guardia nacional* commandée par Obiang Nguema et ses cousins et neveux. L'emprisonnement de ces réfugiés a été confirmé devant la commission onusienne par le Mouvement international pour l'*Union fraternelle entre les Peuples* (UFER).

D'autres exemples encore de réfugiés rentrés, eux, d'Europe, et qui ont été sérieusement molestés :

Décembre 1979 : à Bata, sur les ordres du gouverneur militaire d'alors, l'oncle d'Obiang Nguema, le Cdt Mba Oñana, ont été battues les personnes suivantes, arrivant d'Espagne :
– Justino Mba Nsué, ex-secrétaire général du ministère des Mines/Industrie.
– Moïses Mba Ada, ex-président du Conseil de la République (Sénat).
Tous deux ont dû être hospitalisés plusieurs semaines.
Juin 1980 : à son retour à Malabo, le réfugié politique Esono Mbomio, Juan, licencié en droit, a été frappé dès sa descente d'avion à en avoir la denture brisée.

On pourrait allonger la liste par l'avocat Sotero Si, le professeur Lucas Owono, le médecin Alejandro Masogo et tant d'autres.

Il est de notoriété que tous les réfugiés qui rentrent sont battus avec plus ou moins de vigueur; s'il s'agit d'opposants déclarés du nguémisme, on frappe plus fort. Tous ces réfugiés politiques revenus dans leur patrie sont qualifiés de *donativos,* soit de « personne à qui l'on daigne offrir la chance de rentrer au pays ». Divers *donativos* occupent des postes sans grande portée, dans certaines administrations techniques, en particulier au ministère de l'Éducation. C'est le cas du sculpteur Leandro Mbomio, directeur des Arts et Culture, ou de Nve Bengobesama Ochaga, professeur, qui gère l'École secondaire de Malabo[6]. D'autres, comme Mariano Nsue Nguema (ex-avocat à Madrid) travaillent sous l'autorité de militaires sans compétence, mais sont privés du pouvoir de décision. La situation intérieure catastrophique, tant au plan économique que politique a amené de nombreux réfugiés qui avaient fait confiance aux promesses fallacieuses d'Obiang Nguema, à s'expatrier une seconde fois.

Des informations filtrant de l'intérieur du pays laissent entendre que si les prisonniers politiques ont été libérés dans les localités où des journalistes sont admis (Malabo, Bata, Mongomo), il en reste de nombreux dans les villes de province comme Akonibe, Akurenam, Ebebiyin, Evinayong, Kogo, Mikomeseng, Niefang, Rio Benito, San Carlos, toutes localités situées hors du nouveau district du Wele-Nzas dont le chef-lieu est Mongomo, et où dominent les Obiang Nguema et apparentés. Vu l'impossibilité de circuler dans l'ensemble du pays, où les barrières de l'ère Macias Nguema ont refleuri de plus belle, et compte tenu de la mauvaise volonté des chefs militaires, il est difficile de disposer d'une information complète sur la situation actuelle. En novembre 1979 déjà, le rapporteur spécial de la *Commission des Droits de l'Homme* avait signalé de façon détaillée qu'il avait été empêché de s'entretenir librement avec le public, dans la capitale et en province, particulièrement par le ministre de l'Intérieur, l'Esangui Mba Nchama, qui est toujours en poste deux ans après la révolte de palais.

Conscients des problèmes intérieurs de leur pays meurtri, moins de 15 000 des 125 000 réfugiés à l'étranger avant le 3 août 1979 sont rentrés; parmi eux principalement des « réfugiés » économiques. En avril 1980, la revue *Afrique Défense,* publiée à Paris, chiffrait le retour total des réfugiés à 4 000, alors que le 17 mars 1980, *l'Agence France-Presse* signalait que seuls 460 réfugiés avaient quitté le Gabon sur les 60 000 officiellement recensés. De façon semblable, les Espagnols propriétaires de plantations, expulsés par les nguemistes, refusent – de l'aveu même du vice-président Maye Ela – de remettre en marche leurs domaines et préfèrent être indemnisés. Après le retour de quelque 11 000 réfugiés (selon un représentant du Haut-Commissariat des Nations Unies pour les Réfugiés), le flux a pratiquement tari au bénéfice d'un nouveau courant d'Équato-Guinéens s'échappant de leur pays.

Selon les réfugiés, les planteurs espagnols spoliés, ainsi que les assistants techniques espagnols, rien n'a changé clans le pays. C'est le principal mouvement d'opposition aux nguemistes, *l'Alianza Nacional de Restauración Democrática de Guinea Ecuatorial* (A.N.R.D.) qui a le mieux montré où le léopard nguemiste a mal à la patte : « Si Obiang Nguema jouissait de la confiance des Guinéens, il n'aurait pas besoin des Marocains ». En effet, plus de 250 soldats et officiels chérifiens lui servent de garde prétorienne. Pour contrer le poids de cette force marocaine « francophile », l'Espagne entraîne depuis fin 1980 une quinzaine d'Équato-Guinéens dans son *Academia de los Grupos Especiales de Operaciones,* à Guadalajara, et maintient en Guinée Équatoriale des conseillers militaires et de la police, avec un important matériel anti-émeutes.

A travers la presse internationale, en particulier espagnole et française, on peut – malgré la parcimonie des reportages et commentaires – se faire une idée de ce qu'était la Guinée Equatoriale début 1981. D'abord, « comme dans l'Espagne post-franquiste, on a l'impression que tous les Guinéens, y compris ceux qui détiennent le pouvoir, étaient en totale et absolue opposition avec l'ancien régime, chose dont personne n'est dupe ». Faut-il alors s'étonner de ce que « dans ce contexte, les nombreux réfugiés rentrés au pays rencontrent les pires difficultés pour se réinstaller »?[7] C'est que « quinze mois après la chute de Macias : la situation en Guinée Équatoriale a à peine changé » ... « Au volant des nouvelles automobiles on peut voir les nouveaux dirigeants du pays qui sont souvent les anciens, c'est-à-dire les mêmes qu'à l'époque de Macias [Nguema], et qui, à de rares exceptions près, sont du Wele-Nzas, et appartiennent au clan qui dominait le pays durant l'étape antérieure » ... « Indubitablement, quelque chose a changé en Guinée [Équatoriale], la terreur s'est atténuée, bien que la peur n'ait pas disparu. Mais il n'est pas facile d'évaluer combien peut changer un pays sous les mêmes dirigeants, appuyés sur la même structure de pouvoir, à qui les prospections pétrolières ouvrent de nouvelles perspectives » ... « Le chef de l'État tend à se replier derrière sa garde marocaine, la seule qui garantisse sa sécurité »[8]. Dans *Le Monde,* l'excellent connaisseur de l'Afrique qu'est Philippe Decraene, s'il note que Obiang Nguema a bénéficié d'un préjugé favorable de la part de ses concitoyens au moment du coup d'État, remarque que depuis lors, la majorité des opposants demeurent réservés à son égard, lui reprochant de ne pas avoir rétabli une vie constitutionnelle normale.[9] C'est pourquoi, estime *Jeune Afrique,* « le retour des réfugiés politiques et économiques reste d'ailleurs le point faible du nouveau régime ». En fait, souligne P. Sebastian dans *El País,* « le contrôle quasi policier qu'exerce le Maroc avec la garde personnelle du Président Teodoro Obiang [Nguema] « montre la faiblesse du régime. La désorganisation générale serait en partie imputable à l'aide espagnole, aussi mal conçue en Espagne que mal exécutée en Guinée Équatoriale. Mais une des raisons majeures du chaos réside « dans la corruption régnant à Malabo, par dessus tout à cause de la mal-adresse et de la négligence du Président Teodoro [Oblang Nguema], et en raison des ambitions et des bénéfices que semble empocher le vice-président Maye [Ela] » Nous verrons plus bas que le président Obiang Nguema n'est pas en reste. Malgré deux voyages du roi d'Espagne, Juan Carlos Ier, en Guinée Équatoriale en décembre 1979 et décembre 1980, « la situation... a peu changé » car « les anciens collaborateurs de Macias Nguema entourent Teodoro Obiang Nguema ». Toutes ces observations confirment les analyses de l'A.N.R.D., et les critiques des coopérants et propriétaires espagnols.

Il est temps de réaliser que la destitution de Macias Nguema n'est pas la fin du nguemisme. Même le ministère français de la Coopération, dans son Rapport sur la Guinée Équatoriale du 15 juin 1980, utilise plusieurs fois l'expression « révolte de palais ». Déjà le 21 mars 1980, Jacques Latrémolière soulignait dans *Marchés tropicaux* que le voyageur qui retourne en Guinée Équatoriale, aujourd'hui aux mains des hommes du Conseil Militaire Suprême, « retrouve d'ailleurs aux commandes de l'État certains de ses anciens interlocuteurs ».

Nonobstant ce qui précède, les actuels geôliers de la Guinée Équatoriale, dans leurs déclarations, voire dans des articles de propagande publiés à grands frais dans la presse internationale, évoquent : « La liberté reconquise ». Après le miracle Macias Nguema, en voici donc un second, le « miracle Obiang Nguema/CMS »[8].

La probabilité était élevée début 1981, à l'instar de ce qui s'est produit sous Macias Nguema, d'un pourrissement du régime Obiang Nguema. Les tensions sont vives entre membres du CMS, et au sein du groupe népotique nguemiste. Nous y reviendrons.

Au plan international, et en particulier africain, après les illusions nées de la révolte de palais, on commence enfin à prendre conscience des réalités de la Guinée Équatoriale sous domination nguémiste. Ainsi, à la Conférence de l'*Union Syndicale Africaine*, à Mogadiscio, les 15-20 octobre 1980, les délégués syndicaux des divers pays participants ont-ils vu avec étonnement les sièges de la Guinée Équatoriale occupés par deux cadres du Ministère du Travail. Le chef de la délégation équato-guinéenne, Amadeo Nsé Maye, responsable de son ministère pour le Rio Muni, est originaire de Mongomo. Après divers considérants sur la liberté d'association, inexistante en Guinée Équatoriale, la Conférence, au point 5 de sa Résolution prie « le Gouvernement de la Guinée Équatoriale de prendre les mesures adéquates afin de restaurer le fonctionnement normal des Syndicats dans le pays, en conformité avec les dispositions des Conventions 87 à 98 de l'O.I.T. ». Quand on sait que *l'Unión General de Trabajadores* – dans la clandestinité depuis l'époque espagnole, en 1959 – vit aujourd'hui encore en exil au sein de l'A.N.R.D., on comprend mieux pourquoi cette invite de *l'Union Syndicale Africaine* doit poser des problèmes à la dictature militaire.

L'ensemble des considérations et témoignages qui précèdent, et qui se limitent à la fin 1980, montre que l'amnistie proclamée par Obiang Nguema le 12 octobre 1979 à l'endroit des exilés était un instrument de propagande formulé par ceux-là même qui sont la cause de la situation catastrophique que connaît la Guinée Équatoriale. C'est une sorte d'amnistie à l'envers. Elle illustre la volonté de la junte et des civils nguemistes de tromper l'opinion intérieure et internationale sous le slogan de « La liberté reconquise », alors que tout concourt à démontrer le contraire : la dictature Macias Nguema continue.

Depuis 1979 et la chute de pouvoirs aussi divers que ceux de Ian Smith en Rhodésie/Zimbabwe, d'Idi Amin Dada en Ouganda, de J.-B. Bokasa en Centrafrique et de Macias Nguema en Guinée Équatoriale, la plupart de ces pays ont connu un retour, bien que souvent difficile, à une vie civique décente, la Guinée Équatoriale exceptée. En effet, le Zimbabwe, l'Ouganda et la R.C.A. ont vécu des élections législatives et ont vu renaître un début de débat politique. En Guinée Équatoriale, les héritiers de Macias Nguema diffèrent l'échéance de suffrage universel vers un horizon chaque fois plus éloigné. On ne sera donc guère surpris d'apprendre que l'appel lancé le 10 août 1979 par l'A.N.R.D. en vue d'une réconciliation nationale et de la création des conditions permettant la restauration du pays par la dissolution de toutes les structures oppressives de la dictature, n'a pas reçu de réponse à ce jour. Au contraire, tantôt la dictature nguemiste de Obiang Nguema, de sa famille et de ses laquais, qualifie la diaspora d'« élément déstabilisateur », tantôt elle en nie l'existence.

Rien ne change en Guinée Équatoriale.

Notes

1 Pour une approche plus détaillée de la Guinée Équatoriale, cf. Max Liniger-Goumaz, *La Guinée Equatoriale. Un pays méconnu.* L'Hamattan. Paris, 1981, 512 pp.; « La République de Guinée Equatoriale, une indépendance à refaire ». *Afrique*

contemporaine, 105. Paris, octobre 1979, pp. 8-21; « La Guinée Équatoriale », *Acta Geographica. Revue de la Société de Géographie de Paris*, 43. Paris, 1981; *Guinea Ecuatorial. Bibliografía general*, 4 volumes. Commission Nationale Suisse pour l'UNESCO. Berne, 1974-1980.

2 Assisté d'un secrétaire technique en la personne de F. Epalepale Ilina, connu comme affairiste et irréductible de Macias Nguema.

3 Obiang Enama sera accusé dans le cadre du « complot » fabriqué du printemps 1981, condamné à six mois d'emprisonnement, puis grâcié par Obiang Nguema le 14 août 1981.

4 Membre du CMS, nommé lieutenant le 3 février 1981 (Décret 6/1981), Nguema Edu a été promu le 5 mars 1981 secrétaire technique adjoint du ministère de la Défense nationale (Ministre : le président Obiang Nguema), en remplacement du capitaine M. Ndong Mba (Décret 18/1981).

5 Le Dr Artucio, observateur de la C.I.J., écrit p. 68 du rapport : « Le procès s'est contenté de ne juger que quelques-uns des responsables du régime de terreur, bien que, sous la foi des dénonciations effectuées antérieurement et de l'opinion de diverses personnes avec lesquelles j'ai conversé à Malabo, beaucoup d'autres commirent des délits, aux divers niveaux de fonction qu'ils occupaient dans le gouvernement Macias [Nguema]. Dans ce sens, l'enquête sur les assassinats, tortures et détentions illégales se réfère en général à des faits qui se sont produits dans les premières années du gouvernement Macias Nguema [donc avant que Obiang Nguema et ses cousins et oncles n'occupent les plus hauts postes]. Or, il est de notoriété qu'à des époques plus récentes l'intensité répressive du régime n'a en rien diminué. »

6 Le 16 mars 1981, Ochaga a été désigné directeur technique de l'enseignement supérieur, moyen et technique, au ministère de l'Éducation nationale (*Décret* 49/1981).

7 Bien entendu, *P.N.-P.A.* ne prend pas cette appréciation à son compte. – *Interviú*. Madrid, 13 juillet 1980, p. 8; *Faim-Développement*. Paris, novembre 1980, p. 15.

8 P. Egurbide, *Diario 16*. Madrid, 11-16 novembre 1980. Le cas le plus significatif est celui du lamentable encart dans *Jeune Afrique*, no 1021, du 30 juillet 1980. Sur 18 pages couleurs, le Service de promotion J.A. a réalisé pour le compte du CMS un document parfaitement trompeur sur les réalités de Guinée Équatoriale, et qui jette un sérieux doute sur la crédibilité de l'information africaine diffusée par cet hebdomadaire. Même remarque pour l'article complice de Ph. Essomba dans *Bingo*. Paris, janvier 1981, « La fin d'un cauchemar », dont les huit pages polychromes semblent avoir été payées par le CMS 15 millions de francs CFA.

9 Paris, 14 novembre 1980, p. 5; Paris, 26 novembre 1980; *El País*. Madrid, 5 décembre 1980, p. 18); *El País*. Madrid, 10 décembre 1980, p. 15; *El País*. Madrid, 11-12 décembre 1980, p. 15.

Qui écrira un jour le livre : *L'Afrique ment aux Africains... ?*

III

AN 13 : SCANDALES, CONVOITISES, COMPLICITÉS (bis)[1]

1. De l'indépendance à fin 1980

Durant les douze premières années de son existence, la République de Guinée Équatoriale, sous la férule stupide et féroce du groupe népotique de la famille Macias Nguema et Obiang Nguema, s'est acheminée vers un chaos qui l'a réduite − en dépit de richesses multiples et d'une population instruite et laborieuse − à un niveau proche de celui des trente-et-un pays les moins avancés du globe. Après la substitution d'Obiang Nguema à son oncle Macias Nguema, les Nations Unies ont mis en œuvre une opération de « Secours en cas de catastrophe ». Mais les mêmes hommes, parents directs et laquais − que l'on qualifie de nguemistes − continuent à séquestrer le pays et son peuple dans leur seul intérêt[1]. Les secours d'origine diverse, souvent détournés, n'ont pas pu enrayer la catastrophe équato-guinéenne.

Entre l'indépendance, en octobre 1968, et fin 1980, les nguemistes ont bien mérité du qualificatif de *hors-la-loi*. Supprimant la constitution démocratique élaborée en 1967-68 par des représentants de toutes les ethnies et de toutes les tendances politiques, réduisant au silence les Chambres haute et basse, ils ont imposé leur propre constitution qui faisait de Macias Nguema le « président à vie » et « unique miracle » de la Guinée Équatoriale. Le 3 août 1981, Obiang Nguema le taxera de « fils de Lucifer ».

Vis-à-vis des adversaires individuels ou des citoyens trop intelligents pour se faire leurs complices, le pouvoir nguemiste a procédé par la torture, les procès et exécutions sommaires, les "suicides", soit encore par des expulsions de coopérants et de prêtres, ou par des rançonnements[2]. Mentionnons le "suicide" du premier vice-président de la République, Bosio Dioco, ou encore ce simulacre de procès d'agriculteurs, à Bata, six mois après les 27 fusillés de juin 1974 (succédant à 118 prisonniers abattus lors d'une mutinerie) : l'avocat J.-L. Jones Dougan (directeur du registre au ministère de la Justice, et procureur au procès de Macias Nguema) a déclaré avoir été appelé à Bata en janvier 1975 pour présider le procès de ces agriculteurs; il lui fut toutefois impossible de seulement les approcher. On les fusilla à même la plage.

Vis-à-vis d'adversaires plus puissants, les nguemistes se sont également conduits avec une incroyable lâcheté. En août 1972, sous des prétextes fabriqués, l'armée gabonaise attaquait la Guinée Équatoriale et occupait d'abord quelques îles équato-guinéennes de l'estuaire du Muni : Mbañe, Conga et Cocotiers (la presse affirmant à l'époque que cette agression avait une odeur de pétrole); puis c'est une longue bande du territoire équato-guinéen, le long du Woleu-Ntem (la zone de Kiosi-Akelengue) qui est usurpée par le Gabon. L'armée dirigée par les nguemistes ne tenta jamais de défendre ces portions de territoire national; on se lança dans une guerre des ondes, avant que des séances de conciliation organisées par l'O.U.A. ne se contentent de geler l'affaire. Ultérieurement, on apprit par l'ex-secrétaire général de la présidence, Asumu Oyono, un temps réfugié au Cameroun, qu'en fait Macias Nguema aurait monnayé la cession de quelque 2 000 km^2 de territoire national, ce qui est pour le moins contraire à l'intérêt national le plus élémentaire.

Progressivement, le flot des réfugiés politiques saignait la Guinée Équatoriale d'un tiers de ses ressortissants; la main d'œuvre nigériane était évacuée *manu militari* par Lagos, alors que diverses coopérations bilatérales et multilatérales se retiraient. L'économie, naguère prospère (cacao, café, bois, pêche), et les activités administratives et scolaires s'effondrèrent.

Cela n'empêcha pas diverses sociétés françaises de faire fi de la terreur nguémiste, à l'instar de l'ambassade de France qui restait la seule représentation diplomatique occidentale – hormis l'Espagne – à accepter de rester sur place. L'observateur et analyste des affaires africaines qu'est Philippe Decraene exprima clairement à l'opinion internationale cette triple complicité : « Peu attentif aux violations constantes des droits de l'homme en ce pays, le gouvernement de M. Raymond Barre [en fait le gouvernement Giscard d'Estaing et les intérêts qu'il représente, tout aussi tolérants côté empereur Bokassa avait compris tous les profits qu'une minorité d'hommes d'affaires pouvait tirer d'un État qui, sous prétexte de contrebalancer l'influence des pays de l'Est, multipliait les avances en direction de Paris... La construction du palais présidentiel de Bata, d'importants travaux d'infrastructure routière [inexact] et portuaire valurent des contrats intéressants à la Société des Dragages, à Alsthom, aux Chantiers de Bretagne »[3]. Filiale de la S.C.R.E.G., la Société des Dragages et Travaux Publics s'est implantée grâce à l'Union financière d'Afrique (comme ce sera le cas après le renversement de Macias Nguema pour la Compagnie française de recherches minières C.F.R.M.), alors que la française Société Forestière du Rio Muni était liée au groupe Rothschild. Il ne fait pas de doute, par ailleurs, que les violations territoriales par le Gabon [et les prétentions gabonaises plus récentes que nous évoquerons] sont, elles aussi, l'expression d'intérêts français avant tout.

L'Espagne ayant lâchement décrété la censure *(la materia reservada)* sur les informations en provenance de son ex-colonie, entre début 1971 et fin 1976, le monde resta longtemps sous-informé. C'est encore le cas aujourd'hui pour ce seul pays hispanophone d'Afrique noire. Quant au Vatican, bien que ses deux évêques de Guinée Équatoriale, l'Espagnol Gomez Marijuan et l'Équato-Guinéen Nze Abuy[4] aient dû quitter le pays, il a fait preuve d'un mutisme aussi déplorable que les gouvernements des pays lointains. Il est vrai que le silence des États-Unis et la complicité de l'Union soviétique – pour qui la Guinée Équatoriale a été le paradis de la pêche à la crevette (à destination du marché soviétique) et la base de transit des armements et des soldats cubains destinés à l'Angola – sont tout aussi criticables.

Cette conjuration du silence a heureusement été brisée par le directeur général de l'UNESCO, le Sénégalais A.M. M'Bow qui, le premier, stoppa un projet de coopération multilatérale stagnant en raison de l'incurie nguemiste. Parallèlement, des organisations privées telles que la *Commission internationale des Juristes, Amnesty International,* le *Conseil œcuménique des Églises,* le *Mouvement intennational pour l'union fraternelle entre les peuples,* la *Fédération internationale des Droits de l'Homme,* la *Société anti-esclavagiste,* et bien sûr la *Commission des Droits de l'Homme* des Nations Unies, se mirent à tirer la sonnette d'alarme, pendant que le *Haut-Commissariat des Nations Unies pour les réfugiés* continuait à ignorer la foule des réfugiés équato-guinéens.

Après la liquidation du président Macias Nguema, fin septembre 1979, le président et neveu Obiang Nguema, avec la complicité des parents et complices responsables du pouvoir nguemiste antérieur, bénéficia de la protection d'une Espagne qui fait un complexe en raison du désastre de la décolonisation de ses anciens territoires africains, Guinée Équatoriale et Sahara. Le ministre des Affaires étrangères espagnol Oreja parlait le 22 février 1980, devant le Sénat, d'« une affaire morale et une obligation historique ». Cette politique a amené le roi Juan Carlos Ier à se rendre par deux fois en Guinée Équatoriale, en décembre 1979 et décembre 1980, alors que jamais auparavant, même à l'occasion de l'indépendance, un chef d'État espagnol n'avait fait le déplacement de Malabo.

Mal informés, et s'imaginant, tout comme la population équato-guinéenne, que la terreur nguemiste était évanouie avec Macias Nguema, peut-être aussi parce que les nguemistes adoptaient subitement une attitude défavorable à l'Union soviétique, les pays occidentaux renouèrent progressivement leurs relations avec la Guinée Équatoriale. L'évêque Nze Abuy rentra de son exil américain et romain au milieu 1980. Mais l'aggravation du désordre, la prévarication et l'exaction élevées en système de gouvernement, l'amnistie bidon pour les réfugiés politiques, une armée truffée de l'ex-Jeunesse en marche avec Macias et accaparant les charges civiles autant que les logis civils, l'absence de constitution, la privation des droits civiques d'un peuple entier, les violations des pistoleros du type Mba Oñana, Armengol Nguema, Efa Mba, respectivement oncle, frère de sang et beau-frère d'Obiang Nguema, ont découragé les plus optimistes. Si l'on ajoute le flottement de la coopération espagnole, les Européens prétendus « conseillers » du gouvernement, qui pullulent dans l'espoir d'une prochaine ruée vers le pétrole, on comprendra mieux que pour fin 1980 nous avions été amenés à écrire dans le premier volet de cette étude que « rien n'a changé en Guinée Équatoriale ». Mieux : les nguémistes qui, depuis l'indépendance, salissent la réputation d'une nation aux énormes qualités ont, en 1981 – 13ᵉ année de la Guinée Équatoriale indépendante – trouvé le moyen d'aggraver encore l'incurie, la corruption et l'obscur despotisme. Ils le font de connivence avec le Maroc et la garde présidentielle qu'il a offerte à Obiang Nguema[5].

2. 1981 : an 13

Souvent les quolibets et autres bons mots populaires définissent mieux un personnage ou une situation politique que de longues analyses. En Guinée Équatoriale circule depuis début 1981 le mot suivant à propos de la junte nguemiste : Consejo Militar Supremo (C.M.S.) :

Con Mongomo siempre (C.M.S.) (Toujours avec Mongomo).

Après avoir fait arrêter en décembre 1980 le secrétaire technique du ministère de la Défense, S. Bee Ayetebee – un des rares cadres du C.M.S. non originaire de Mongorno (mais de Mikomeseng – le président Obiang Nguema lui substitua l'Esangui de Mongomo M. Ndong Mba (ex-gouverneur militaire de Fernando Poo et ex-ministre du Travail). Ndong Mba venait pourtant, dans cette dernière fonction, d'échouer dans les négociations avec le Nigeria en vue de l'obtention de main d'œuvre du grand voisin du Nord. Problème lancinant et ancien que celui des forces de travail en Guinée Équatoriale, mais aggravé par le fait que la population, répondant aux recommandations de *l'Alianza nacional de Restauración Democrática de Guinea Ecuatorial,* pratique systématiquement la résistance passive. Obiang Nguema s'est trouvé réduit à devoir le reconnaître dans son discours du 1er janvier 1981, se plaignant du fait que 70 % de la population était inactive. A peine le pays allait-il être admis à l'O.I.T., le 30 janvier 1981, que l'hebdomadaire équato-guinéen *Ebano* (curieusement intitulé quotidien) confirmait, le 7 février 1981 sous la plume de L. Mbomio, le fait que les Équato-Guinéens ne travaillent pas. Une grève d'étudiants, à Bata, courant février, alors que dans la même ville le consul d'Espagne était molesté par la troupe, confirme le mécontentement général, à tous les niveaux. En janvier 1981, le rapport d'un expert de la F.A.O. signala que depuis plus d'un mois, la plupart des Équato-Guinéens n'avaient plus mangé de viande, et que la malnutrition était générale. Le 17 février, l'officiel *Ebano* se faisait l'écho de cette réalité, sous la signature de Chendu B. Esono, confirmant ces carences alimentaires : « Nos enfants faméliques... leurs ventres proéminents... sont ceux de la dénutrition ». Il faut donc, précise Esono, écouter le président Obiang Nguema et produire davantage (car une bonne part de l'aide alimentaire arrive avariée ou est monopolisée par l'armée, voire revendue par les cadres du régime). Dans son discours du 3 août 1981, à l'occasion du 2ᵉ anniversaire de la révolte de palais, Obiang Nguema revint à la charge, demandant à la population de travailler avec enthousiasme. On peut en déduire que la résistance populaire ne faiblit pas.

Craignant pour son régime, Obiang Nguema relevait de ses fonctions, le 5 mars 1981, le précité M. Ndong Mba pour lui substituer au ministère de la Défense un autre Esangui de Mongomo, encore plus fiable, Fr. Nguema Edu jusque-là Cdt militaire du fief nguemiste, et ex-chef d'escorte de Macias Nguema. Convaincu que l'on n'est jamais mieux servi que par soi-même, Obiang Nguema, accompagné du vice-président et ministre des Affaires étrangères, Maye Ela, prend le bâton de pèlerin pour aller négocier à Lagos un nouvel accord de travail, après l'échec de Ndong Mba. Alors que les interlocuteurs nigérians exigeaient avant tout la réparation des dommages matériels et moraux causés à leurs ressortissants ayant travaillé en Guinée Équatoriale durant les années antérieures, un fonctionnaire de l'ambassade du Nigeria, à Malabo, était battu sur la voie publique par des membres des services de sécurité équato-guinéens. Et Lagos de rompre les négociations, laissant Obiang Nguema rentrer bredouille.

L'aggravation de la situation intérieure, et la rapide preuve fournie par les nguemistes de leur incapacité d'assurer efficacement le pouvoir, ne les empêcha pas de se décerner des satisfecits. Ainsi, par le Décret 6/1981, Obiang Nguema se promeut colonel, élève son oncle Mba Oñana au second grade de la hiérarchie militaire, soit Lt Col., tandis que les complices Ela Nzeng et Maye Ela passent respectivement Cdt des Forces terrestres et Cdt de corvette. Le 2e vice-président, le Bubi Oyo Riqueza, que nous allons retrouver courant 1981 dans des fonctions judiciaires et diplomatiques, devient également commandant. La cérémonie a eu lieu le 31 janvier à Malabo, en présence du Secrétaire général de l'O.U.A., M. Edem Kodjo. Peu après, Maye Ela devait se rendre à la Conférence au sommet de l'O.U.A., accompagné de A. Mba Ndong, secrétaire technique du ministère des Affaires étrangères, et conseiller du C.M.S. pour les affaires diplomatiques, interlocuteur principal de la *Commission des Droits de l'Homme* des Nations Unies. La promotion de plus de 180 cadres de l'armée et de la police se trouve justifiée par le Décret précité : « L'abominable ex-régime dont a souffert la Guinée Équatoriale a étendu son action dévastatrice à tous les secteurs de la population et à toutes les institutions de la nation guinéenne, implantant une situation de chaos et de désordre qui empira durant onze ans; les effets de cette situation sont encore sensibles dans la nouvelle société guinéenne [n'oublions pas que Obiang Nguema était vice-ministre des Forces armées sous son oncle Macias Nguema, et qu'avec ses parents il détenait une large part du pouvoir nguemiste, ne serait-ce qu'en tant qu'exécuteur principal des volontés de son dictateur d'oncle]. Une des institutions qui a le plus été affectée par les conséquences de l'injustice du système de ce gouverrnement néfaste est celle des Forces Armées, qui ont subi un grave préjudice par la congélation et la remise à plus tard de la promotion de ses bons éléments, qui supportèrent avec chagrin et abnégation l'arbitraire du dictateur... Cette situation chaotique et honteuse a obligé les militaires, par esprit d'abnégation patriotique, à se lancer à la défense des intérêts sacrés de la Patrie... par le *Coup de la Liberté* du 3 août 1979 qui a rendu au peuple guinéen la liberté et la tranquillité, avec un haut sens démocratique de convivence pacifique, harmonieuse et pluraliste basée sur la justice et l'équité sociale... ».

Pendant que se déroulait cette mascarade, se préparait un des grands scandales de l'an 1981.

   a. L'auto-complot de mars/avril 1981, et l'affaire EXIGENSA

Ex-président du Sénat équato-guinéen (*Consejo de la República*), M. Mba Ada, réfugié en Espagne depuis 1970, prit le risque de rentrer au pays fin 1979 en compagnie de l'ex-ambassadeur en Espagne, E. Nsue Ngomo. Tous deux ont été battus jusqu'au sang, à Bata, sur ordre de Mba Oñana, alors Cdt militaire du Rio Muni. Quelques mois plus tard, Mba Ada et l'homme d'affaires J. Mba Nsue[6], ex-complice du régime Macias Nguema et lié à la droite espagnole ainsi qu'à l'ex-conseiller économique du dictateur défunt, García Trevijano, projettent une affaire d'import-export.

Par le président Obiang Nguema, M. Mba Ada se voit confier l'exploitation d'un grand domaine cacaoyer, à 25 km de San Carlos, la *finca Rosita y las Coronas*. Le 21 février 1980, EXIGENSA *(Exportaciones e Importaciones Generales SA)* voit le jour avec un capital initial de un million de bikwele, grâce aux promoteurs que sont l'Espagnol J. Rovira Alepuz, S. Mba Nsue (en nom propre, avec sa *Promotora de Empresa de Guinea Ecuatorial SA, PEGESA)*, et Mba Ada. Ces hommes reçoivent d'Obiang Nguema toutes les assurances pour mener au mieux leurs activités, mais le président se réserve 20 % du capital initial. Bien que se faisant représenter à EXIGENSA par sa sœur Concepción Nchama Elsa, Obiang Nguema écrit lui-même au ministère des Finances, le 16 avril 1980, afin que l'on y établisse pour 50 Mo de pesetas de licences d'importation et d'exportation (garanties par le *Banco de Crédito y Dessarollo*, dirigé par G. Andombe Buanga). Fin 1980, alors que prospèrent les affaires d'EXIGENSA, Obiang Nguema décide d'augmenter sa participation et de prendre le contrôle de la société, avec 200 nouvelles actions de 1000 bik. Celles-ci sont libellées au nom de son fils de 14 ans, Teodorín, écolier à Paris, représenté par sa mère, Constancia Mangue Okomo Nsue de Obiang.

Afin de concrétiser ce projet, une assemblée extraordinaire d'EXIGENSA est convoquée pour le 31 janvier 1981. Compte tenu de certains vices de forme dans la constitution de la société, l'Espagnol Rovira Alepuz est alors dépouillé de ses 200 actions au bénéfice de Mme Obiang. Puis Mba Nsue vend 150 actions de son portefeuille, dont 100 sont « acquises » pour Obiang Nguema par le fonctionnaire du ministère des Finances, Ela Oyana, chargé de défendre les intérêts du président. Mba Ada se réserve les 50 actions restantes. Le conseil d'administration, alors présidé par Mba Nsue comprend, outre Mba Ada, vice-président, Ela Oyana, Mme

Obiang et la sœur du président Obiang Nguema. Celui-ci détient maintenant 50 % du capital social. Outre l'élargissement des activités d'EXIGENSA à tous les secteurs de l'économie, le conseil vote un article no 8 des statuts n'autorisant la transmission des actions qu'aux membres de la société, ce qui fut ressenti comme la volonté d'Obiang Nguema de s'approprier progressivement toute la société. Début 1981, le volume d'affaires d'EXIGENSA se montait à 512 Mo de bik. (256 Mo de pesetas), principalement par l'importation de véhicules Isuzu, d'électroménagers et d'exportation de cacao. Grâce à la prospérité de leur affaire, Mba Ada et Mba Nsue acquirent rapidement une solide réputation dans la population. Pendant que commençait à circuler le bruit que les responsables d'EXIGENSA payaient des mercenaires en vue du renversement du régime militaire, les têtes du pouvoir nguemiste continuaient à faire largement appel au crédit de la société : la présidence prélève des marchandises pour 10 Mo de bik.; sur sa seule parole, Mba Oñana, à peine promu inspecteur général des Forces armées, obtient un camion Isuzu et d'autres marchandises pour près de 35 Mo de bik. Seul Maye Ela semble avoir payé la voiture achetée par sa femme. C'est alors qu'éclate la nouvelle d'une prétendue tentative de complot, coiffée par Mba Ada, avec l'accusation de la mise en place, près d'Ebebiyin, au nord-est du Rio Muni, d'un dépôt d'armes. Alors que Mba Ada vient de quitter le pays, et que Maye Ela entreprenait une longue mission en Amérique latine, les principaux collaborateurs d'EXIGENSA, Africains et Européens, sont arrêtés. Courant mars 1981 interviennent diverses démissions ou arrestations de hauts fonctionnaires civils, dont Mba Ndong (Affaires étrangères) Abaga Ondo Maye (Information), etc. Entre le 10 et le 15 avril 1981 ont lieu des combats à Malabo, qui font 19 morts, dont quatre soldats marocains. Près de 200 arrestations sont opérées, suite à cette répression orchestrée par le Lt-Col. Mba Oñana et le frère de sang d'Obiang Nguema, Armengol Nguema, qui confisquèrent tous les biens de la *finca Rosita*, dont notamment les véhicules à moteur. Le 22 avril, Obiang Nguema dénonçait à la télévision une prétendue « conspiration » contre son gouvernement, et évoquait une « atmosphère troublée ». Les prisons sont alors si pleines qu'un entrepôt commercial dut être réquisitionné pour caser tout le monde. On ne s'étonnera pas d'apprendre qu'entre le 3 avril et le 7 mai 1981, le périodique *Ebano* cessa de paraître. Sa rédaction devait être fort empruntée pour relater les événements en cours...

    Le tribunal militaire réuni milieu juin 1981 est composé essentiellement d'hommes qui ont fait partie déjà des nombreux tribunaux militaires et autres cours martiales réunis par le pouvoir nguemiste depuis 1974. La plupart sont des militaires promus le 31 janvier 1981 à des grades supérieurs. Nous y reviendrons.

    Les nguemistes civils et militaires figurant parmi les condamnés de juin 1981 seront relaxés immédiatement, tels l'oncle Masié Ntutumu, P. Ekong Andeme, Ondo Edjang, etc., soit condamnés à des peines de six mois seulement, tels Andombe Buanga, Asumu Nsue, Obiang Enama, etc. Seuls subiront des peines sérieuses quelques lampistes, dont une femme condamnée à trente ans, un soldat totalement inconnu, Damian Owono Mituy, condamné à mort et exécuté le 19 juin (après avoir été torturé à l'éthiopienne)[7]. Quant à Mba Ada, il écope de 20 ans, par contumace. La plupart des personnes arrêtées et condamnées sont des ressortissants de Niefang, Mikomeseng et Ebebiyin, soit originaires d'autres districts que le Wele Nzas commandé par Mongomo. Pratiquement tous sont Fang, ce qui infirme les affirmations de certains que l'histoire de la Guinée Équatoriale est celle de la tentative d'écrasement des Bubi par les Fang. Ce sont en réalité toutes les populations non Esangui, ou parmi ces derniers ceux n'appartenant pas à la famille Nguema, qui sont victimes de la terreur.

Le printemps 1981 a permis à Obiang Nguema et à ses complices de répéter des actions qui les avaient déjà distingués sous Macias Nguema, à savoir :
1) Arrestation puis condamnation et exécution de hauts fonctionnaires et de magistrats.
2) Mise à l'ombre de personnalités civiles et militaires déplaisant au pouvoir nguemiste, voire leur exécution.
3) Appropriation des biens des personnes arrêtées et condamnées.
4) Promotion à des postes clés de laquais de régime. Exemple : Obama Nsue Mangue (dit *Mbato),* ex-chef de la police intérieure, un des principaux tortionnaires sous Macias Nguema et complice de l'exécution des hauts fonctionnaires fin 1976, est promu le 21 mars 1981 (Décret 69/1981) du poste de premier secrétaire de l'ambassade au Cameroun, à celui d'ambassadeur au Gabon. Simultanément est nommé représentant de la Guinée Équatoriale aux Nations Unies, à New York, l'Esangui P. Esono Obama Eyang. Ce dernier a été promu Lt le 3 février 1981. Bien qu'ayant été relevé de sa fonction de ministre de la Santé pour irrégularités, le 14 février, il a été jugé représentatif de son pays auprès de la communauté internationale. Il sera remplacé en décembre 1981 par Maye Ela.

b) Trafic de drogue

Pendant que se mijotait le simulacre de procès de juin 1981, le corps diplomatique équato-guinéen était secoué par une affaire significative de la qualité de ceux qui le composent. A Madrid, le poste d'ambassadeur est occupé par l'Esangui Evuna Owono Asangono, ex-représentant auprès des Nations Unies. Et voici que milieu mai 1981 l'épouse de l'ambassadeur est surprise par la police militaire espagnole en train d'introduire en Espagne un paquet de 2 kgs de *bhang* (chanvre indien cultivé en Afrique centrale), à sa sortie d'un avion Hercule de l'armée de l'air espagnole. Elle prétendit que ce colis lui avait été confié par un fonctionnaire du secrétariat d'Etat au Plan, B. Balinga, pour transmission à un fonctionnaire du ministère des Affaires étrangères en stage de perfectionnement à Madrid, Luis Ondo Ayang. Celui-ci nia être concerné par cette affaire, mais d'autres stagiaires, parents d'Obiang Nguema et de l'ambassadeur Owono Asangono, les Esangui Obiang Mengue et Andrés Santos, répétèrent les affirmations de l'ambassadrice. La presse espagnole révéla que Santos s'était distingué au Gabon déjà dans une affaire de drogue. Toute l'opération aurait en fait été ébruitée par l'ex-chargé d'affaires à Madrid, P. Nsue Ela, pour avoir été congédié par Owono Asangono. Il semble bien que ce trafic de drogue était connu des autorités espagnoles bien avant le mécompte de l'ambassadrice. Le 23 mars 1981 déjà, la police madrilène arrêtait l'ex-chef de la police de Macias Nguema, Ciriaco V. Mbomio, célèbre pour les mauvais traitements infligés aux prisonniers de Playa Negra, à Malabo. Mbomio s'était réfugié en Espagne en 1976, en compagnie de son patron le ministre de l'intérieur Masié Ntutumu, cousin de Macias Nguema. A la chute du premier dictateur nguemiste, Mbomio rentra brièvement au pays, puis revint suivre ses affaires dans le domaine des eaux-de-vie et des automobiles. Mbomio s'est toujours défendu d'être mêlé à un trafic de drogue; il a néanmoins été gardé en détention préventive jusqu'au 23 mai, bien après le début de l'affaire précitée.

En dépit de ses dénégations, l'ambassadeur Evuna Owono Asangono est rappelé à Malabo le 29 juin 1981. Son remplacement fut alors envisagé, mais s'avéra impossible. Sous la pression de la presse espagnole, on refusa un premier candidat en la personne de Bonifacio Nguema Esono : cousin de sang de Macias Nguema, celui-ci a été son ministre des Affaires étrangères, puis vice-président de la République après l'assassinat de Bosio Dioco et la mise en résidence surveillée de son successeur Eyegue Ntutumu, et avec Obiang Nguema, le principal responsable des mauvais traitements infligés aux prisonniers de *Playa Negra*. Après la chute de son cousin Macias Nguema, Nguema Esono a été envoyé à Addis-Abeba comme ambassadeur auprès de l'Ethiopie et de l'O.U.A. A ce premier refus s'ajoute celui de l'instituteur F. Obiang Alogo Ondo, membre du comité central du parti nguemiste lui aussi (PUNT), ministre de l'Agriculture de 1972 à 1975, puis ministre de la Santé et de l'Education dans le dernier gouvernement Macias Nguema. Mais surtout, Obiang Alogo fut l'animateur et le coordonnateur des diverses campagnes anti-espagnoles de la première république nguemiste. La soumission du dossier de cet autre parent direct d'Obiang Nguema a été ressentie à Madrid comme une provocation. Finalement, Owono Asangono rejoignit à nouveau son poste de Madrid.

Avec cette affaire de drogue, avec la nomination de *Mbato* à Libreville, les scandales de Mba Oñana à l'O.N.U., à New York, et la nomination d'Esono Obama, puis de Maye Ela au même poste, le régime nguemiste offre, à l'extérieur, le même spectacle lamentable qu'à l'intérieur.

c) Le sabordage du pays par le mépris des règles démocratiques

La Guinée Équatoriale a connu divers types de censure. Nous avons déjà fait allusion à cette pratique par l'Espagne, qui visait à cacher une décolonisation ratée. Levée fin 1976, la *materia reservada* n'a pas été réintroduite telle quelle; mais elle n'est pas pour autant oubliée. Divers organes de presse ibériques ont accusé le premier responsable de la coopération espagnole avec la Guinée Équatoriale, Alberto Recarte, d'imposer pratiquement la censure (en particulier via l'agence officielle *EFE*) sur les informations peu reluisantes provenant de Guinée Équatoriale. Commencée sous la présidence Suarez, cette « censure » continuait partiellement avec la présidence Calvo Sotelo[8]. Il est vrai que la plupart des intérêts aujourd'hui actifs dans l'ex-colonie relèvent principalement d'hommes de l'U.C.D. La liaison avec des personnalités comme l'ex-président Suarez et le vice-président Guttierez Mellado se faisait par l'ambassadeur Graullera. Cette auto-censure espagnole permet d'occulter quelque peu le mécontentement croissant des coopérants espagnols qui réalisent bien, sur place, que coiffés par les incapables mis en place par le C.M.S., ils n'arriveront jamais à faire démarrer le pays. D'où le nombre croissant de défections.

En dépit des efforts de *l'establishment* espagnol, la presse indépendante a pu relater la dégradation de la situation en Guinée Équatoriale. Les témoignages accablants des journalistes espagnols qui ont pu voir « l'enfer des nguemistes » ont incité la junte à décréter début août 1981 l'interdiction de la vente et de la détention de journaux espagnols. Argument : calomnie contre le chef de l'État et propos méprisants pour le pays. Tous les journaux espagnols présents en Guinée Équatoriale devaient être brûlés dans les trois jours, ce qui rappelle l'holocauste des livres espagnols traitant de la Guinée Équatoriale, sous Macias Nguema, en 1972 (où se distingua un autre Esangui, cousin d'Obiang Nguema, Manuel Ndongo Asangono, membre du Comité Central du PUNT).

Grâce à l'intervention du nouvel ambassadeur d'Espagne, V. Fernandez Trelles – ex-consul à Düsseldorf – et aussi en prévision de la mission en Espagne d'Obiang Nguema en novembre 1981, la sanction fut réduite à trois journaux seulement *(Diario 16, Cambio 16, Interviú)*. Cela permit d'éviter l'isolement des coopérants espagnols et de la Guinée Équatoriale elle-même, en tant que seul pays d'Afrique noire à parler espagnol. Tout national détenteur de journaux interdits est frappé de six mois d'emprisonnement et d'une amende entre 100 000 et 500 000 bik; les étrangers sont passibles de l'expulsion dans les 72 heures. Bien entendu, comme sous Macias Nguema, l'entrée dans le pays de marchandises emballées dans du papier journal est elle aussi prohibée. Ces diverses limites à la libre circulation de l'information, et donc ces entraves aux droits de l'homme, ont été ordonnées sous l'autorité directe d'Obiang Nguema, en remplacement du commissaire à l'Information et au Tourisme, nommé directeur de la Sûreté, le ss/lt Eyi Menzu Andeme, avec la collaboration du secrétaire technique Ricardo Elo, ex-chef de la censure.

Cela nous amène tout naturellement à attirer l'attention sur la constante confusion des pouvoirs dans la Guinée Équatoriale des militaires nguemistes. On peut mentionner, notamment, qu'en mars 1980 le ministre du Travail fit une tournée de recrutement de main d'œuvre au Rio Muni, non pas en compagnie du ministre de l'Agriculture, premier intéressé, mais de celui de l'Intérieur, F. Mba Ondo Nchama (cet Esangui qui s'est notamment signalé par l'interdiction faite au rapporteur spécial de la *Commission des Droits de l'Homme* de s'entretenir avec le public à Malabo et ailleurs).

Mais il y a mieux. Lors du procès de juin 1981, le Tribunal comprenait surtout des militaires. Toutefois, simultanément, ces hommes occupent aussi des fonctions ministérielles ou de secrétaires de ministères :

Juge d'instruction : Cdt J. Moro Mba, Cdt militaire de Bata, ex-chef des Jeunesses en marche avec Macias, ex-juge d'instruction aux procès de 1974, 1976, 1979.
Président du tribunal : Cdt E. Oyo Riqueza, 2e vice-président de la République, ministre du Travail, président du procès Macias Nguema.
Procureur général : Cap. C. Seriche Bioco, ministre de la Santé depuis le 5 mars 1981.
Avocat de la défense : Cap. C. Mansogo Nsi, secrétaire technique du ministère des Affaires étrangères (en remplacement d'un des accusés, V. Ondo Nsi).
Juges : Cap. M. Ebendeng Nsomo, chef d'État major; Ss/lt de frégate P. Bee Ebang Efiri.
Conseiller juridique : M. Eloy Elo Nve Mbengono (de Mongomo).
Secrétaire : Caporal Ekong Awong, ministre adjoint des Finances et Commerce, chargé des Banques.

On constate ainsi une grave confusion des pouvoirs : non seulement l'exécutif est truffé de militaires qui accaparent les charges civiles, mais, de plus un grand nombre de ces officiers assume les fonctions du pouvoir judiciaire. N'est-ce pas là la meilleure expression de la dictature ?

Un tel régime dictatorial cherche évidemment à contrôler aussi le courrier des particuliers. Nous venons de voir avec la censure de la presse espagnole (sans parler du fait qu'il n'y a pas de presse libre dans le pays même), que les méthodes nguemistes sont toujours en vigueur. Dans sa volonté de contrôler la correspondance, le régime militaire a repris de l'ère nguemiste civile la pratique de la censure du courrier (naguère déjà confiée à l'armée dirigée par Obiang Nguema). Par ailleurs, les services des télécommunications et des postes ne relèvent pas, comme c'est le cas généralement, du ministère des Transports et Communications, voire d'un ministère des Télécommunications. Ils figurent dans les attributions du ministère de l'Intérieur, c'est-à-dire de celui chargé d'une part de l'administration territoriale, et d'autre part de la police et de la sûreté. C'est en effet sous l'autorité du ministre officier F. Mba Ondo Nchama, déjà mentionné, et de son secrétaire technique qui n'est autre que le nguemiste notoire F. Epalepale Ilina (également conseiller politique du C.M.S.)[9] que fonctionnent les deux directions techniques des télécommunications et des postes. Elles sont coiffées respectivement par E. Mengue Oyono et D. Elo Ndong. On imagine facilement quelles peuvent être les entraves au trafic des informations privées dans le voisinage de la direction générale de la sûreté, actuellement confiée à I. Eyi Mensui Andeme, lui aussi mentionné plus haut comme transfuge du commissariat d'État à l'Information et au Tourisme.

Dans l'intention de n'être plus accusé du monopole militaire sur le gouvernement, Obiang Nguema a publié en 1981 un Décret demandant aux militaires chargés de responsabilités civiles de choisir entre l'armée et la fonction publique. Peu après, les soi-disant commissaires militaires devenaient ministres, pour avoir été mis au bénéfice d'un congé militaire. Ces "civils" de mascarade étaient accompagnés de Buale Bioco, secrétaire technique du ministère de l'Agriculture, promu ministre.

Toujours pour accréditer un semblant de vocation démocratique, et pour légitimer son pouvoir, le C.M.S. a abrogé le 2 avril 1980 la constitution nguemiste du 10 juillet 1973 (soit huit mois seulement après la chute de Macias Nguema); il remettait alors en vigueur la Constitution du 22 juin 1968, violée par le régime nguemiste antérieur. Toutefois, une série d'articles n'arrangeant pas les militaires ont été tracés. Il faut rappeler ici que des 46 constituants à l'origine du document de 1968, 40 ont été assassinés par le régime nguemiste dont font partie les hommes en place actuellement.

La constitution démocratique de 1968 ne peut évidemment pas justifier les fonctions présidentielles que se sont arrogé les Obiang Nguema, Maye Ela et Oyo Riqueza. Aussi, le 3 août 1981, au 2e anniversaire de la révolte de palais, Obiang Nguema a-t-il annoncé publiquement l'organisation prochaine d'un référendum constitutionnel sur un nouveau texte de son crû (et déjà prêt, à en croire divers hauts fonctionnaires). Relevons que dans le même discours, Obiang Nguema a qualifié son prédécesseur Macias Nguema d' « envoyé du diable, fils de Lucifer, président des sorciers ». Intéressant propos pour un neveu naguère si dévoué.

Le 14 août 1981, Obiang Nguema, cherchant à cultiver la magnanimité, grâcia 29 prisonniers (sur les centaines remplissant les prisons et hangars du pays) : tous sont des nguemistes. Il s'agit notamment : d'un cousin, M. Micha Nsue, ex-directeur de la Sûreté (par la suite remplacé par Obama Nsue Mangue "Mbato"), puis directeur du ministère de la Justice; de A. Ndongo Owono Ayang, de Mongomo, facteur propulsé en 1978 gouverneur civil de Rio Muni et directeur général de la Sûreté, en remplacement du cousin Ela Nzeng, actuellement ambassadeur à Pékin. Avec le ss/lt de la Jeunesse en marche avec Macias, T. Ngua Alu, ces membres de la famille Nguema avaient été condamnés fin septembre 1979 à 14 ans de prison, sous l'inculpation de « génocide, malversations de fonds publics, violation systématique des droits de l'homme, et trahison », en lieu et place des actuel chefs du C.M.S., davantage compromis qu'eux. Ont également été grâciés divers condamnés du procès fantoche de juin 1981, dont l'ex-commissaire militaire adjoint du Travail, subordonné d'Oyo Riqueza, M. Asumu Nsue, l'ex-commissaire militaire de l'Industrie, des Mines et de l'Energie, P. Obiang Enama, et l'ex-directeur du *Banco de Crédito y Desarrollo*, Andombe Buanga, cité plus haut pour avoir accepté de prêter des fonds à EXIGENSA à la demande d'Obiang Nguema, tous condamnés en principe à six mois d'incarcération.

Pendant qu'Obiang Nguema relâchait des hommes arrêtés et emprisonnés pour impressionner la galerie, il continuait, simultanément, à travailler en vue d'assurer davantage son pouvoir usurpé. Le 15 septembre 1981, il organisa une élection de conseillers des chefs traditionnels. Il ne nous étonnerait pas que cette opération et le référendum constitutionnel annoncé conduisent à la nomination d'Obiang Nguema « à vie », et de voir renaître un parti unique du même style que le PUNT, glorificateur de Macias Nguema.

Pendant que les nguemistes de l'intérieur tentent d'asseoir leur pouvoir chancelant que noie de plus en plus un dramatique chaos économique, les nguemistes de l'extérieur s'agitent eux aussi. Le 11 septembre 1981 s'est subitement signalé, à Paris, l'ex-dauphin de Macias Nguema, l'Esangui de Mongomo Daniel Oyono Ayingono. Celui-ci fut, avec Obiang Nguema, parmi les complices les plus engagés et les plus pervers de la dictature Macias Nguema, en particulier par la direction de la *Juventud en marcha con Macias*. Celui que les Équato-Guinéens avaient coutume d'appeler *superman*, pour avoir dirigé simultanément un nombre invraisemblable de ministères et directions, travaille en compagnie de son beau-frère José Dougan, avec l'avocat espagnol García Trevijano, depuis le renversement de son oncle Macias Nguema. Et voici que ce complice des pires moments de la dictature sanguinaire annonce la création d'un prétendu bloc unique des forces guinéennes démocratiques, qui serait l'alternative au régime militaire, et dont il est évidemment le chef. Prétendant de façon mensongère avoir l'appui de l'A.N.R.D. et du FRELIGE[10], Oyono Asangono suggère la création d'un gouvernement d'union nationale comprenant des représentants du régime Obiang Nguema. L'union des nguemistes fait la force... Les liens étroits d'Oyono, Ayingono avec l'Espagne sont bien connus; cela ne l'a pas empêché de proclamer la nécessité du départ des troupes marocaines et espagnoles, tout en soulignant son souhait de ne pas voir le pays tomber dans les mains des Soviétiques (avec lesquels il a pourtant collaboré dix ans durant). Voici un exemple typique des inventions dont sont capables les nguemistes acculés pour tenter de conserver le pouvoir, ou de le reprendre. Il est vrai qu'Oyono Ayingono, tout comme le cousin Obiang Nguema, non seulement ne jouissent d'aucun appui populaire, mais encore, privés de tout prestige, sont l'objet d'une vive détestation de leurs compatriotes de l'intérieur comme de la diaspora. La garde marocaine en fait foi.

Un communiqué de l'A.N.R.D., de septembre 1981, condamne cette manœuvre de déstabilisation de l'opposition, qualifie le régime nguemiste de « tribalo-fasciste », et rappelle la véritable opposition à la vigilance.

d) Intérêts, convoitises, complicités

Alors que fin 1981 sévit dans les zones urbaines une quasi disette, et que les magasins sont vides, hormis des articles nord-coréens ou de l'audiovisuel japonais, le président Obiang Nguema se plaint de la quasi banqueroute du pays, en dépit de l'aide du F.M.I., de la C.E.E. et de l'Espagne. Le déficit de la balance des paiements, évalué fin 1980 à 26 Mo de dollars, a été en partie comblé par le F.M.I., en mars 1981. Selon *Le Monde*[11], «Obiang Nguema s'est demandé publiquement où étaient passés les millions de dollars de l'aide internationale et a accusé le gouverneur de la Banque centrale, limogé depuis lors, et plusieurs hauts fonctionnaires des finances [mesure en fait liée à l'affaire EXIGENSA] d'avoir des comptes en banque à l'étranger [en particulier en France] et de manipuler les fonds publics pour préparer contre lui un « coup d'État économique ». Il est intéressant de signaler que voici quelques mois, on apprit qu'une partie de l'aide espagnole avait servi à la constitution de dépôts à la Banque de Paris et des Pays-Bas. Signe évident de la nervosité du « clan de Mongomo », de tels propos démontrent, d'une part, combien peu les nguemistes maîtrisent la fonction gouvernementale (et cela, ils le démontrent depuis 1968), d'autre part, combien ils sont habitués à attribuer systématiquement la cause de leurs échecs à d'autres.

La garde marocaine chargée de protéger un Obiang Nguema affolé par les dangers qui le guettent tant du côté du peuple que des siens, s'est signalée à diverses reprises par des agressions et des pillages, à Malabo. Dans son discours du 1er janvier 1981, Obiang Nguema a confirmé « le climat d'insécurité urbaine ». Voici pourquoi, probablement, il vient de demander à l'Espagne, courant septembre 1981, de mettre à sa disposition une brigade anti-terroriste espagnole, à ses yeux plus fiable que la soldatesque marocaine. Fin septembre, le chef de la police nationale espagnole, le général Saenz de Santamaria, négociait à Malabo un traité en matière de sécurité. De la sorte, l'oligarchie nguemiste pourra continuer en toute quiétude le pillage du pays et le détournement des assistances étrangères.

Nous avons montré le rôle d'Obiang Nguema dans l'affaire EXIGENSA. Le second dictateur nguemiste n'est pas le seul bénéficiaire du népotisme courant sous Macias Nguema à doubler ses fonctions officielles d'affaires commerciales. Ainsi, le 2e vice-président de la République, Oyo Riqueza, joint-il à sa fonction de Ministre du Travail celle de président de la Chambre de Commerce, Industrie et Agriculture de Fernando Poo; ainsi, Maye Ela, le 2e vice-président est, en plus de ses fonctions, ministre des Affaires étrangères président de la Société pétrolière mixte guinéo-espagnole GEPSA[12]. Selon la presse espagnole, Maye Ela serait également lié à des sociétés multinationales, et coifferait diverses affaires d'import-export, en compagnie de sa femme, ce qui lui vaudrait la jalousie du cousin Obiang Nguema. En collaboration avec le commerçant de Valencia, M. Ferris, Maye Ela serait responsable de l'importation en Guinée Équatoriale de marchandises, notamment d'aliments, de qualité inacceptable (information confirmée en partie par *Ebano* à Malabo). Pour cette raison, Obiang Nguema aurait été amené à réintroduire les licences dont il dispose maintenant à sa guise, notamment en faveur d'EXIGENSA. Se méfiant de son cousin, Obiang Nguema a promu l'oncle Mba Oñana, de sinistre réputation, à un grade supérieur à celui de ses cousins, par mesure de précaution.

Outre les intérêts économiques d'Obiang Nguema et de Maye Ela, et les pillages de Mba Oñana, on peut mentionner les affaires de la belle-mère du président *(la suegra),* qui poursuit à Bata un juteux commerce d'articles achetés à Malabo dans les magasins d'État toujours ouverts, en dépit des conseils du F.M.I. Commerçante, elle aussi, la dernière épouse de Macias Nguema, Monica Bindang, rentrée de Corée du Nord, en même temps que Masié Ntutumu et Ekong Andeme revenaient d'Espagne, poursuit comme ceux-ci (ex-ministres de feu son mari), une affaire d'export-import. Les Masié Ntutumu et Ekong Andeme seront arrêtés à l'occasion du « complot » de mars/avril 1981, mais relâchés après le « procès ».

Dans son allocution du 21 juin 1980 déjà, Obiang Nguema reconnaissait que le commerce local n'était plus que marché noir et trafic de devises. Certes, nombre d'étrangers interlopes contribuent par la spéculation au pourrissement de la situation, mais les hommes du régime sont largement impliqués, d'aucuns ayant même dû être éloignés du pays, tels Ela Nzeng et Mba Oñana.

Mais laissons là cette lassante énumération pour évoquer les convoitises et complicités avec le régime militaire de nombreux pays, voire d'organisations internationales. A peine l'URSS, qui utilisa la Guinée Équatoriale comme relais dans son aide à l'Angola du MPLA par Cubains interposés, voyait-elle l'accord de pêche annulé par la Guinée Équatoriale, fin 1980[13], que les sociétés espagnoles spécialisées dans la vente de poisson espagnol en Guinée Équatoriale (Afripesca, Ebana) se sont remises à la tâche.

Le petit nombre d'entreprises ou d'investisseurs espagnols qui ont accepté de se risquer en Guinée Équatoriale après la disparition de Macias Nguema sont le plus souvent liés à l'U.C.D.[14]. En compagnie des quelques "grossistes" de *l'establishment* nguemiste, et en collaboration avec les 357 conseillers économiques et administratifs espagnols (auxquels on doit ajouter 110 enseignants), elles exercent une véritable mainmise sur le pays. Selon Ph. Decraene[15], de retour de Malabo, les licences d'importation et d'exportation ne sont pratiquement délivrées que par des conseillers espagnols. C'est probablement pour assurer ses chances côté potentiel pétrolier équato-guinéen (face à la concurrence française et aux convoitises gabonaises) que l'Espagne s'apprête à accorder à la Guinée Équatoriale un nouveau crédit *stand by* de 6 Mo de dollars[16], pour soutenir la balance commerciale défaillante (en fait, on subventionne les exportations espagnoles). C'est probablement pour mieux assurer ses chances qu'elle a signé un traité de sécurité avec les nguemistes visant à remplacer les Marocains par un commando espagnol. Obiang Nguema compte, grâce à cette aide, parvenir à réaliser une réforme administrative en profondeur, afin d'éliminer de son gouvernement les éléments pro-soviétiques. N'oublions pas, au moment du retour en force de l'Espagne, que la date de la Fête nationale équato-guinéenne, le 12 octobre, a été choisie par l'ex-métropole parce que « Jour de l'Hispanité » !

L'URSS ne désespère pas de récupérer la Guinée Équatoriale. Si la rupture de l'accord de pêche est effective, l'Union soviétique n'a pas obtempéré à l'ordre de réduction du personnel de l'ambassade de Malabo de 165 à 12 unités; si des exilés rentrés de Moscou ont été battus à leur arrivée par des éléments nguemistes, tels le juriste J. Esono Mbomio, le traité d'assistance militaire conclu en 1977 n'a pas été rompu. Mieux, les Soviétiques ont signé avec les nguemistes un nouvel accord de coopération sportive, accepté des stagiaires journalistes dans la capitale, obtenu l'ouverture d'un bureau de l'agence TASS; et l'un des deux avions *Antonov* stationnés en Guinée Équatoriale continue à assurer la liaison Malabo – Bata, avec du personnel soviétique.

La France, elle, semble attendre la déconfiture de la coopération espagnole pour risquer de plus grands moyens. La Guinée Équatoriale se situe au cœur de ce qu'elle prétend être *sa* zone d'influence; ceci explique pourquoi la France giscardienne a fermé les yeux sur les prébendes versées ces dernières années par les sociétés françaises à la dictature nguemiste. D'après le *Frente de Libéración de Guinéa Ecuatorial* (FRELIGE), la France aurait comme arrière-pensée le partage de la Guinée Équatoriale entre Gabon et Cameroun, selon un schéma dont on prête la paternité à Ekong Andeme. Toutefois, ce qui semble intéresser la France avant tout, ce sont les éventuels gisements de pétrole le long du Rio Muni et autour de Fernando Poo. On sait que les nguemistes ont lorgné un temps du côté de l'UDEAC (Union Douanière des États de l'Afrique Centrale composé d'ex-colonies françaises). Mais sans la manne du pétrole, écrit notamment *Afrique-Asie,* le 3 août 1981, l'UDEAC n'a pas l'intention d'accepter l'intégration en son sein de la Guinée Équatoriale. Avec seulement 1 Mo de francs (2 Mo de dollars), l'aide de la France reste provisoirement bien en retrait des 1000 Mo de pesetas de l'Espagne pour la seule année 1981 (FF 60 Mo/11 Mo de dollars). On privilégie pour le moment les deux centres culturels français de Malabo et de Bata, on encourage le Gabon à obtenir des concessions minières au Rio Muni, on contribue avec la BIRD à l'établissement de la future loi pétrolière, on prête des experts de la SEDES au PNUD et on livre à l'Espagne, via ELF-Erepea, un *Kriegspiel* dont le dernier mot est loin d'être déjà dit, à en croire Ph. Decraene. Toutefois, HISPANOIL commence ses forages en janvier 1982.

Les États-Unis, que l'Espagne avait mis au courant de l'opération *León* qui provoqua le renversement de Macias Nguema, ont réouvert leur ambassade en 1980, avec quatre fonctionnaires (contre 25 pour Cuba). En janvier 1981, ils accordaient à la Guinée Équatoriale nguemiste 1 Mo de dollars, soit la moitié seulement de l'aide française, destinés aux coopératives agricoles naguère pillées sous Macias Nguema (à l'instigation du conseiller García Trevijano) et à la remise en état du parc avicole de Basilé. En novembre 1981, l'ambasadeur résident Walter Stoessel s'installait à Malabo. On ne sait pas grand chose de la position américaine face au régime militaire, sinon qu'une partie de l'aide fournie en 1979/80 a été gaspillée ou revendue au Gabon, ce qui devrait inciter les USA à entourer leur "générosité" de plus de circonspection.

Côté CEE, on envisage une aide de quelque 12 Mo de dollars (FF 70 Mo), suite à une entrevue des ambassades des pays membres, en été 1981, à Malabo. Cela représente un poids légèrement supérieur à l'aide bilatérale espagnole pour 1981. En fait, il s'agit pour la CEE de la simple reconduction des 10 Mo de dollars mis à la disposition du gouvernement Macias Nguema, mais qui ont été bloqués, vu les violations des droits de l'homme, grâce aux pressions britanniques, et sur l'insistance de l'A.N.R.D. La CEE semble toutefois fort prudente pour le moment; aussi ses 12 Mo de dollars n'ont-ils été que modérément matérialisés jusqu'à présent, résultat peut-être de la mission que fit Claude Cheysson à Malabo, en 1980, avant d'être appelé au gouvernement français par François Mitterrand.

Lorsqu'en février 1980 l'ambassadeur M.R. Engelhard eut présenté ses lettres de créance, la R.F.A. publia en mai une petite monographie de la Guinée Équatoriale, malheureusement très superficielle et fourmillant de projections statistiques maladroites. Aucune évaluation de la situation intérieure n'y est tentée. Fin octobre 1980, Obiang Nguema fit une courte apparition à Bonn, après son long séjour français; à cette occasion, le ministre allemand de la coopération, R. Offergeld, l'assura de la volonté de coopération allemande. Mais alors que côté équato-guinéen on a accepté depuis longtemps M. W.F. Koch comme consul honoraire, le gouvernement de Bonn n'a toujours pas accordé l'*executatur* fin 1981. On peut mesurer par là la volonté de prudence du gouvernement ouest-allemand face à la dictature nguemiste. Ajoutons que d'autres pays membres de la CEE ont signé des accords de normalisation avec la Guinée Équatoriale fin 1979, puis nommé des ambassadeurs en février 1980, à l'instar de la R.F.A. L'ambassadeur des Pays-Bas, A.L. Schnyders, était alors le doyen du corps diplomatique.

Côté système des Nations Unies, si l'UNESCO et l'OMS ont admis la Guinée Équatoriale dès 1980 – en dépit des millions de dollars engouffrés durant l'ère Macias Nguema dans des projets stériles – l'O.I.T., qui a elle aussi gaspillé un beau budget, ne l'admettra que le 30 janvier 1981. A la même date, le conseil d'administration de l'O.M.S., plein d'illusions encore (mais plus probablement ignorant des réalités équato-guinéennes), recommandait « toute l'aide possible sur les plans moral, technique, financier et matériel » pour la Guinée Équatoriale et le Tchad, « deux pays africains confrontés à de graves problèmes de santé ». En fait, le rapport médecin/population, en Guinée Équatoriale, se situait en 1976 vers 1/9 000. Il s'est encore aggravé, compte tenu des assassinats, du départ des Cubains, malgré le maintien des équipes médicales chinoises. Mais les actuels problèmes de santé et de malnutrition en Guinée Équatoriale sont bien davantage causés par un ravitaillement insuffisant, dont sont seuls responsables les nguemistes.

La bonne volonté onusienne (sa naïveté, aussi) fera qu'en dépit de la décision de l'Assemblée générale des Nations Unies du 5 décembre 1980 (Résol. 35/10) « de garder la situation en Guinée Équatoriale constamment à l'étude », le PNUD notamment, enverra à Malabo, dès février 1981, des experts français (SEDES) et Espagnols (INTESA), soit en provenance précisément des deux pays qui se disputent le plus âprement les richesses de la Guinée Équatoriale. N'aurait-on pas pu trouver des experts hispanophones auprès de bureaux d'études plus neutres ? Après de ridicules éloges de l'avenir économique du pays, formulés en mars 1981 par le F.M.I. et un prêt de 22 Mo de dollars (FF 110 Mo) remboursable en vingt ans (avec un sursis durant les cinq premières années), le F.M.I. est cependant revenu à la raison. L'arrestation, en avril 1981, de la plupart de ses interlocuteurs provoqua le départ de son représentant, en mai, qui jugea la coopération impossible. Ce sera aussi l'opinion du Secrétaire général de l'O.N.U. qui, constatant que les contacts qu'il espérait maintenir avec le gouvernement nguemiste « n'avaient pas pu avoir lieu », les nguemistes étant en pleine phase d'auto-complot – recommanda à l'ECOSOC (Conseil Economique et Social) de reporter l'examen de l'assistance à la Guinée Équatoriale à la réunion de 1982. Ce report d'un an vise les propositions des experts précités qui envisagèrent gaillardement de recommander des projets pour 59.2 Mo de dollars (FF 300 Mo) ! Un amendement proposé par le Canada, toujours vigilant en matière de droits de l'homme, amena l'ECOSOC à confier d'abord l'examen de l'affaire équato-guinéenne à la *Commission des Droits de l'Homme*. Celle-ci devra statuer en mars 1982 sur l'opportunité de cette aide au régime nguemiste. Toutefois, tous les concours onusiens ne sont pas arrêtés : l'O.I.T., par exemple, envisageait dès fin juin 1981 la mise à disposition du gouvernement des militaires d'un consultant pour la préparation, en trois mois[19], de la loi organique du Travail.

On peut, du côté O.N.U., considérer que les intérêts de la communauté internationale et du peuple équato-guinéen prisonnier de la dictature, sont provisoirement sauvegardés, en attendant que l'on acquière la certitude que l'aide onusienne n'est pas confisquée par l'oligarchie de Mongomo.

Nous avons vu qu'en avril 1981 les troupes marocaines avaient été mêlées aux événements liés à l'auto-complot imaginé par les nguémistes. Quatre soldats marocains morts; c'est là une conséquence du fait que l'armée équato-guinéenne, du moins sa base, est excédée par la présence des mercenaires chérifiens arabophones. En juillet 1981, commentant cette présence, la revue *Africa* (Dakar) devait déclarer que le régime « moribond » d'Obiang Nguema ne survit que par volonté du roi Hassan II. Les tractations actuelles avec l'Espagne prouvent qu'un important changement est en vue qui pourrait aussi avoir des implications diplomatiques, notamment dans l'affaire du Sahara occidental. Il tombe sous le sens que l'intérêt que le Maroc a montré à la Guinée Équatoriale ne s'explique que par la nécessité de se faire une clientèle dans sa confrontation avec la République sahraoui.

Et les voisins de la Guinée Équatoriale ? La modération du Cameroun est un modèle du genre. Même si certains milieux y prétendent que leur pays a des droits sur le territoire équato-guinéen, l'autorité centrale s'efforce de cultiver le bon voisinage dans le respect des règles de l'O.U.A. Le Cameroun continue à abriter de nombreux réfugiés équato-guinéens démocrates. Cela ne l'empêche pas de tenter de revitaliser la coopération entre les deux pays, à peine amorcée en 1969, puis interrompue parce qu'impossible sous Macias Nguema. En 1981, le chargé d'affaires Vessah Njoya est remplacé par l'ambassadeur M. Koss Epangue, après qu'en 1980 le premier ministre camerounais, Paul Biya en personne, ait assisté au premier anniversaire du renversement de Macias Nguema. Parallèlement, la Guinée Équatoriale a muté à Yaoundé, en mars 1981, l'ambassadeur Ekua Miko, le remplaçant au Gabon par le trop fameux Mbato, secrétaire d'ambassade au Cameroun, dont le départ semble avoir été apprécié. En juin 1981, Obiang Nguema lança une opération de charme auprès de divers interlocuteurs africains, et invita notamment le président Ahidjo en visite officielle.

Pour ce qui est du Gabon, on peut rappeler que lors de la réunion de la Commission mixte guinéo-gabonaise de juillet 1980, la délégation gabonaise fit un certain nombre de propositions saugrenues, notamment en offrant à la Guinée Équatoriale du bois d'okoumé, dont elle est un des principaux producteurs mondiaux. On proposa aussi la livraison de pétrole lampant, de gaz domestique, l'installation de 400 lignes de télex, un échange d'enseignants (francophones, bien sûr), un accord de libre circulation aérienne, etc. Rien de tout cela n'est devenu effectif.

Ce qui intéressa le plus les Équato-Guinéens lors des discussions, c'est la révision de l'accord pétrolier signé à la légère par Obiang Nguema, le 13 novembre 1979, probablement en reconnaissance de l'aide gabonaise dans le renversement de Macias Nguema, et qui donne au Gabon la possibilité d'effectuer des recherches et des exploitations pétrolières dans le sud-ouest de Rio Muni (via Petrogab). Or, la délégation équato-guinéenne souligna que cet accord était caduc pour n'avoir pas été négocié d'abord par les experts des deux pays, et demanda son réexamen.

En avril 1981, la Guinée Équatoriale accorda diverses concessions de recherches à la société pétrolière mixte guinéo-espagnole GEPSA (président : Maye Ela), et simultanément l'Espagne répondait favorablement à la demande du gouvernement nguemiste d'une aide urgente avec 30 000 t de kérosène, complétant cet envoi par la prise en charge de 17 candidats spécialistes des hydrocarbures, aux Canaries. Avec clairvoyance, *L'Express* fit savoir courant mars 1981 déjà qu'une *guéguerre* – le *Kriegspiel* mentionné par Ph. Decraene – sévissait entre l'Espagne et la France pour l'obtention de permis en Guinée Équatoriale[20]. Après qu'en avril 1981 encore la Guinée Équatoriale eût signé avec l'Argentine un accord de coopération en matière pétrolière, le Gabon envoya une nouvelle mission à Malabo, fin juillet, craignant que les espoirs gabonais d'exploiter le pétrole des deux îles Elobey notamment fussent totalement ruinés. Les Gabonais prétendent que Macias Nguema – qui agissait manifestement en usurpateur du pouvoir après avoir fait taire tous les organes législatifs de la République – leur aurait cédé 5 Mo de barils de cru; mais les militaires et leurs conseillers espagnols ne semblent pas disposés à entrer dans ces vues. Nous avons fait allusion plus haut à l'affirmation du FRELIGE que le Gabon était vivement encouragé par la France dans la chasse aux concessions minières au Rio Muni. Aussi est-on légitimement en droit de se demander si la tension naissante entre le gouvernement Mitterrand, en France, et le Gabon de Bongo (lui aussi gardé par des Marocains), ne modifiera pas cet état de choses.

La volonté de résister à toutes les prétentions, territoriales, minières, sur leur pays reçu de l'Espagne, via le Traité de Paris, est le seul point où se rejoignent absolument tous les Équato-Guinéens.

e) La résistance populaire – La relève

Le régime militaire se targue de quelques réalisations, le plus souvent purement formelles, telle notamment la création d'un secrétariat d'État pour la Promotion féminine, le 5 mars 1981, alors que depuis plusieurs années existe, au sein de l'A.N.R.D., l'Organisation des femmes de Guinée Équatoriale (OMGE). La plupart des femmes qui constituent les cadres de ce secrétariat d'Etat sont issues des quelques familles mongomistes au pouvoir ou – comme pour donner bonne conscience au C.M.S. – veuves de victimes du nguemisme, telle Maria Nsue Angue Osa, directrice technique, dont le mari, ambassadeur en Éthiopie et auprès de l'O.U.A. a été assassiné par deux envoyés du régime, fin 1976, à Addis-Abeba. On peut faire allusion également à la réouverture, au printemps 1981, de l'*École Martin Luther King,* qui forme des instituteurs et des administrateurs auxiliaires. Mais la direction en a été confiée à Lorenzo Madiba, issu des services de la Présidence de la République, alors que le secrétaire, Ondo Eto, était auparavant chef de cabinet du ministre de l'Intérieur. Intéressante initiative tout comme que celle de février 1981, par la coopération espagnole, d'une École d'hôtellerie (Miramar), ainsi que de cours du soir dans diverses professions (comme l'avait tenté l'O.I.T. en 1973-74). Hélas, ces activités sont, comme sous Macias Nguema, souvent perturbées par les sbires du régime. Quant à l'éducation scolaire, elle fonctionne partiellement grâce aux 110 enseignants espagnols, dont 90 % de religieux. Côté ministère de l'Éducation, on a repêché d'anciens instituteurs survivants et des prêtres ainsi que quelques réfugiés ayant appartenus aux *ANALIGE* et *Frente anti-Macias* (tels C. Ochaga ou L. Mbomio), mais qui ne détiennent pas de leviers de commande[21].

Par là est confirmé le fait qu'outre les violences déjà mentionnées à l'endroit des nationaux rentrés au pays, la prétendue amnistie décrétée par Obiang Nguema en octobre 1979 n'était qu'un simulacre. Le refus du tiers de la population – à l'abri à l'étranger – de revenir au pays aussi longtemps que sévira la terreur nguemiste constitue le plus sévère désaveu des héritiers de Macias Nguema. Le renversement de celui-ci a d'ailleurs amené les faux « anti-nguemistes » à se découvrir, ce qui présente l'avantage de décanter le nombre excessif de prétendus mouvements d'opposition à la dictature. Aujourd'hui ne subsistent plus, dans l'ordre d'importance numérique de leurs membres, que l'A.N.R.D. et le FRELIGE *(Frente de Liberación de Guinea Ecuatorial),* ce dernier composé presque exclusivement de quelques universitaires. Dans son manifeste du congrès de Malaga, de septembre 1981, le FRELIGE a souligné, outre le fait que la tyrannie nguemiste est la même depuis treize ans, que la seule manière d'arriver à la paix en Guinée Équatoriale est une négociation entre la diaspora et le C.M.S.. Mais pour lui, le retour à la démocratie passe forcément par l'aide paternelle de l'Espagne. Seule l'A.N.R.D. peut effectivement faire état d'une sérieuse assise populaire, à l'intérieur du pays comme dans la diaspora. C'est ce qui fait dire au spécialiste de l'Afrique Claude Wauthier, dans *Jeune Afrique*, en septembre 1981 : « De tous les mouvements d'opposition à Macias en exil, il ne reste que l'A.N.R.D., dont le secrétaire général est un universitaire, le professeur Eya Nchama, pour réclamer que les choses changent enfin dans un pays qui n'a recouvré qu'un semblant de liberté ».

Il est un fait que depuis sa création, en 1974, l'A.N.R.D. est présente auprès de toutes les instances internationales, en particulier les conférences sur les P.M.A., les réfugiés d'Afrique, ou aux sessions de la *Commission des Droit de l'Homme*, etc. Par son périodique *La Voz del Pueblo,* par ses communiqués sur les événements de Guinée Équatoriale et les manœuvres nguemistes, par ses contacts avec la presse internationale, ses activités sociales (de nombreux boursiers en formation dans divers pays), son animation de la résistance populaire à l'intérieur, l'A.N.R.D. est manifestement le seul volet viable comme alternative au régime nguemiste. Ce qui ne veut pas dire qu'elle cherche à monopoliser le pouvoir; il s'agit d'un mouvement regroupant toutes les ethnies, tant du Rio Muni que de Fernando Poo et d'Annobon, et qui vise une démocratie pluraliste dans le respect d'une constitution qui devrait être élaborée par des représentants de toutes les tendances de la nation équato-guinéenne.

Les nguemistes sont bien conscients du poids politique de l'A.N.R.D. Aussi est-ce de ce côté-là que l'on tente de semer la confusion dans l'opinion des nationaux comme des étrangers. L'ex-dauphin de Macias Nguema, Daniel Oyono Ayingono, l'homme-orchestre de la dictature nguemiste civile, collaborateur de Garcia Trevijano à Madrid, a dit à la presse le 10 septembre 1981, à Paris, qu'avec divers mouvements d'opposition il aurait constitué un conseil de commandement de la révolution. Celui-ci serait composé de patriotes et de socialistes, ainsi que d'un « Bloc unique des Forces démocratiques guinéennes ». Oyono Ayingono prétendit même jouir de l'appui de « deux branches » de l'A.N.R.D. Or, d'une part, l'AN.R.D. n'est pas fractionné, d'autre part, à aucun moment elle n'a engagé de transactions avec un homme depuis longtemps déconsidéré et qui n'a jamais représenté davantage que lui-même et ses parents de Mongomo. Bien entendu, *superman* suggère un gouvernement d'union nationale « comprenant des représentants du régime actuel », composé de ses cousins et oncles. Notons ici combien est subtilement utilisé le terme *démocratique,* tant chez les nguemistes que chez d'autres, afin de se couvrir des mérites de l'A.N.R.D.

A côté des nguemistes et de leurs complices espagnols et autres, il y a les manipulations de certaines puissances surtout préoccupées par le pétrole équato-guinéen. C'est ainsi que l'on a appris de Dakar, en août 1980, la création d'un Rassemblement démocratique de Libération de la Guinée Équatoriale, prétendue fusion – comme chez Oyono Ayingono – de quatre partis, dont on ne dit d'ailleurs rien. Si beaucoup de mouvements anti-Macias Nguema étaient le fait des seuls membres de leur comité respectif, le RDLGE fait mieux encore : prétendant regrouper 30 000 membres, et être le seul basé en Afrique – dans le cocon de la francophonie sénégalaise – ce «mouvement» est le fruit de la seule imagination d'un personnage parfaitement inconnu, Manuel Ruben Ndongo. Lui aussi n'existe que par référence à l'A.N.R.D., qu'il taxe de marxiste-léniniste et de non-représentatif à cause de son secrétariat en Suisse. Hormis deux interviews de complaisance dans la presse dakaroise, la baudruche du RDLGE s'est dégonflée fin 1980.

Dans son effort de représentation de la Guinée Équatoriale partout où le sort du pays est en question – mais toujours par des voies pacifiques – l'A.N.R.D. a été amenée à participer depuis plusieurs années aux travaux de la *Commission des Droits de l'Homme.* Le 10 mars 1981, à Genève, à travers le *Mouvement international pour l'Union fraternelle entre les races et les peuples* (UFER), l'A.N.R.D. a démontré que si en RCA ou en Ouganda la dictature avait disparu avec la chute des tyrans, la liquidation de Macias Nguema par son entourage familial n'avait rien modifié en Guinée Équatoriale. Dans cette même session de la commission, l'A.N.R.D. a démontré que la Guinée Équatoriale, plus que d'autres pays du tiers-monde, dispose d'un nombre élevé de spécialistes de toutes les professions, aujourd'hui exilés, avec lesquels une république revenue à la démocratie pourrait compter pour entamer un vrai développement. Lors de la session d'été 1981 de la *Commission des Droits de l'Homme,* le Prof. Eya Nchama, a démontré qu'on ne saurait rien attendre « d'un gouvernement dont la ligne fondamentale est le terrorisme d'État »[23].

La médiocrité du gouvernement militaire est apparue clairement à travers le discours du Cdt Oyo Riqueza, 2e vice-président de la République et ministre du Travail, à la Conférence sur les pays les moins avancés (P.M.A.), à Paris, le 7 septembre 1981. Après de longues politesses et lamentations globales sur le sous-développement, Oyo Riqueza évoqua « la situation si désespérante héritée du régime antérieur [ce qui est un mensonge, puisqu'il s'agit du même régime que l'actuel]. Puis il ajouta textuellement : « Même si la République de Guinée Équatoriale ne fait pas partie des 31 pays reconnus officiellement comme les moins avancés, ma Délégation est persuadée que dans un futur pas très éloigné et après examen minutieux de notre dossier, la République de Guinée Équatoriale sera également incluse dans le groupe cité ». On peut, c'est indubitable, faire confiance aux nguemistes et au C.M.S. pour que ce moment ne tarde plus...

Après ces propos malhabiles et hypocrites, l'intervention de C.M. Eya Nchama a permis d'offrir une autre vision de la Guinée Équatoriale. Son allocution a d'ailleurs été applaudie avec enthousiasme par la Conférence. Voici résumés les propos du secrétaire général de l'A.N.R.D. :
1) Les P.M.A. sont essentiellement des pays désorganisés.
2) La pauvreté des pays du Sud est due à l'Ordre économique international injuste, qui remonte à l'ère coloniale.
3) Il n'y a pas qu'une forme de développement. Souvent le mode de développement est imposé de l'extérieur.
4) « Beaucoup de pays sous-développés se rendent à de grandes conférences comme celle-ci pour demander de l'aide économique et financière pour leur développement, mais en même temps ils écartent leurs concitoyens de ce processus de développement... Nous pensons que le développement doit être un processus global... le développement doit se faire en prenant en considération les droits civils et politiques comme les droits sociaux, économiques et culturels des travailleurs. »
5) Le développement des P.M.A. n'est possible qu'avec la « suppression des oligarchies, des dictatures fascistes et des tyrans imposés par le Nord, afin de laisser au peuple le soin de veiller à son propre développement ».

Cessez-donc, à travers vos aides inconsidérées, de subventionner les dictatures!

Le lecteur est maintenant en mesure de se faire lui-même une opinion sur les qualités respectives de ces deux interventions. Nul doute qu'il perçoît sans difficulté où se trouve la vraie Guinée Équatoriale.

3. Le « dernier » mois

Le coût de la vie prend une envolée astronomique[24]. Les coopérants espagnols, dont de nombreux ont subi des sévices, marquent une lassitude croissante, tandis que 23 enseignants malmenés par les nguemistes, en 1978, réclament au gouvernement espagnol et à la Guinée Équatoriale 23 millions de pesetas d'indemnités pour pertes de salaires, de biens privés, etc.

Le mécontentement populaire commence à se structurer. Ainsi, le directeur de Radio Bata, T. Nguesa Mangue, est décédé suite à une attaque au cocktail Molotov (que le régime a camouflée en accident de motocyclette).

Après la libération de quelques prisonniers nguemistes, en août, la junte a repris les arrestations milieu septembre. Mais comme au printemps, il s'agit d'une nouvelle supercherie. La duplicité nguemiste a consisté cette fois-ci à arrêter des parents, en particulier le frère de Daniel Oyono Ayingono, le Cap. de frégate Luis Oyono (déjà incarcéré brièvement en avril) et des militaires considérés comme pro-soviétiques[25].

L'état de pourrissement de la situation a accéléré la conclusion de l'accord d'assistance militaire avec l'Espagne, d'un montant de 3 000 millions de pesetas (40 Mo de FF)[26] :
— création de deux compagnies guinéennes de sécurité, entraînées dans des Académies militaires espagnoles. L'une sera affectée à la sécurité du président, l'autre servira au Rio Muni. C'est en effet parmi les Fang et les Ndowe que les nguemistes du Wele Nzas sont le plus contestés;
— recyclage en Espagne de tous les officiers formés en URSS et en Corée du Nord;
— fourniture de deux Aviocar, amorce d'une Force aérienne;
— 4 canonnières garde-côtes (2 pour Fernando Poo, 2 pour le Rio Muni);
— fourniture de transports tout-terrain.
Une corvette légère était sur place fin septembre 1981 déjà.

Tous les milieux espagnols ne sont pas convaincus de l'opportunité d'une telle politique face à la junte nguemiste, et la contestation s'élève tant à gauche qu'à droite. Au nom de cette dernière, l'ex-ministre Fraga Irribarne (qui avait représenté le généralissime Franco aux célébrations de l'Indépendance de la Guinée Équatoriale, le 12 octobre 1968) a posé le 21 septembre 1981 une série de questions au gouvernement espagnol :
— Selon quels critères l'aide espagnole est-elle distribuée ?
— Les sociétés espagnoles (Hispanoil, Adaro) jouissent-elles, en compensation, d'un traitement préférentiel ?
— Pourquoi les propriétaires espagnols n'ont-ils pas été indemnisés et pourquoi les Espagnols ont-ils été autorisés à occuper des biens appartenant à d'autres Espagnols (notamment l'hôtel Bahía) ?

Compte tenu du durcissement de la résistance populaire, à l'extérieur comme à l'intérieur, et en dépit des hésitations accrues de l'opinion espagnole quant à l'opportunité de l'aide à la dictature nguemiste, le président Obiang Nguema s'est réjoui, dans son allocution du 12 octobre 1981, à l'aube de l'An 14, de « l'heureuse coïncidence » des deux fêtes nationales équato-guinéenne et espagnole (Jour de l'Hispanité). Grâce à l'armée espagnole et à la complicité de quelques intérêts ibériques, déjà mentionnés, il s'est cru assez fort pour tromper une nouvelle fois le peuple en affirmant que les finalités de son régime étaient : la liberté du peuple, le bien-être social, l'amélioration des conditions économiques. De plus, il a annoncé en échange de l'aide militaire espagnole, la levée de la censure de périodiques espagnols, décidée en août. Ce scénario jure avec le portrait de la Guinée Équatoriale nguemiste transmis fin septembre 1981 par le correspondant du grand quotidien catalan *La Vanguardia* : « La corruption publique et privée, le chaos administratif, la violence arbitraire, la paresse générale [en fait, il s'agit de la résistance populaire], le découragement, tout comme la faim, les maladies et l'analphabétisme continuent à caractériser la vie guinéenne. L'espoir né du « coup de la liberté » [chute de Macias] a cédé le pas à la démoralisation collective que quelques fonctionnaires vénaux aident sans nul doute à consolider ».

« L'héritage de Macias [Nguema] n'a, hélas, pas été liquidé en Guinée. Les fonctionnaires civils et militaires de l'ancien régime subsistent aux postes clés et reproduisent, sans la moindre discrétion, les usages appris durant le temps du dictateur sanguinaire. Le C.M.S. n'a pas pu, ou n'a pas su jusqu'à présent restaurer la paix sociale, reconstruire l'économie, mettre sur pied un État, réorganiser l'armée et la police, construire des maisons, des hôpitaux et des écoles, en somme, en terminer avec l'indigence, le crime et les... démons familiers »[27]. Contes de journaliste ? Qui mieux que celui qui a été durant deux ans l'ambassadeur d'Espagne auprès de la junte, J.L. Graullera, pourrait apprécier la justesse de ces vues ? Fin septembre 1981, Graullera a déclaré : « Le passage de Macias [Nguema] à Obiang [Nguema] ne suppose pas la disparition du macisme [nguemisme]. J'ai pu constater personnellement que le macisme comporte un sens de destruction et de privilèges. Le système de destruction a été freiné, mais il faudra beaucoup pour éliminer le système des privilèges »[28]. La perpétuation des abus et des passe-droits, la propension à faire usage de ce qui ne vous appartient pas, c'est exactement l'idéologie qui inspire aujourd'hui encore le pouvoir nguemiste militaire.

4. La « Suisse » africaine

Fin août 1979, trois semaines après la révolte de palais, le Cdt T. Obiang Nguema déclarait au journal *Le Monde :* « Nous sommes fils de l'Espagne, et nous voulons rétablir des liens privilégiés avec elle ». Au onzième anniversaire de la République, le 12 octobre 1979, le Lt-Col. Obiang Nguema faisait la déclaration suivante : « Le nouveau gouvernement instauré par le C.M.S. sera guidé dans sa politique nationale par les principes du respect scrupuleux des droits de l'homme, la restauration de la démocratie dans le pays, la réhabilitation des valeurs économiques, culturelles, sociales et de croyance de la nation guinéenne, la réorganisation des institutions administratives, garantir la propriété publique et privée, comme le respect des valeurs humaines de dignité, liberté et intégrité des personnes et l'inviolabilité du domicile de tout citoyen ». Devant le roi Juan Carlos Ier, à Malabo, le 13 décembre 1979, Obiang Nguema demanda à « son » roi et au peuple espagnol qu'ils fassent de la République de Guinée Équatoriale la tant espérée « Suisse de l'Afrique. Notre espoir est que nos aspirations rencontrent celles de Votre Gouvernement et du peuple espagnol ».

Un an plus tard, en novembre 1980, à Paris, le chef du C.M.S. affirmait en conférence de presse qu'« on ne peut à la fois reconstruire le pays et instaurer la démocratie ». Puis le 1er janvier 1981, peu avant de se proclamer Colonel, Obiang Nguema prétendit qu'avec le C.M.S. il avait « tracé une ligne d'action conséquente qui part du noble vœu de rendre toujours plus effective la participation du peuple aux tâches de l'État ». Mais, ajouta-t-il, les exigences des milieux démocratiques ne visent à rien d'autre qu'à saboter le travail réalisé par le C.M.S.

Combien les « fils de l'Espagne » sont-ils éloignés de la réalité d'une « Suisse africaine » ! Le vice-président Oyo Riqueza vient d'implorer les pays riches, le 7 septembre 1981, de bien vouloir admettre que la Guinée Équatoriale nguemiste est ruinée autant que les 31 P.M.A. Il n'exagérait guère, car comme le laissait entendre *El País* (non censuré), le 12 septembre : « Le progrès et le bien être sont deux termes inconnus en Guinée Équatoriale depuis l'époque de la colonisation ».

Treize ans de nguemisme civil et militaire ont fait d'un pays relativement prospère en 1968 – alors qualifié de « Suisse africaine » – un autre Haïti grâce aux « Duvalier de Mongomo ». Rentré de Guinée Équatoriale, le journaliste catalan Fr. Moro écrivait dans *Diario 16* (censuré), le 31 août 1981 : « La seule chose qui sépare Macias de Teodoro [Obiang Nguema] et ceux qui l'assistèrent dans la chute de Fr. Macias est le fait que depuis des mois on ne leur payait pas leur solde de centurions de la terreur. Aujourd'hui on voit très clairement que Teodoro n'agit pas sous les prémices d'honneur qu'il était censé apprendre à l'Académie militaire générale de Saragosse, mais en fonction des discours dont il s'est nourri en tant qu'homme de tribu, les Fang [Esangui] de Mongomo ». L'ex-ambassadeur d'Espagne – et représentant des intérêts regroupés dans l'U.C.D. – J.L. Graullera, qualifié de « vice-roi », ne dit pas autre chose. Le 27 septembre 1981, il déclare à *El País* (non censuré) que le macisme (= nguemisme) « consiste en la perpétuation des abus et passe-droits, et à faire usage de ce qui ne vous appartient pas... le passage de Macias à Obiang ne suppose pas sa disparition ». Et de laisser entendre, en termes à peine voilés, que si l'armée nguemiste (ce « pouvoir parallèle ») voulait bien cesser d'interférer dans les affaires civiles, les choses iraient autrement. Mais Graullera est d'avis que même ainsi « il faudra beaucoup pour éliminer le système des privilèges, car les nguemistes civils ne sont pas neutralisés ». C'est pourtant au seul prix du retour aux règles de droit, économiques et civiles, qu'un développement du pays peut être envisagé.

Ni fils de l'Espagne, ni Suisse africaine; ni loyal, ni démocrate. Quelle continuité dans la perversité de Macias Nguema à Obiang Nguema ! L'axiome de Lord Acton : « Le pouvoir corrompt et le pouvoir absolu corrompt absolument » prend ici toute sa signification.

Il est fort à parier qu'en s'enfermant de plus en plus dans un ghetto politique et économique, le pouvoir militaire nguemiste va s'orienter sur des voies semblables à celles suivies par son prédécesseur civil. On peut s'attendre à ce qu'un parti unique, ou un multipartisme factice, voire une simulation d'assemblée législative voient le jour sur le modèle du PUNT. Mieux, on peut prévoir – hormis le cas non impossible d'une nouvelle révolte de palais par des cousins et oncles intéressés – qu'Obiang Nguema sera lui aussi promu « président à vie ». Et l'on sait quel est en général le procédé unique pour remplacer quelqu'un désigné pour un semblable terme.

A moins que, dans un élan miraculeux de sens démocratique, ou simplement d'instinct de survie, Obiang Nguema et les siens tentent de réaliser réellement la soi-disant « Suisse africaine ». Cela suppose que soient accomplies les recommandations minimales formulées par l'expert de la *Commission des Droits de l'Homme* pour la réunion de février/mars 1981, en particulier l'élaboration d'une constitution issue des débats d'une constituante représentative de toute la nation équato-guinéenne, et votée au suffrage universel direct. Cette nouvelle constitution « sera démocratique, représentative et pluraliste, afin d'assurer une protection efficace des droits de l'homme... il s'agira de créer un modèle de démocratie équato-guinéenne plutôt que de copier quelque modèle déjà connu mais éloigné du mode d'être, de penser et de sentir du peuple de Guinée Équatoriale ». Aucune constitution ne saurait être mise en place sans qu'un débat public libre ait lieu, sans qu'une loi sur les associations ne voie le jour. Pour cela, il faudrait que la liberté d'expression soit complète. Peut-être alors verra-t-on poindre une lueur de « suissité ».

La position qu'adopteront les Nations Unies sera déterminante pour l'avenir de la Guinée Équatoriale. Leur pression sur le régime nguemiste et ceux qui le soutiennent ne constitue en rien une atteinte à la souveraineté nationale, mais représente bien plus une assistance à nation en danger. Il y a pour la communauté internationale « devoir d'ingérence ». C'est exactement ce qu'exprimait devant la *Commission des Droits de l'Homme* Eya Nchama, fin août 1981, en réponse à des attaques de la part of la délégation marocaine : « Les Nations Unies devraient être rassurées de voir venir à elles les peuples opprimés et menacés dans leur existence, car ceux-ci font ainsi partie de plein droit de ces Nations Unies qui proclament dans leur Charte qu'elles représentent les peuples : « Nous peuples des Nations Unies ». Tant que les groupes et populations opprimés croient suffisamment aux Nations Unies pour se tourner vers ce forum dans leur recherche pour l'égalité et la justice, il y a de l'espoir, on peut dialoguer. Il faut commencer à s'inquiéter lorsque ces peuples ou leurs représentants, déçus et désespérés, ne viennent plus vers les Nations Unies, mais décident de régler leurs problèmes par eux-mêmes, en utilisant d'autres moyens, allant souvent, parce qu'ils sont poussés à bout, jusqu'à la violence »[29].

Seule une réconciliation nationale, un pacte social et politique entre toutes les tendances, permettrait d'envisager le passage à une Guinée Équatoriale qui ne serait plus mise au banc des démocraties. Cela suppose avant tout que cessent les appels des Équato-Guinéens à l'assistance de protecteurs étrangers, que ce soit l'Espagne, le Maroc, la France ou l'URSS. Les Nations Unies ont ici un rôle majeur à jouer.

Dans le pacte fondamental de la Suisse, signé le 1er août 1291 (aujourd'hui encore date de la Fête nationale), on relève la volonté de se prêter secours en cas d'attaque, de refuser d'accueillir des juges étrangers sur son territoire, de s'en remettre à l'avis d'arbitres en cas de querelles. En cas de discorde entre Confédérés, si l'une des parties refuse de laisser juger sa cause ou ne veut pas se soumettre à un arrangement, les autres parties devront se tourner contre elle.

Les choses sont donc bien claires : il faut négocier. Peut-être sous l'arbitrage de la *Commission des Droits de l'Homme.* Surtout, il faut résoudre les problèmes entre Équato-Guinéens. Cela suppose une plateforme de rencontre, et que l'on fasse taire bien des ressentiments, des suspicions, des préjugés. Mais c'est là la seule possibilité de survie du pays. Plus on est petit, plus les Raminagrobis sont à l'affût. Surtout si le sous-sol recèle du pétrole, et que la géopolitique fait de votre sol, de vos mers, une zone stratégique.

Par le remaniement ministériel du 8 décembre 1981, Obiang Nguema s'est séparé de ses vice-présidents Maye Ela et du Bubi Oyo Riqueza. Le ministre de la Santé (procureur du procès bidon de juin 1981) Seriche Borico Dougan devient 2e vice-président; de l'Intérieur, Mba Ondo passe à l'O.U.A. et remplace le cousin de Macias, B. Nguema. Des noms nouveaux se font jour : Obondo aux Affaires étrangères, Ncué aux Finances. Et l'on murmure que Mba Oñana deviendrait le vice-président. Permanence du nguemisme...

Il serait intéressant de vérifier si la solidarité internationale, à travers les Nations Unies en particulier, parviendra à faciliter le retour de la Guinée Équatoriale à un ordre démocratique. Evoquant récemment « le cercle vicieux de la peur et de l'illégalité »[30], le juriste latino-américain S.M. Lozada a signalé que « Les derniers jours des dictateurs ne sont pas mieux, ou moins violents, que les premiers. Ainsi, dans le passage difficile de l'autocratie à la démocratie, la solidarité internationale sera un soutien inestimable. » On ne saurait donc mieux faire que d'encourager le président Obiang Nguema et le C.M.S. de relire le discours du 12 octobre 1979, qui fait d'une politique guidée par les principes des droits de l'homme, de la démocratie, de la réhabilitation des valeurs économiques, culturelles, sociales et des croyances, du respect de l'homme, la cible à viser pour ne pas se condamner face à l'histoire.

Notes

1 « Rien n'a changé », *PN-PA.*, septembre-octobre 1981.
2. Liniger-Goumaz, M.,« Le tarif du président ». *Le Monde,* 24-25 juin 1979, p. 16. Alors que les prisonniers équato-guinéens étaient parfois relâchés en échange de 10 000-100 000 bikwele (ex-peseta), le prix de la libération de vieux missionnaires espagnols s'élevait à 50 000 bik.
3. Decraene, Ph., « La Guinée Équatoriale, toujours menacée de destabiliation ». *Le Monde diplomatique,* Paris, juin 1981, p. 10.
4. Cousin du ministre des Affaires étrangères, Ndongo Miyone, assassiné en 1969.
5. En échange de l'abandon par la Guinée Équatoriale de la reconnaissanc du *Front Polisario*. Fort curieusement, le Maroc se montre maintenant favorable à un référendum dans l'ex-Sahara espagnol, alors que la présence de ses troupes chez Obiang Nguema visait à empêcher une telle démarche.
6. Considéré comme le Machiavel de la Guinée Équatoriale, broutant à tous les râteliers, Mba Nsue est généralement en voyage en Espagne. Son conseiller serait l'économiste espagnol Velarde Fuentes, qui préparerait un plan de développement économique de la Guinée Equatoriale.
7 On appelle ainsi une position de torture « en mémoire des Éthiopiens qui travaillaient avec les services de sécurité du Président Macias Nguema en 1972-74. FIEU, *Equatorial Guinea – Macias Country. The forgotten Refugees.* Genève, 1978, p. 35. Ces cadres ethiopiens faisaient partie de l'assistance technique de l'OUA.
8. Cf notamment *La Calle.* Madrid, 4 mars 1981, p. 30.
9. L'hebdomadaire espagnol *Interviú* (interdit), a révélé que Epalepale Ilina avait des liens fructueux avec des investisseurs espagnols. La censure des journaux espagnols ne rend donc pas service qu'aux seuls nguemistes. Cette censure a été levée le 12 octobre 1981.
10. Ainsi que de mouvements fictifs tels les Front des démocrates, Front révolutionnaire, Front socialiste. Signalons qu'on accuse Oyono Ayingono d'être responsable de l'assassinat de l'ex-vice-président de la République, le Bubi Bosio Dioco, en 1975, et de son camouflage en « suicide ». [?]
11. « Le président Obiang Nguema souhaite un accroissement de l'aide militaire espagnole ». *Le Monde.* Paris, 23 septembre 1981, p. 6.
12. Maye Ela a comme secrétaire l'ex-directeur de la Banque centrale, sous Macias Nguema, D. Ondo Maye, et se fait conseiller par l'Espagnol M. Uriate, ex-directeur de l'*Instituto de Estudios Africanos.* Maye Ela et Oyo Rigueza perdent leur poste de vice-président en décembre 1981.
13. L'URSS signait en juillet 1981 un autre accord de pêche, avec la Guinée Conakry.
14. Afripesca, Alena, Besora y Galliana, Jover, Ebana, Elzagirre, Escuder y Galliana, Garcia Minaur, Gran Canarias, Grimaldi, Malo, Mora-Mayo, Pastory Pena (Lintee), Ramon y Vizcaina, Sogesa (Ferry), Soguisa (F. Roig).
15. « Tensions internes et convoitises étrangères. La Guinée Équatoriale, toujours menacée de déstabilisation ». *Le Monde diplomatique.* Paris, juin 1981, p. 10, op. cit.
16. Semble-t-il offert en dollars libres d'impôt sur vingt ans, dont cinq ans de rémission d'intérêts, à 3 % l'an. Le temps d'utilisation du crédit serait de deux ans après ratification. En fait, ce prêt servira à financer les travaux non effectués par l'Espagne dans le cadre de ses engagements signés depuis 1970.

17. Satistisches Bundesamt, *Länderkurzbericht Äquatorialguinea*. Wiesbaden, 1980, 20 p.
18. *Chronique de l'ONU, 4.* Genève, avril 1981.
19. Le rapport du PNUD, de septembre 1980, avait prévu six mois. On a donc coupé la papaye en deux, comme s'il était possible de transiger avec la dictature.
20. Paris, 21 mars 1981. La destitution de Maye Ela, le 8 décembre 1981, et son envoi à l'ONU, montre que d'autres s'intéressent à GEPSA
21. Le 8 décembre 1981, L. Mbomio a été promu ministre de la Culture. « L'espoir déçu ». *Jeune Afrique.* Paris, 9 septembre 1981, pp. 50-51.
22. Sinon que certains membres exclus pour incapacité ou esprit non démocratique, tels E. Nsue Ngomo et M. Mba Ada, prétendent la représenter.
23. 34e période de session, thème 8 du programme. Genève, 21 août 1981.
24. Le salaire moyen (sept. 81) s'élève à 8000 bik; les prix sont actuellement de : 1 500 bik. un kg de sucre, 500 bik. un kg de viande, 400 bik. une bière, un repas au restaurant 4 000 bik. Un salaire permet donc d'acheter 5 kg de sucre, 2 repas au restaurant. La médiocrité de l'approvisionnement incite d'ailleurs de plus en plus de coopérants à aller pêcher à la canne dans la baie de Malabo. Le personnel de l'ONU touche une indemnité de vie chère quotidienne de 10 200 bik. (20 400 pesetas). Selon l'expert FAO, Wolfgang Sachers (RFA), la malnutrition est générale (janvier 1981).
25. Pedro Ela, cousin, fils du leader nguemiste décédé (empoisonné ?); Ricardo Ela, chef adjoint de la police politique sous Macias Nguema, Secrétaire technique adjoint à l'Information et Tourisme; Isidoro Eyi Mensuy Andeme, lieutenant, Directeur général de la Sûreté, Commissaire d'État, Information et Tourisme; Carmelo Owono Ndong Andme, sous-lieutenant, ingénieur aéronautique, formé en URSS, Commissaire d'État au Plan, Développement et Coopération.
26. *Boletin Oficial de las Cortes Generales.* Madrid, 5 septembre 1981.
27. « Guinea, un problema complejo ». *La Vanguardia.* Barcelone, 24 septembre 1981, p. 5 (journal non censuré).
28. Graullera, J.L., « Interview ». *El País semanal.* Madrid, 27 septembre 1981, pp. 11-15 (journal non censuré).
29. ECOSOC, *Commission des Droits de l'Homme*, Sous-commission de lutte contre les mesures discriminatoires, 34e Session, point 10. Genève, 25 août 1981 : « Étude du problème de la discrimination à l'encontre des populations autochtones ».
30. *Le Monde diplomatique.* Paris, septembre 1981, p. 28.

IV

RÉFLEXIONS AUTOUR DE LA VISITE DU PAPE JEAN-PAUL II EN GUINÉE ÉQUATORIALE (18 février 1982)

Le périple du pape Jean-Paul II en Amérique centrale, et en particulier la visite qu'il a effectuée à Haïti, est dans toutes les mémoires. Nombre de chrétiens ont appris cette nouvelle avec stupeur. En effet, ils craignent moins « que Duvalier va en profiter pour renforcer son système de sécurité » que le fait « qu'il pourrait exploiter la visite du pape pour donner une consécration à son régime »[1]. Une telle appréhension ne vise d'ailleurs pas seulement les déplacements de prélats en mal de tourisme pastoral : le tourisme politique lui aussi ferme les yeux sur les crimes des autocrates de tous bords, dans la seule perspective de la satisfaction d'appétits stratégiques ou économiques.

Aussi, dans toute la chrétienté se multiplient les interrogations sur l'Église d'aujourd'hui et de demain. L'Afrique au sud du Sahara n'échappe pas à cette mise en question, que la situation souvent dramatique aux plans matériel et politique exacerbe encore. Ce désir de redéfinition fondamentale du christianisme dans les sociétés africaines s'appuie sur une question majeure qu'a parfaitement bien éclairée Jean-Marc Ela, prêtre catholique en activité dans le nord du Cameroun; « *Où sont aujourd'hui les priorités de l'action de l'Église dans les pays de la faim et les sociétés dépendantes que constitue la majorité des populations d'Afrique ?* » Que faire dans les villages, où les jeunes affirment, au terme d'une veillée : « ce coin a besoin de respirer », exprimant la soif de justice et de liberté qu'éprouve un peuple qui porte sur son visage les marques d'une longue tradition de servitude et de mépris ?... Au-delà des situations locales et régionales, il n'y a pas de doute que *les Églises africaines sont parfois confrontées à une situation commune où le développement des uns implique le sous-développement des autres*. Dans cette conjecture, comment mettre l'homme africain en état d'échapper à la misère et à l'inégalité, au silence et à l'oppression. Si le christianisme veut être autre chose qu'une vaste escroquerie pour des Nègres mystifiés, les Églises d'Afrique doivent se retrouver pour examiner cette question »[2].

Dans son livre, le père J.-M. Ela brosse un tableau de la Guinée Équatoriale qui est une des meilleures synthèses qui n'ait jamais été tentée. Aussi nous a-t-il semblé utile, comme prospectus au voyage du pape Jean-Paul II (février 1982 : Nigeria, Bénin, Guinée Équatoriale, Gabon) de rappeler ce que dit le prêtre, de surcroît africain, de ce « goulag trop oublié de l'opinion africaine et internationale... où la torture et la répression ont dépassé tous les stades ». Pour J.-M. Ela, ce qui retient l'attention dans ce pays en régression tragique, c'est que « les puissances étrangères, sous couvert de coopération, ont observé un silence complice. Il n'y a peut-être pas de situation en Afrique noire où la domination et la répression ont été aussi étroitement liées qu'en Guinée équatoriale ».

« Le caractère néo-colonial du régime de Macias Nguema[3] n'était pas à démontrer. Un pays où la dictature a provoqué l'effondrement de l'économie par la liquidation des cadres de l'émigration qu'elle entraîne, et qui n'est pas en mesure de maintenir le bon fonctionnement d'un minimum de services publics... n'a pu survivre que parce qu'il était soutenu par les formidables puissances d'argent qui avaient leurs relais sur place ». Et de citer des pays comme l'Espagne, l'Allemagne fédérale, la France, la Chine populaire, l'U.R.S.S., des sociétés pétrolières, dont Elf, diverses autres firmes françaises (comme la Société forestière du Rio Muni, la Société française de Dragages et de Travaux publics, Alsthom, les Chantiers de Bretagne, etc.), ce qui expliquerait, selon le père J.M. Ela, « la circonspection avec laquelle la revue *Marchés tropicaux* voudrait que l'on prenne des nouvelles sur la situation des populations de Guinée équatoriale »[4]. Et Ela de souligner que « le cas de la Guinée équatoriale illustre une situation d'ensemble où l'on voit l'alliance du pillage et de la répression politique » avec les intérêts de l'étranger[5]. Les raisons de cet état de choses sont clairement indiquées par le prêtre camerounais : « Dans un contexte où la centralisation du pouvoir justifie la mise en vacance du parlement et où l'instrument judiciaire de la centralisation est le décret présidentiel, on comprend parfaitement que l'idéologie de la sécurité nationale et de la stabilité légalise l'hégémonie de l'appareil policier et répressif sur toute l'étendue du territoire national... ; il faut donc réduire au silence toute opposition pour promouvoir le développement national »...

« ... tout vise à mettre à l'abri des sursauts nationalistes les capitaux étrangers qui bénéficient d'un accueil d'autant plus favorable que les cadres dirigeants comptent sur eux pour la prospérité de leurs affaires personnelles ». L'ex-ambassadeur d'Espagne en Guinée équatoriale durant les seize premiers mois de la dictature nguemiste militaire a parfaitement défini le régime de hors-la-loi qui sert d'interlocuteur aux intérêts étrangers[6]. La présence en Guinée équatoriale d'une « foule d'hommes d'affaires douteux » est confirmée par Claude Wauthier. Confirmé aussi que « deux ans après la chute du « Tigre » le colonel Teodoro Obiang Nguema n'a toujours pas rétabli la démocratie ni restauré l'économie »[7].

Courant 1982, les reportages des journalistes admis en Guinée Équatoriale convergent sur trois termes : peur, misère, corruption[8]. Et l'historien de l'Afrique lusitano-hispanophone, R. Pélissier, donnait fin 1982 une description de la réalité nguemiste qui en dit long sur leur paradis : « Le malheur de la Guinée Équatoriale provient avant tout du fait qu'une dictature ne peut enfanter un régime raisonnablement démocratique. Le franquisme accoucha d'un Frankenstein anti-hispanique qui ruina son pays et massacra son peuple, et dont les tares ne semblent pas avoir été éliminées par son neveu et successeur »[9]. Ainsi, dans le gouvernement mis en place par Obiang Nguema en octobre 1982, essentiellement avec les membres de son Conseil militaire suprême fraîchement dissout, et auxquels on a simplement passé un costume civil, dans ce gouvernement de trente-six membres figurent vingt parents directs du président, ainsi qu'une dizaine de complices de Macias Nguema. C'est ce que devait souligner le 9 mars 1983 *Le Canard enchaîné* qui fournit des détails significatifs sur le népotisme nguemiste et sur la prévarication qui caractérise les hommes de Mongomo. Et d'ajouter que l'appartement qu'Obiang Nguema vient de s'acheter à Paris, et que son épouse, Constancia Mengue Nsue a pris en charge fin 1982, a été « symboliquement élu rue de la Faisanderie... »[10].

Face à ces réalités, pourtant bien connues des chancelleries, la plupart des médias font le silence, voire refusent les articles – jugés trop pointus – qui jettent la lumière sur les autocraties africaines en particulier. Alors qu'on se préoccupe beaucoup de la répression en Amérique latine, « tout se passe comme si les régimes africains étaient moins répressifs et plus respectueux des droits de l'homme que ceux contre lesquels s'organisent des meetings de protestation ». Aussi n'est-il pas étonnant que le Père J.-M. Ela cherche à savoir « Quel peut être le rôle de l'Église dans un moment où la condamnation d'un savant soviétique [et nous ajouterons, l'état d'exception imposé à la Pologne] soulève la protestation massive de l'opinion occidentale sans que les milliers de massacres de prisonniers politiques africains n'éveillent aucun écho dans l'intelligentsia, les syndicats ou les partis européens [et nous ajouterons, l'Église catholique] en dehors de quelques réactions sporadiques des mouvements humanitaires »[11]. Le voyage du pape dans divers pays du Golfe de Guinée – tout comme plus récemment celui effectué en Amérique centrale – témoigne, hélas, de singuliers silences.

Jean-Paul II a donné dès son arrivée au Nigeria une réponse au problème de la mainmise néo-coloniale et de la nécessité d'une libre expression du génie africain, aux plans politique, économique et religieux : « Toute l'Afrique, quand on la laissera gérer ses propres affaires sans qu'il y ait quelque pression ou intervention que ce soit de la part des puissances et des groupes étrangers, non seulement étonnera le reste du monde par ses réalisations, mais sera capable de faire partager aux autres continents et nations sa propre sagesse, son sens de la vie, son respect de Dieu »[12].

Si le pape a accepté l'invitation que lui a présenté fin 1981 le nouveau deuxième vice-président de la Guinée Équatoriale, le commandant Seriche Bioco Dougan[13], ce n'est pas seulement parce que la deuxième dictature nguemiste des hommes du clan de Mongomo et de leurs complices a rétabli la liberté de culte – alors que tous les autres droits de l'homme restent violés comme sous Macias Nguema; c'est surtout parce que la Guinée Équatoriale est un pays avec plus de 90 % de catholiques, les autres étant adeptes du culte protestant. Notons ici qu'en vertu de ses loyaux et complices services rendus au nguemisme, le Bubi Seriche Bioco Dougan a été propulsé en octobre 1982 Premier ministre, avec comme vice-premier ministre le cousin d'Obiang Nguema, Mba Oñana, un pistolero auquel les représentants de la *Commission des Droits de l'Homme* ont eu le désagréable privilège de devoir se frotter[14].

C'est en 1534 que le pape Paul III – l'interlocuteur privilégié d'Ignace de Loyola – donna à l'évêque portugais de São Tomé la juridiction sur l'île de Fernando Poo; il faudra attendre que cette île et les zones continentales qui s'étendent du delta du Niger au Cap Lopez (donc une large part du Nigeria, du Cameroun et du Gabon) deviennent espagnoles par le Traité du Pardo, en 1778, mais surtout qu'en 1856 soit créée à Malabo une préfecture apostolique, pour que le catholicisme se répande dans le pays. Depuis le début du XIXe siècle, les presbytériens américains, puis les méthodistes et baptistes anglais, enseignaient déjà l'Évangile dans la partie continentale et à Fernando Poo, le plus souvent en langue vernaculaire. Le renforcement de l'emprise espagnole visait, notamment, à éradiquer le virus réformé, et à assurer l'hispanisation des populations. Jésuites d'abord, puis Clarétins depuis 1883, se virent confier la conversion des autochtones, qu'on arrachait aux pasteurs protestants à coup de cadeaux sous forme de médailles et d'images pieuses. Signalons ici qu'à présent, les Clarétins sont principalement financés via les États-Unis d'Amérique[15].

Rognées par les puissances européennes, les possessions espagnoles du Golfe de Guinée (environ 800 000 km2) donnèrent naissance successivement au Cameroun allemand, au Nigeria anglais et au Gabon français. Une partie congrue resta à l'Espagne qui, il est vrai, ne manifestait pas le même élan colonisateur que les autres pays. Les explorateurs espagnols Iradier, Ossorio et Montes de Oca (1875-1876 et 1884) permirent, certes, d'affirmer l'hispanité de vastes espaces, mais lors de la Conférence de Berlin l'Espagne fut traitée en parent pauvre. Cela permit à la France – qui avait reçu en prêt de l'Espagne la région de la future Libreville – de contester à l'Espagne le peu qui lui restait encore. Ce n'est que par la Conférence de Paris (1900) que l'Espagne put garder les territoires qui constituent aujourd'hui les 28 051 km^2 de la Guinée Équatoriale[16]. Le Vicariat français des Deux-Guinées, avec siège à Libreville, persista pourtant dans les prétentions sur les terres espagnoles; en 1903, le Vatican dut arbitrer le différend, et décida en faveur du Vicariat espagnol de Malabo. La Guinée Équatoriale doit donc au Vatican d'avoir assuré sa pérennité hispanique. En 1968, à l'indépendance, l'évêché unique de Malabo, avec un titulaire espagnol, fut doublé de l'évêché de Bata, chargé de couvrir le Rio Muni, avec un évêque équato-guinéen, Mgr Nze Abuy, celui-là même qui fut le cicérone de Jean-Paul II durant la visite du 18 février 1982. Mgr Nze Abuy[17] s'exila en 1972, alors que Macias Nguema s'apprêtait à se proclamer « seul et unique miracle de Guinée Équatoriale », et que de nombreux prêtres, tant catholiques que protestants, furent incarcérés, torturés ou liquidés[18]. Par Mgr Gantin, archevêque de Cotonou, le Vatican suggéra à Macias Nguema de nommer lui-même un autre évêque. Le choix se porta sur le vieux prêtre Vicente Barleycorn, ancien supérieur de la mission d'Evinayong. Mais Barleycorn ne fut pas consacré. Il est décédé en Espagne peu après la révolte de palais.

On sait que Macias Nguema – en dehors des victimes nombreuses dues à l'initiative macabre des zélés laquais de l'armée (commandée par T. Obiang Nguema, son successeur) et de la *Jeunesse en marche avec Macias* (aujourd'hui intégrée à l'armée) – Macias Nguema éliminait tous ceux qui s'étaient à un moment ou un autre trouvés sur sa route. Ainsi s'explique l'assassinat, fin 1976, parmi nombre d'autres cadres, de Job Obiang, instituteur, Secrétaire général du ministère de l'Education, qui s'était présenté contre lui comme candidat aux élections à la mairie de Mongomo en 1964. Le progressif durcissement du régime (interdiction de l'enseignement confessionnel, dès 1974; affichage de la photo de Macias Nguema et de slogans politiques, proclamation de ces slogans depuis la chaire; interdiction du culte catholique en 1978) s'expliquent probablement par les deux faits suivants :
– l'Église catholique principalement, même si elle comptait quelques représentants africains, restait essentiellement hispanique par ses hommes et par son style;
– le héros de l'indépendance, Acacio Mañe, organisateur du mouvement de résistance à l'occupation espagnole que fut la *Cruzada Nacional de Liberación de Guinea Ecuatorial,* a été capturé par la Garde civile espagnole, le 20 novembre 1958, puis assassiné, après dénonciation de sa cachette par le supérieur de la mission de Bata, le père Nicolas Preboste.

Dès 1976, la plupart des lieux de culte étaient neutralisés ou transformés en dépôts de cacao ou d'armes, voire en salle de sport.

Malgré cela, la presse catholique internationale, et notamment *l'Osservatore romano*, attendirent 1978 pour commencer sérieusement à alerter l'opinion. Pendant dix ans de terreur nguemiste, le Vatican se tut. Le périodique catholique suisse-romand *L'Écho illustré* – dont le rédacteur en chef n'est autre qu'Albert Longchamp, également rédacteur en chef de la revue jésuite *Choisir* – confirme ce mutisme sur les « ruines matérielles et morales qui furent infligées [à la population de Guinée équatoriale] par le régime dictatorial du président Macias [Nguema] de 1968 à 1979. Sa population a été victime d'un véritable génocide que personne n'a dénoncé, sauf le Conseil Œcuménique des Églises. C'est donc un peuple traumatisé que va rencontrer le pape Jean-Paul II »[19]. Tout aussi regrettable est le « silence complice » des intérêts économiques français et italiens, des intérêts militaro-politiques de l'U.R.S.S., de Cuba, de la Chine populaire, et même des O.U.A. et des O.N.U. Pendant ce temps, les nguemistes liquidèrent impunément quelque 40 000 catholiques et protestants.

Peu après le renversement de Macias Nguema par ses neveux et cousins, son bras droit Obiang Nguema – propulsé nouveau dictateur, militaire cette fois-ci, à la tête d'une junte intitulée *Conseil Militaire Suprême* (C.M.S.), composée de 35 hommes, dont 32 de Mongomo et environs – restaura la liberté de culte. Ce mirage de libéralisation impressionna les nationaux comme l'étranger, et tendait à faire croire que ce qui venait d'être intitulé « Coup de la Liberté » allait provoquer un changement[20]. Malheureusement, de tous les droits de l'homme qu'énonce la *Charte universelle*, il devait s'agir, jusqu'à présent, du seul remis en vigueur, ce qu'attestent le Rapporteur spécial de la *Commission des Droits de l'Homme* comme les commentaires d'observateurs aussi différents que peuvent l'être des envoyés spéciaux de la presse, notamment espagnole, française, allemande, suisse, africaine, etc. Dans un pays où, près de quatre ans après le renversement du « Gran maestro » par ses centurions, la situation continue à être décrite comme cauchemardesque. Certes, « la Constitution démocratique adoptée en 1968[21] au moment de l'indépendance a été officiellement restaurée en 1980 par le nouveau régime. Mais – selon le directeur du Centre culturel français de Malabo – elle a été suspendue dans son application en attendant que la reconstruction du pays, ruiné par onze ans de dictature, soit terminée »[22]. En 1973 s'est produit un événement pratiquement semblable, lors de la désignation de Macias Nguema comme « président à vie » (art. 49), l'article 42 prévoyant l'élection présidentielle tous les cinq ans étant simplement suspendu en vertu de l'article 49...

C'est en décembre 1981 que se sont produits successivement le coup d'État militaire en Pologne (deux ans et demi après le coup d'État militaire de Guinée Équatoriale) – les deux avec des aides extérieures – et l'invitation du pape à visiter l'ex-colonie espagnole. Depuis lors, Jean Paul II n'a pas ménagé les déclarations au sujet des droits des peuples. Le 16 janvier 1982, devant le Corps diplomatique accrédité au Vatican, il a affirmé : « Dans l'opinion publique du monde entier se renforce de jour en jour la conviction que les peuples doivent pouvoir choisir librement l'organisation sociale à laquelle ils aspirent pour leur propre pays et qui... doit être conforme à la justice dans le respect de la liberté, de la foi religieuse et des droits de l'homme en général »[23]. Il était tout à fait dans la ligne de l'invite adressée à la Guinée Équatoriale, en octobre 1980, par *l'Union syndicale africaine*, de rétablir le droit d'association violé depuis 1969.

L'émotion bien légitime du pape devant l'écrasement de la Pologne et du syndicat *Solidarité* par l'armée suscita toutefois quelque gêne dans l'opinion internationale. L'exemple de la réaction des « Mères de la place de Mai » (Argentine) est à ce titre significatif : se plaignant de l'identification de l'épiscopat argentin avec le régime politico-militaire coupable de nombreuses disparitions, elles ont affirmé dans une déclaration remise au cardinal Gantin, en charge *de Justice et Paix,* à Rome (et qui a eu l'occasion de négocier avec les nguemistes comme nous l'avons vu plus haut), qu'à leur avis « les épiscopats des autres nations latino-américaines et... celui de Pologne... se sont érigés en défenseurs intrépides de la dignité humaine ». Et ces mères et épouses de disparus disent attendre du pape « une claire prise de position sur ce thème »[24].

Un espoir identique anime le Communiqué que l'A.N.R.D. a publié à l'occasion de la visite du pape[25]. Après treize ans de dictature des mêmes hommes, et de violation systématique des droits de l'homme, l'A.N.R.D. se permet de rappeler au Saint-Père les étapes préconisées par la *Commission des Droits de l'Homme* en vue de la restauration des libertés dans le pays :

1. Adoption par le gouvernement de la *Déclaration universelle des Droits de l'Homme;* adhésion aux Pactes internationaux en la matière; promulgation de la loi sur les associations.
2. Promulgation d'une véritable amnistie; amélioration de l'enseignement, de la presse, de la santé publique, etc.
3. Convocation d'une convention ou assemblée constituante; organisation d'un référendum sur une nouvelle Constitution démocratique, avec la participation de tous les partis politiques.

Au printemps 1981, la junte du colonel Obiang Nguema repoussa ces sages conseils. Pire : grâce à un simili-complot, mis au point par le numéro deux de la hiérarchie militaire, le lieutenant-colonel Mba Oñana, parent de sang d'Obiang Nguema, les fonctionnaires du ministère des Affaires étrangères qui avaient travaillé avec la mission de la *Commission des Droits de l'Homme* ont été incarcérés, accusés de subversion ou de trafic de drogue, et condamnés à de longues peines de prison par un tribunal militaire, composé essentiellement d'officiers ayant déjà fonctionné comme juges sous Macias Nguema, et dont le procureur général n'était autre que le commandant Seriche Bioco Dugan, qui est venu présenter au pape l'invitation à se rendre en Guinée équatoriale. L'A..N.RD. termine son communiqué en lançant « un appel à Sa Sainteté Jean-Paul II pour que son voyage ne serve à renforcer l'état de siège dans lequel vit notre pays depuis plusieurs années ».

« L'A.N.R.D. lance également un appel à tous les militants pour les mettre en garde contre le fait que le gouvernement que préside le neveu de Macias Nguema, Obiang Nguema, va utiliser le voyage du pape Jean-Paul II en Guinée Équatoriale pour tromper l'opinion publique et lui cacher les violations des droits de l'homme existant dans le pays. »

« L'A.N.R.D. lance enfin un appel à tous les catholiques et chrétiens de Guinée Équatoriale pour qu'ils demandent au pape Jean-Paul II de leur accorder son appui pour le rétablissement des droits de l'homme et des libertés fondamentales dans leur pays. »

L'espoir de l'intelligentsia équato-guinéenne, infiltrée dans le pays ou en exil, se fonde sur le fait que le pape semble, depuis les événements de Pologne, se montrer particulièrement solidaire avec les nations opprimées.

Le journaliste helvétique Bernard Heimo, à la suite de deux journées passées au Vatican, fin 1981, écrit que lors de la dernière audience générale de 1981, Karol Wojtyla, « dans son discours [prononça] des mots qui reviennent sans cesse : amour du prochain, espoir de voir les hommes arrêter de s'entre-déchirer, de se battre, de voir les droits de l'homme enfin respectés partout »; et un peu plus tard, de sa fenêtre sur la place Saint-Pierre, le pape « une fois de plus... a prononcé des paroles qui résonnent d'une drôle de façon dans l'époque que nous vivons : paix, amour, droit de l'homme, liberté, espoir »[26].

Durant les courtes heures passées à Malabo et à Bata, le pape n'a jamais utilisé l'expression « droits de l'homme ». Il s'est empressé de donner à son voyage « une finalité exclusivement évangélisatrice », étant venu pour « promouvoir l'entreprise d'évangélisation ». Les autres paroles du pape n'ont été qu'allusives. Aussi, les connaisseurs de la junte estiment-ils que ce type de langage n'a guère dû l'émouvoir. « Je suis sûr que les ressources morales de ce *cher peuple* [c'est nous qui soulignons] stimulent ce climat de collaboration mutuelle [beau pléonasme] et d'unité des intentions qui servent à implanter des conditions de moralité privée et publique croissantes aptes à conduire vers un véritable et croissant progrès spirituel et matériel. Dans cette tâche peuvent occuper leur poste tous les fils de ce Pays, ceux qui vivent à l'intérieur et ceux qui vivent à l'extérieur de celui-ci, et qui aspirent à travailler pour lui par-dessus les barrières contingentes »[27]. Alors que des visiteurs laïques, dont l'ex-premier ministre espagnol Calvo Sotelo, ont su être précis et clairs, en parlant un langage que comprennent les militaires et leurs complices civils, le pape Jean-Paul II s'est, lui, gardé de définir les « barrières contingentes », c'est-à-dire la violation quasi totale des droits de l'homme et des libertés fondamentales par les nguemistes qui usurpent le pouvoir depuis quatorze ans alors que les prisons du Rio Muni et de Fernando Poo regorgent de prisonniers politiques, et qu'un tiers de la population reste réfugié à l'étranger.

A Obiang Nguema, plus particulièrement, Jean-Paul II a dit que le « peuple aspire à un climat social d'authentique liberté, de justice, de respect et de promotion des droits de chacun... pour se réaliser comme homme et comme fils de Dieu ». Là encore, un langage étranger à des hommes élevés dans le fascisme espagnol, et qui se sont exercés quinze ans durant dans une dictature népotique. Le Saint-Père a évidemment offert le soutien de l'Eglise en vue de collaborer au bien commun dans « ce délicat moment historique » en vue de la « réconciliation des esprits »[28]. Mais pas de mode d'emploi.

La tiédeur des propos de l'illustre visiteur jure avec l'intrépide défense de la dignité humaine de l'épiscopat polonais, et avec ses propres appels au respect des droits de l'homme depuis Rome, et n'a rien d'une « claire prise de position » comme celle qu'espèrent les « Mères de la place de Mai » et l'A.N.R.D. La presse d'Espagne (le pape s'est rendu dans ce pays en mai

1982) a marqué son étonnement devant cette attitude plus que modérée, en soulignant la prudence affichée par le pape[29] qui, à l'heure du départ de Bata, n'a rien trouvé de plus percutant à dire à un peuple exsangue – hormis la recommandation de cultiver les grandes valeurs morales – que : « J'emporte avec moi le sourire de vos enfants »[30].

Ce constat de tiédeur se double d'un autre : *Radio-Vatican, l'Agence France-Presse* et d'autres, ont inondé les médias de l'affirmation suivante : la Guinée Équatoriale a connu « onze ans de régime tyrannique »[31]. Sur ce thème, qui prend à la lettre le prétendu « Coup de la Liberté » des complices de Macias Nguema, les commentateurs se sont mis à broder. C'est le cas de l'envoyé de la *Radio suisse-romande* au Vatican, et correspondant de la *Gazette de Lausanne,* Jean Neuvecelle[32] qui, après avoir rappelé qu'en Guinée Équatoriale « l'Église... a été cruellement persécutée sous la dictature de Macias Nguema », ajoute : « La dictature est finie : l'évêque Nze Abuy, expulsé[33], a pu réintégrer son diocèse. » Peu importent les violations de quasi tous les droits de l'homme énoncés par la *Déclaration universelle* : la dictature est finie, puisqu'un des deux évêques est revenu et que les églises ont réouvert leurs portes. Rien sur les prisons, sur les 110 000 réfugiés à l'étranger, rien sur la « résurrection » d'un des complices de Macias Nguema, récemment réincorporé dans l'armée après avoir été fusillé en compagnie de l'ex-dictateur le 29 septembre 1979; rien sur la corruption, la prévarication, l'incompétence; rien sur le viol de la valise diplomatique espagnole, sur les exactions de l'armée, des gardes marocains d'Obiang Nguema, des frères de celui-ci; rien sur le découragement de la coopération espagnole; rien sur le séquestre du pays par les jeunes « tigres » du clan de Mongomo, ni sur la disette qui frappe en particulier les souriants enfants de Guinée Équatoriale, etc.

Quant à *Radio-Vatican*, elle s'est exprimée toute la Journée du 18 février sur le thème « la dictature passée », dans le style suivant : « Maintenant qu'on ne persécute plus l'Église, tout va bien ». A Paris, le quotidien catholique *La Croix,* développant ce thème, évoquait « la liberté retrouvée »[34] et faisait état d'« une aube nouvelle après onze ans de persécution »[35]. Il est vrai qu'on trouve tout de même quelques constats d'un autre type :

– Le pays demeure ruiné;
– La Guinée Équatoriale a du mal à revivre;
– La situation économique est toujours aussi désastreuse;
– L'Eglise continue à semer le bien;
– « Ce n'est pas encore la confiance retrouvée pour les catholiques de ce minuscule État »[36].

Il n'est pas possible que le Vatican n'ait pas été informé par le clergé de Guinée Équatoriale sur la multiplication des disparitions « à l'argentine », sur les prisonniers politiques, les désordres de toute nature (trafic de drogue, confiscation de sociétés commerciales créées par des réfugiés attirés par la fausse amnistie d'octobre 1979, violation des règles diplomatiques). La tiédeur du Vatican, sous Macias Nguema déjà, est nouvellement perceptible aujourd'hui. Elle inquiète les Équato-Guinéens qui aspirent au retour à un régime démocratique.

Nous avons évoqué plus haut les arguments du Père Ela, fondés sur le thème voltairien : « Le petit nombre fait travailler le grand nombre, est nourri par lui, et le gouverne » (*Essai sur les mœurs*); en l'espèce, le petit nombre, c'est le clan de Mongomo et les intérêts étrangers, espagnols, américains, marocains, gabonais, soviétiques et surtout français. On ne peut s'empêcher de voir dans les effets de la visite du pape une légitimation des héritiers de Macias Nguema. Le semblant de paix intérieure, dans le refus des droits civiques, ne dérange pas les intérêts qui collaborent avec la junte, notamment en matière pétrolière. On sait bien, ainsi que l'a laissé entendre J.-M. Ela, que « pour sa propre sécurité la bourgeoisie locale a besoin de sécurité "nationale", sans laquelle les entreprises étrangères installées dans le pays ne peuvent lui assurer les factures de prestige et les moyens de son exhibitionnisme qui se traduit par les habitudes de consommation ostentatoires. Bref, l'État colonial [et néo-colonial] conteste à l'homme le droit à l'opposition dans un contexte où les économies étrangères profitent à une caste privilégiée »[37]. Le pouvoir nguemiste correspond à cette bourgeoisie qui réduit le pays, depuis 1969, à un État colonial; aujourd'hui n'y règne l'"ordre" que grâce à une garde prétorienne de 600 soldats marocains et 460 coopérants civils et militaires espagnols[39]. Grâce aux mercenaires chérifiens, Obiang Nguema parvient à calmer une frousse viscérale d'être liquidé : « Les apparitions publiques d'Obiang Nguema sont rares. Il a peur. Il lui faut deux cents hommes armés jusqu'aux dents pour passer du palais présidentiel au Palais du Peuple, qui est à l'angle de la rue »[40].

Forte du plébiscite papal – même si ce n'est qu'un plébiscite de fait – la junte nguemiste a jeté au panier les recommandations de la *Commission des Droits de l'Homme*, de l'E.C.O.S.O.C. et du secrétaire général des Nations-Unies, en vue du retour à un État de droit. Conforté par un Programme des Nations Unies pour le Développement (P.N.U.D.), téléguidé par le F.M.I. – qui organisait en avril 1982 une Conférence des pays donateurs préparée par des experts espagnols et français – Obiang Nguema a jeté aux orties l'idée d'un retour à la démocratie. Il désigne une commission composée essentiellement de complices de Macias Nguema, dont le tortionnaire Obama Nsue Mengue, dit *Mbato* (le gourdin), aujourd'hui ambassadeur de Guinée Équatoriale au Gabon, pour pondre une Constitution, sans aucune participation populaire. Cette « constitution » est soumise au vote des prisonniers du nguemisme milieu août 1982, avant même que le texte ne soit publié dans *Ebano,* le seul périodique paraissant occasionnellement dans le pays. Et dans des urnes encadrées par l'armée, la population affolée a déposé un oui (le bulletin « non » était d'une autre couleur !), sans se rendre compte qu'ainsi était simultanément adoptée une clause complémentaire à la Constitution, par laquelle Obiang Nguema se faisait « plébisciter » président de la République pour un terme de sept ans. Commentant cette farce, la Commission Internationale des Juristes (C.I.J.), dans un document transmis à la *Commission des Droits de l'Homme*, écrit que « Du temps de Macias Nguema l'État était gouverné sans lois, par des règlements purement arbitraires »; aujourd'hui, les dispositions de la nouvelle Constitution « rappellent ce qui s'est fait au Chili... en 1980... [et] de la même façon, en novembre 1982, en Turquie »[41].

En octobre 1982, Obiang Nguema remaniait son gouvernement, le transformant en un organisme civil (tout en gardant les mêmes hommes, la plupart militaires, ou membres de l'ex-milice et instruments de la terreur que fut la *Juventud en marcha con Macias).* Dans son analyse déposée en février 1983, la Commission Internationale des Juristes (Genève) déclare la nouvelle Constitution nguemiste comme parfaitement dictatoriale, outrancièrement [p. 28] présidentielle et gravement lacunaire (notamment parce qu'elle évacue le droit d'association); un document, démontre-t-elle, imposé au pays au nez de l'opinion publique.

Pendant qu'Obiang Nguema organisait à l'intérieur ce simulacre de démocratie, à l'intention de l'extérieur, sa junte mettait à profit la visite papale. C'est ainsi qu'on annonça en juillet 1982 la frappe par la Banque centrale de 50 000 pièces d'or équato-guinéennes, de deux onces chacune, à l'effigie du pape Jean-Paul II, sculptée par le peintre-sculpteur ouest-allemand Linus, et d'une pièce similaire en argent. Un prospectus multicolore fut alors distribué en R.F.A. En bons fils de l'Église universelle, les autocrates nguemistes laissaient entendre qu'une partie des revenus de cette pièce, la plus grande jamais réalisée, serait mise à la disposition du Vatican pour ses bonnes œuvres dans le Tiers-Monde. Par ailleurs, le 18 février, date de la visite papale, sera dorénavant jour férié officiel.

L'intérêt que montrent depuis 1979 les démocraties occidentales pour la Guinée Équatoriale va sans nul doute attirer d'autres personnalités que Jean-Paul II dans le petit État du Golfe de Guinée. Jusqu'à la petite Suisse qui s'est sentie subitement émue par le délabrement, dû aux nguemistes, de la léproserie de Mikomeseng (qui a cessé de fonctionner dès 1973) et qui a engagé un million de francs suisses (1/2 Mo de dollars) pour sa remise en état; alors que l'on sait que les hommes qui ont organisé la destruction du pays sont toujours là, sinon qu'ils ont renversé les alliances. Malheureusement, cette présence occidentale, laïque et religieuse, ne modifie en rien l'écrasement du peuple équato-guinéen par une bande au pouvoir depuis 1968. « Alors que bien des pays ont été attirés par les richesses minières et agro-forestières ou par la situation stratégique de la Guinée Équatoriale, ils n'y font rien pour garantir la protection des droits du peuple. Les "affaires intérieures" ne sont intéressantes pour eux que dans la mesure où elles protègent leurs intérêts, non les populations dépouillées de leurs droits et soumises par une tyrannie barbare qui règne dans le pays »[42].

Ainsi, de l'avis de tous les observateurs sérieux, rien n'a changé en Guinée Équatoriale, et « la dictature continue »[42]. C'est pourquoi, en sa 39ᵉ session, la *Commission des Droits de l'Homme* a décidé de maintenir à l'étude, pour 1984, le cas de la Guinée équatoriale sous le point 12 : « Questions de violation des droits de l'homme et des libertés fondamentales », soit deux ans après la visite du pape Jean-Paul II à Malabo et à Bata.

Il est probable que la visite de Jean-Paul II n'a pas eu l'effet d'une « nouvelle Pentecôte »[43] pour le peuple de Guinée Équatoriale, tant à l'intérieur que dans la diaspora. La priorité de l'Église romaine, clairement indiquée par le pape, semble être, pour les « chers peuples » d'Afrique noire l'entreprise d'évangélisation, la quête d'âmes; le fait qu'au cœur du périple de février 1982 se soit trouvé le Nigeria n'est pas un hasard. La poussée de l'Islam est dans ce pays plus sensible que dans d'autres. Devant le silence du pape sur les problèmes raciaux en Afrique australe, les leaders religieux musulmans du Nigeria ont flairé le but prosélytique de sa visite et ont refusé d'assister à la rencontre prévue à Kabula, attitude qui a été ressentie par Jean-Paul II comme une humiliation[44]. Le problème musulman ne se posait évidemment pas en Guinée Équatoriale, sinon peut-être au Gabon.

L'avenir montrera si le Souverain Pontife a su transmettre à T. Obiang Nguema et à ceux qui l'entourent le souffle évangélique nécessaire pour soulever la montagne d'oppression sous laquelle ils écrasent le peuple depuis quinze ans. Un souffle démocratique aurait pu faire l'affaire d'une réconciliation nationale, à travers une Assemblée constitutionnelle représentative de tous les milieux[45]; mais en été 1982 la dictature nguemiste en a décidé autrement et perdu sa dernière chance de faciliter la réconciliation nationale.

Que la Guinée Équatoriale reste dans la sphère d'influence espagnole, ou bascule dans celle de la France, rien n'y changera aussi longtemps que les seuls intérêts économiques – qu'ils soient exprimés par des amis de gauche ou de droite – justifient ces mésalliances. Le voyage du pape Jean-Paul II n'a, hélas, rien modifié à cette réalité, sinon qu'il a renforcé la détermination de l'A.N.R.D. d'œuvrer à la destruction du nguemisme. Le quadrillage du pays par la résistance à la dictature est présentement réalisé, au point qu'un gouvernement réellement démocratique devrait pouvoir succéder à Obiang Nguema avant même que ne s'achève son septennat. Puisse ce retour à une République démocratique se faire sans effusion de sang.

C'est la grâce que nous souhaitons à la Guinée Équatoriale.

Notes

1. L. Hurbon, « Les contradictions de l'Église sous la dictature de Duvalier », *Le Monde*, Paris, 9 mars 1983, p.4; et d'ajouter : « Cette visite ne vient-elle pas

s'intégrer dans le cadre d'une Église concordataire, parfaitement à l'aise aujourd'hui et qui proclame à cor et à cri l'harmonie enfin réalisée "du spirituel et du temporel" en Haïti. »

2. J.-M. Ela (Rév.), *Le cri de l'homme africain. Questions aux chrétiens et aux églises d'Afrique*, L'Harmattan, Paris, 1980, 168 p. (p. 8).

3. Régime auquel ont activement participé tous les hommes qui sont aujourd'hui au pouvoir, après la révolte de palais d'août 1979. C'est le régime monopolisé par la seule famille Macias Nguema [Esangui] et alliées du Wele-Nzas, à l'Est du Rio Muni. Avec ses nombreux caractères fascistes, ce régime a été qualifié de « nguémisme », par analogie avec franquisme. Pour une approche détaillée des faits et gestes des dictateurs nguemistes et de leurs complices, cf. M. Liniger-Goumaz, *Guinée Équatoriale. De la dictature des colons à la dictature des colonels*, Les Editions du Temps, Genève, 1982, 224 p., ill., cartes, indexes, bibliographies.

4. *Op. cit.*, pp. 90-91.

5. Le jugement du père Ela était corroboré en juin 1981 par celui de Ph. Decraene, de retour de Malabo : « Peu attentif aux violations constantes des droits de l'homme en ce pays, le gouvernement de M. Raymond Barre avait compris tous les profits qu'une minorité d'hommes d'affaire français pouvait tirer d'un État qui, sous prétexte de contrebalancer l'influence des pays de l'Est, multipliait [?] les avances en direction de Paris », « Tensions internes et convoitises étrangères », *Le Monde diplomatique*, Paris, juin 1981, p. 10.

6. M. Graullera utilise le terme de macisme en lieu et place de nguemisme. « ... Le passage de Macias [Nguema] à Obiang [Nguema] ne suppose pas la disparition du macisme. Selon ce que j'ai pu constater personnellement, le macisme avait un sens de destruction et de privilège. Le système de destruction a été freiné avec le départ de Macias [Nguema], mais le système de privilège sera lui difficile à détruire... Ce qui est véritablement grave en ce moment en Guinée [équatoriale], c'est qu'on n'utilise toujours pas les organes compétents pour exercer les fonctions de l'État, étant donné que pour l'exercice de ces fonctions on utilise des personnes qui n'ont pas de compétences administratives, et qui exercent un pouvoir parallèle ». Quant aux relations de la dictature nguemiste civile et l'Église, Graullera dit : « Macias [Nguema] d'après ce que l'on m'a raconté était un paranoïaque sectoriel qui ne réagissait violemment que face à deux thèmes : l'Espagne et l'Église », « El último virrey », *El País semanal*, 233, Madrid, 27 septembre 1981, pp. 11-14.

7. Cl. Wauthier, « L'espoir déçu », *Jeune Afrique*, Paris, 9 septembre 1981, pp. 50-51.

8. I. Olivares, « Guinea Ecuatorial : miedo, miseria y corrupción », *Interviú*, VII, 342, Madrid, 1-7 décembre 1982, pp. 110-116.

9. R. Pélissier, « La colonisation espagnole en Afrique noire », *Africa*, 146, Dakar, décembre 1982, pp. 35-38, ill.

10. J. Canard, « Réponse à un chargé d'affaires peu banales », *Le Canard enchaîné*, Paris, 9 mars 1983.

11 J.-M. Ela, *op. cit.*, pp. 92-93.

12 *Le Monde*, Paris, 14-15 février 1982, p. 7.

13. Le capitaine Seriche Bioco Dougan, membre du Conseil militaire suprême (C.M.S.), a été ministre des Travaux publics, Habitat et Transports, et occupait depuis le 5 mars 1981 le poste de ministre de la Santé. Il a été élevé au grade de capitaine le 3 février 1981. En octobre 1982, outre Premier ministre, il a été dési-

gné ministre de la coordination interministérielle, chargé du ministère de la Planification, développement économique, et du secteur financier.

14 Mba Oñana est l'organisateur, avec les frères d'Obiang Nguema, des simulacres de complots montés contre le président, qui permettent – comme sous Macias Nguema – d'éliminer les « indésirables ». Mba Oñana, homme à scandales, a été chargé également des Affaires de défense nationale, de Sécurité de l'Etat, et du Secteur politique national. Le simulacre de complot de mai 1983 ne lui est pas non plus étranger.

15. Société internationale des Pères Missionnaires Clarétins, 221 West Madison Street, Chicago (Ill. 60606), U.S.A.

16. Dont il faut provisoirement défalquer la superficie des îles Mbañe, Conga, Cocotiers et le territoire de Kiosi que le Gabon a arrachés à la Guinée Équatoriale par une opération militaire en 1972, dont la presse dit alors qu'elle avait une « odeur de pétrole ».

17. Mgr Nze Abuy, né en 1924, est devenu prêtre en 1954. Après son départ, en 1972, il démissionna de sa charge, en mai 1974, pour éviter des représailles contre les prêtres restés au pays. Le Saint Siège l'a réintégré le 26 juin 1980.

18. Notamment le vicaire du diocèse de Bata A.M. Ndongo, en 1976, alors que la prison de Bata était dirigée par S. Ela Nzeng, clan Nzomo, devenu deuxième vice-président de la République après le coup d'État (et qui est aujourd'hui ambassadeur à Beijing).

19. Anonyme, « Deuxième voyage d'Afrique pour Jean-Paul II », *L'Echo illustré*, Genève, 13 février 1982, p. 6. Ce journal est publié avec le Père André Babel, responsable des émissions catholiques de la *Radio suisse-romande*, comme conseiller religieux. A propos des Nations Unies, cf. M. Liniger-Goumaz, « Nations Unies et régimes autocratiques. Un exemple africain : la Guinée Équatoriale », *Genève-Afrique. Revue de la Société suisse d'études africaines, Institut universitaire d'études du développement*, Genève, 21 septembre 1981, pp. 7-60.

20 C'est par « La liberté reconquise » qu'un lamentable encart publicitaire présente la nouvelle dictature nguemiste dans *Jeune Afrique* (no 1021, 30 juillet 1980). On comprend que *Le Canard enchaîné* ait réprouvé plus récemment, concernant d'autres pays, ce type de « journalisme » vénal.

21. Des 36 participants équato-guinéens à la conférence constitutionnelle, plusieurs ont été assassinés par le régime nguemiste dont les Obiang Nguema, Ela Nzeng, Maye Ela, Mba Oñana, Seriche Bioco Dougan, Ochaga Nve, etc., étaient, et sont encore les piliers.

22. P. Rouquairol, « Deux ou trois choses que je sais de la Guinée Équatoriale », *Le Mois en Afrique*, Paris, octobre-novembre 1981, pp. 54-60 (p. 56).

23. *Le Monde*, Paris, 19 janvier 1982, p. 3; J. Després, « Les "mères" de la place de Mai critiquent l'attentisme de l'Église devant la répression », *Le Monde*, 24-25 janvier 1982, p. 2.

24 A.N.R.D. (Comité central), *Communiqué de l'A.N.R.D. de Guinée équatoriale à l'occasion du voyage du pape Jean-Paul II dans notre pays le 18 février 1982*. En exil, 15 février 1982, 3 p.

25. B. Heimo, « Deux jours avec le pape », *Lausanne-Cité*, 92, Lausanne, 4 mars 1982, p. 20.

26. Anonyme, « Ciascuna chiesa deve essere capace di reggirsi con le propie forze », *L'Osservatore romano*, Cité du Vatican, 18 février 1982, pp. 1-2.

27. Anonyme, « Impregnare ogni energia morale nelle difficile ricostruzione del Paese », *L'Osservatore romano,* Cité du Vatican, 20 février 1982. pp. 1-2
28. J. Arias, « Juan Pablo II fué prudente en los discursos pronunciados ayer en Guinea Ecuatonal. Un piloto soviético tripuló el avión que llevó el Papa », *El País,* Madrid, 19 février 1982.
29. Anonyme, « Porto con me il sonriso dei vostri bambini », *L'Osservatore romano,* Cité du Vatican, 18 février 1982.
30. A.F.P., « Jean-Paul II en Guinée équatoriale », *Journal de Genève,* Genève, 1 février 1982, p. 20.
31. J. Neuvecelle, « Face à face : l'Evangile et la culture africaine », *Gazette de Lausanne,* 15 février 1982, p. 1.
32. En réalité, Mgr Nze Abuy est parti de son propre gré. J. Neuvecelle le confond avec Mgr Gomez Marijuan, l'évêque espagnol expulsé en 1969.
33. J. Ficalier, « Les soubresauts d'une liberté retrouvée », *La Croix,* Paris, 19 février 1982, p. 14.
34. F. Lecambre, « Une aube nouvelle après onze ans de persécution ». *La Croix,* Paris, 9 février 1982, p. 11.
35. J. Ficalier, « Une Afrique en mouvement », *La Croix,* Paris, 11 février 1982, p. 3.
36. J.-M. Ela, *op. cit.,* p. 93.
37. En échange de la renonciation à la reconnaissance par la Guinée Équatoriale du Front Polisario. Depuis le remplacement de Macias Nguema par Obiang Nguema, dans toutes les enceintes internationales (en particulier l'O.N.U. et l'O.U.A.), la diplomatie équato-guinéenne a calqué ses votes sur ceux du Maroc et des Etats-Unis, à l'instar du Gabon, du Zaïre et du Salvador.
38. On aurait pu imaginer qu'Obiang Nguema s'abriterait aussi derrière les deux unités de troupes d'intervention (anti-émeutes) équato-guinéennes (*Grupos Especiales de Operaciones,* G.E.O.), hâtivement formées en Espagne, à Guadalajara. Il n'en est rien. Au contraire : Obiang Nguema voit en eux un risque de nouveau coup d'Etat. Aussi s'en est-il débarrassé dans un premier temps au Rio Muni, et dans un second en les prêtant au régime frère de São Tomé et Principe, soutenu, lui, par l'Union soviétique.
39. I. Olivares, *op. cit.,* p. 115.
40. Commission Internationale des Juristes, *Une nouvelle Constitution en Guinée équatoriale. Déclaration écrite présentée par le Conseil Economique et Social des Nations Unies, Commission des Droits de l'Homme,* 39e Session, Point 12, Genève, 31 janvier 1983. Doc. E/CN.4/1983/NGO/4, 4 p.
41. J.-M. Ela, *op. cit,* p. 91.
42. Cf. *Africa,* Dakar, 1er octobre 1982; le même titre dans *Afrique nouvelle,* Dakar, 2 mars 1983, pp. l2-31.
43. Anonyme, « La visite du Pape : une nouvelle Pentecôte pour l'Église du Gabon », *La Croix,* Paris, 13 janvier 1982, p. 12.
44. J. Arias, « Los líderes religiosos islámicos de Nigeria pusieron en grave apuro al Pontífice », *El País,* Madrid, 17 février 1982, p. 5.
45. C'est ce que ne se lasse pas de répéter le secrétaire général de *l'Alianza Nacional de Restauración Democrática* (A.N.R.D.), le mouvement qui regroupe, à l'intérieur et à l'extérieur, les résistants à la dictature nguemiste, le Prof. C.-M. Eya Nchama. Cf notamment *La Voz del Pueblo. Organo de información de la AN.R.D.*

En exil, janvier 1983, 40 p., qui présente les communiqués qu'elle a publiés entre 1980 et 1982 à propos des agissements d'Obiang Nguema et de ceux qui l'incitent à persévérer. On y lit le communiqué de févrer 1982 à propos du voyage du pape Jean-Paul II en Guinée Équatoriale, et en particulier : « L'A.N.R.D. souhaite faire savoir à Sa Sainteté le pape Jean-Paul II que la Guinée Équatoriale, qui a une population à 90% catholique, ne peut pas décider de son futur... »

V
LA GUINÉE ÉQUATORIALE SELON OBIANG NGUEMA

(Obiang Nguema Mbasogo, Teodoro, *Pensamiento político del Presidente... por discursos y citas*. Departamento de prensa y medios de comunicación de la Presidencia del Gobierno. Imprimerie du Service géographique de l'Armée espagnole, Madrid, 1982, 163 p.)

Il y avait le petit livre vert de Mobutu, celui, vert aussi, des pensées de Ghadhafi. Il y avait, surtout, le petit livre rouge de Mao Zedong. Mais voici le dernier né de ce type d'œuvres éternelles : le petit livre fourbe d'Obiang Nguema, le second dictateur de la Guinée Équatoriale.

Avec son oncle Macias Nguema, Obiang Nguema a, depuis 1968, torturé et pillé le pays, poussant à l'exil un tiers de la population. Dans cette aventure désastreuse ont été détruites, entre autres, les excellentes imprimeries laissées par l'Espagne, en 1968, ainsi que celles montées en 1974 par la Chine populaire; Obiang Nguema a donc dû avoir recours aux presses de l'armée espagnole, armée au sein de laquelle il a reçu un rapide, mais tenace bain franquiste, en 1964-1965.

Que trouve-t-on dans le recueil des dits du chef des centurions du Conseil Militaire Suprême ? Que nous dit le satrape qui a fait tomber le président élu Macias Nguema pour mieux s'installer à sa place ? D'abord, il reprend l'appel du 3 août 1979 qui, derrière l'étiquette d'un prétendu «Coup de la Liberté » a permis d'enfoncer davantage encore la Guinée Équatoriale dans le népotisme de la famille des Nguema du bourg de Mongomo. Suivent une succession d'appels, d'allocutions, de discours, classés en sept chapitres désordonnés, multipliant les répétitions, et culminant par le long propos hypocrite tenu au siège européen des Nations-Unies, le 19 avril 1982, à l'occasion de la Conférence des pays donateurs organisée complaisamment par le P.N.U.D.

Responsable de l'armée et de la prison de la capitale, Malabo, sous son oncle Macias Nguema, Obiang Nguema cherche à se démarquer verbalement en qualifiant le régime corrompu dont il est issu de « régime rétrograde de mon prédécesseur ». Dans son discours au premier anniversaire de la révolte de palais, il fustige ainsi les « pillages, assassinats, tortures, corruption, et le viol constant des Droits de l'Homme » (p. 23), auxquels il a pourtant apporté personnellement sa contribution, et qu'il aide à perpétuer aujourd'hui. Parents d'Obiang Nguema et nguemistes (franquistes locaux) occupent toujours les postes clés. La plupart sont membres des instruments de terreur que sont l'armée et l'ex *Jeunesse en marche avec Macias* (absorbée par la précédente). Obiang Nguema prétend (p. 29) que le peuple a demandé à cette armée, honnie de l'ensemble de la population, de le débarrasser du joug de l'oncle Macias. Et alors que 90 % des postes clé du régime sont détenus par des membres du clan Esangui d'Obiang Nguema, ce dernier affirme (p. 60) que le pays doit être préservé du « risque des menées tribales »...

Le bouquin signale que la Guinée Équatoriale d'Obiang Nguema a renoncé à soutenir le Front Polisario (p. 49); mais on n'y précise pas qu'en échange le Bébé Doc équato-guinéen a obtenu une garde présidentielle marocaine de plusieurs centaines d'hommes, afin de lui permettre d'apaiser la peur quotidienne que lui inspire un peuple hostile. Plus loin, l'héritier de Papa Macias Nguema montre qu'il a proclamé 1982 « Année du travail » (p. 86), après nombre d'appels restés infructueux, dans l'espoir de conjurer la résistance passive des Équato-Guinéens face à la dictature du clan de Mongomo.

Ailleurs, on apprend quelle est la conception que le franquiste Obiang Nguema se fait de la démocratie. Devant le roi Juan Carlos Ier d'Espagne – qu'il continue à appeler « notre Roi » il a déclaré, le 29 avril 1980, à Madrid. « La démocratie positive d'un peuple est quelque chose qui requiert un certain grade de développement social; la possesion et le bénéfice des biens matériels, l'acquisition d'une conscience nationale saine, la concorde et l'unité nationale, sont les conditions nécessaires qui doivent réunir toute société qui aspire à une démocratie constructive. C'est la raison qui impose au *Conseil Militaire Suprême* de conduire d'abord le peuple jusqu'à son développement intégral pour atteindre cette fin ultime ». Combien intéressant serait-il d'obtenir d'Obiang Nguema – qui se pose en docteur ès-démocratie – des définitions claires de : démocratie positive, conscience nationale saine, démocratie constructive, développement intégral d'un peuple. Combien on aimerait le voir exhiber le mandat que le peuple équato-guinéen lui a conféré pour parler ainsi en son nom.

Le 21 juin 1980, la passion démocratique d'Obiang Nguema s'exprimait une nouvelle fois : « La démocratie est un terme équivoque que chaque peuple interprète selon ses propres caractéristiques et en accord avec ses convictions propres; c'est pourquoi aucun pays ne peut s'attribuer valablement le droit exclusif de définir la démocratie avec des prétentions d'universalité. Selon ce concept, les Africains doivent concevoir la démocratie comme l'application d'une théorie tirée de la réalité socio-politique africaine, qui est très différente de la réalité socio-politique des autres peuples. »

« En résumé, la démocratie, en termes commerciaux, est un article qui résiste à toute forme d'importation et d'exportation, et qui ne peut être l'objet de transactions internationales sans être adultéré. Il ne suffit pas qu'on nous indique l'idéal ou ce que nous devons faire, sinon qu'il est plus important de nous convaincre que cet idéal est celui qui nous convient le mieux ». Pas étonnant que le Pinochet équato-guinéen ne voie dans la démocratie qu'une marchandise, lui qui perpétue dans son pays le fascisme franquiste importé de la métropole (alors que cette dernière a retrouvé la démocratie depuis longtemps).

Obiang Nguema, pour perpétuer ce franquisme si éloigné de la réalité socio-politique négro-africaine, a trahi d'autre façon encore. Afin d'assurer sa survie personnelle et la perpétuation de la dictature familiale, il a vendu l'indépendance de son pays au Maroc. En décembre 1982, la journaliste espagnole I. Olivares, fraîchement rentrée de Malabo (Malabo), signalait dans la revue madrilène *Interviú* ce qui suit concernant l'héroïque chef du Conseil Militaire Suprême : « La terreur du président se détecte à tout moment ... Malabo n'est pas plus qu'une petite ville andalouse, et Teodoro [Obiang Nguema] a besoin de 200 hommes – la garde royale marocaine, armée jusqu'aux dents – pour aller de son palais présidentiel au Palais du peuple, qui est pratiquement sur le trottoir d'en face... ». De quoi convaincre tout le monde du niveau d'approbation de sa personne et de son régime par le peuple équato-guinéen.

Or, voici l'homme qui s'exclamait le 2 août 1982 : « Nous entendons que l'étymologie du terme "démocratie" signifie pouvoir du peuple; pour cela nous entendons consécutivement que notre processus de démocratisation doit commencer depuis en bas, soit depuis le village ». C'est pourquoi, « les Forces armées assurent le devoir et la responsabilité de préparer le véritable processus de démocratisation du pays ». On se croirait dans la Turquie du général Evren, ou dans l'Espagne du colonel Tejero, celui qui a violé le Parlement espagnol le 23 février 1982. Remarquons, en passant, qu'une grande partie des conseillers espagnols présents dans la capitale équato-guinéenne ce 23 février 1982 ont fêté le soubresaut fasciste en trinquant au champagne. Faut-il s'en étonner ? « Le malheur de la Guinée Équatoriale – écrivait René Pélissier dans *Africa* (Dakar), en décembre 1982 – provient avant tout du fait qu'une dictature ne peut enfanter un régime raisonnablement démocratique. Le franquisme accoucha d'un Frankenstein anti-hispanique qui ruina son pays et massacra son peuple, et dont les tares ne semblent pas avoir été éliminées par son neveu et successeur. On a pu à bon droit, parler de recolonisation espagnole en Guinée Équatoriale depuis le coup d'État d'août 1979 ». Malheureusement, la république des Suarez et Calvo Sotelo n'a rien trouvé de mieux que de dépêcher auprès des héritiers de Macias Nguema ce qu'elle avait de plus réactionnaire.

Lors de la substitution du dictateur Macias Nguema par Obiang Nguema, ce dernier lança « un appel fervent à tous les Guinéens pour qu'ils oublient le passé » (p. 146). En octobre 1979, il promulgua un décret d'amnistie pour les nationaux réfugiés à l'étranger. Mais le contenu du décret montre clairement que selon les nguemistes, abandonner le pays pour des motifs politiques est un délit. C'est pourquoi, peu de réfugiés ont répondu au miroir aux alouettes des hommes de Mongomo. Le Haut Commissaire des Nations-Unies pour les Réfugiés l'a confirmé en été 1982, lors de l'assemblée générale de son organisme. Effectivement, moins de 15 000 réfugiés, sur les 125 000, sont rentrés, et nombre d'entre eux ont été physiquement malmenés, incarcérés, et sont retournés en exil. Or, que lisons-nous dans la somme des propos d'Obiang Nguema ? « Jusqu'à présent, le nombre des retournés se monte à plus de 100 000, ce qui représente les 90 % de ceux qui étaient à l'extérieur. Les 10 % qui restent encore à l'extérieur y sont pour des raisons particulières et hors de toute motivation politique ou de persécution (...) Aussi pouvons-nous affirmer qu'il n'y a plus de Guinéens exilés hors du pays »... ! Pour le moins, Obiang Nguema reconnaît l'ampleur de la diaspora.

N'allongeons pas, car tout est à l'avenant. Obiang Nguema n'affirme-t-il pas également (pp. 90, 137, 140) que la seconde dictature nguemiste veut accorder une plus grande place à l'éducation que la première, alors que les budgets des trois dernières années démontrent que les montants alloués à l'Éducation ont baissé de 30 %, tandis que le budget global gonflait annuellement de 40 % ?

Faut-il que l'imprimerie du service géographique de l'Armée espagnole soit sous-utilisée pour se prêter à la publication d'un document aussi lamentable. Qu'en pensent le président du gouvernement espagnol socialiste, Felipe Gonzalez, et son ministre des Affaires étrangères Fernando Moran ? F. Moran écrivait en 1980, dans son livre *Una política para España* : « Il faut admettre sans réserve que la nouvelle classe sera nationaliste – ou alors la Guinée Équatoriale n'atteindra pas son identité nationale – et que dans sa composition les exilés joueront le rôle essentiel ». On attend, pour juger le nouveau gouvernement espagnol, de voir quels changements il saura induire en vue de la défascisation de l'ex-colonie.

VI

DICTATURE ET CONVOITISES
LES TITRES DE LA PRESSE INTERNATIONALE.

Nouveaux indices d'histoire immédiate (1982-1983)

Un premier essai de ce type – après le remplacement du dictateur Macias Nguema par son neveu Obiang Nguema, suite à une révolte de palais, en 1979 – démontre par la seule vertu des titres de la presse internationale la permanence du pouvoir autocratique de la famille des Nguema du bourg de Mongomo[1]. Du même coup apparait le rôle important de la presse; au fil des semaines, elle fournit des orientations qui dépassent le simple quotidien pour tracer, en filigrane, les tendances profondes du long terme.

Les précédents essai d'histoire immédiate ont permis de tirer les leçons suivantes de trois ans de dictature post-Macias Nguema :

– « Le régime Macias Nguema n'est pas mort et perdure à travers Obiang Nguema et ses acolytes, pratiquement tous à des places de responsabilité depuis de nombreuses années.
– La situation interne de la Guinée Équatoriale continue à se dégrader – en dépit des aides diverses – et ouvre au pays la perspective d'un nouveau chaos.
– La dictature clanique et militaire de Obiang Nguema et de ses cousins ne reste en place que parce qu'elle fait le jeu des intérêts néo-coloniaux de certaines puissances occidentales après que la dictature civile/militaire de Macias Nguema ait répondu aux intérêts néo-coloniaux du monde soviétique.
– Après avoir promis de changer la Guinée Équatoriale en un an, les neveux et émules de Macias Nguema évoquent depuis 1981 un terme de cinq ans, si l'Espagne – ou la France – veulent bien les prendre en charge. La reconstruction nationale, en collaboration avec ces deux démocraties occidentales, n'est toutefois pas compatible avec le retour à un régime démocratique.
– Le peuple équato-guinéen (...) continue dans cet espoir lointain, à souffrir de nombreuses privations de liberté et de privations matérielles; il est, de plus, rendu fragile, en raison du fait que les élites survivantes sont pratiquement toutes dans la diaspora, qui représente le tiers de la population totale.
– Le silence onusien, tout comme le silence vatican, le silence yankee, le silence soviétique, le silence chinois, l'ex-silence giscardien, le silence Mitterrand, tous ces silences se traduisent par l'absence dans la presse

internationale de leur désapprobation des violations des droits de l'homme et de la démocratie en Guinée Equatoriale.

Nous allons tenter ici une nouvelle expérience, qui porte sur toute l'année 1982 et le début de 1983. Le but de cet exercice n'est pas de démontrer l'affligeante véracité de nos pronostics. Il s'agit plutôt de vérifier si l'étape 1982-1983 est véritablement l'année charnière dans les relations internationales de la Guinée Équatoriale que laissait deviner la présentation antérieure.

Avant d'énumérer chronologiquement les titres qui cernent le mieux chaque situation, voici d'abord la liste des périodiques et organismes porteurs des messages les plus significatifs pour la période considérée :

Périodiques

ABC, Madrid – *Actual*, Madrid – *Africa*, Dakar – *Africa Now*, Londres – *Afrique nouvelle*, Dakar – *Agence France Presse*, Paris – *Agence Télégraphique suisse*, Berne – *Bulletin d'Afrique*, Paris – *Cambio 16*, Madrid – *Cameroon Tribune*, Yaoundé – *Canard enchaîné Le*, Paris – *Coopération*, Bâle – *Correo catalan*, Barcelone – *Courrier, Le*, Genève – *Croix, La*, Paris – *Diario 16*, Madrid – *Ebano*, Malabo – *Impartial, L'*, La Chaux-de-Fonds – *Index on Censorship*, Londres – *International Commission of Jurists Review*, Genève – *Interviú*, Madrid – *Marchés tropicaux*, Paris – *Mediterráneo, El*, Castellón – *Monde, Le*, Paris – *Nueva España, La*, Oviedo – *Osservattore romano*, Cité du Vatican – *Pais, El*, Madrid – *Peuples noirs-Peuples africains*, Paris – *Pyong Yang Times, The*, Pyongyang – *Remarques africaines*, Bruxelles – *Sábado gráfico*, Madrid – *Sal y Pimienta*, Madrid – *Semaine internationale*, Genève – *Soleil, Le*, Dakar – *Sur/Oeste*, Séville – *Télégraphe de Brest et de l'Ouest, Le*, Brest – *Tribune de Genève, La*, Genève – *Union, L'*, Libreville – *Vanguardia, La*, Barcelone – *Voz del Pueblo, La, Organo de la A.N.R.D.*, exil – *West Africa*, Londres – *World Bank News*, Washington – *Ya*, Madrid

Organismes

Agence France Presse, Paris – Agence Télégraphique suisse, Berne – Alianza Nacional de Restauración Democrática de Guinea Ecuatorial (A.N.R.D.), en exil – Commission Internationale des Juristes, Genève – Nations Unies, New York et Genève – Pax Romana, Rome

Sur les quarante-trois périodiques (de vingt-deux villes et de quinze pays différents) qui ont fait l'information sur la Guinée Équatoriale en 1982-1983, treize sont espagnols. Cela confirme le fait que présentement encore on a intérêt à passer par Madrid pour suivre les événements de l'ex-colonie espagnole. Mais nous verrons plus bas qu'il en sera peut-être autrement dans un avenir proche, compte tenu des pressions francophiles. Voici les titres significatifs retenus :

1982

Janvier

3 « L'enfer de la terreur nguemiste[2]. La Guinée Équatoriale », *Peuples noirs-Peuples africains*, Paris.
« El presidente de Guinea Ecuatorial proclama 1982 como "año del trabajo" » (Le président de Guinée Équatoriale proclame 1982 "année du travail")[3], *El País,* Madrid.
5 « Jean-Paul II invité en Guinée Équatoriale », *La Croix*, Paris.
16 « Alto funcionario guineano busca asilo en España [S. Moto Nsa] » (Un haut fonctionnaire équato-guinéen demande l'asile politique à l'Espagne), *Diario 16,* Madrid.
26 « La valija diplomática española abierta en Guinea Ecuatorial » (La valise diplomatique espagnole ouverte en Guinée Équatoriale), *El País,* Madrid.
28 « Después de la violación de la valija diplomática por un jefe de seguridad del presidente Obiang [Nguema]. Miedo de los Españoles en Guinea Ecuatorial » (Après la violation de la valise diplomatique par un chef de, la sécurité du président Obiang Nguema. La peur des Espagnols en Guinée Équatoriale), *Diario 16,* Madrid.

Février

1 « News from Equatorial Guinea » (Nouvelles de Guinée Équatoriale), *Index on Censorship,* Londres.
« Equatorial Guinea : the "Mongomo" still rules » (Guinée Équatoriale: Mongomo continue à faire la loi), *New African*, Londres.
« Communiqué de l'A.N.R.D. de Guinée Équatoriale à l'occasion du voyage du Pape Jean-Paul II dans notre pays le 18 février 1982 », *Tribune de Genève,* Genève.
«Pro-sovietic pressure» (Pression pro-soviétiques), *West Africa,* Londres.
13 « Imnovilizadas las cuentas bancarias de Guinea Ecuatorial en España » (Les comptes bancaires de la Guinée Équatoriale bloqués en Espagne), *El País,* Madrid.
16 « Le Pape en Guinée Équatoriale. Un pays en état de siège, rappelle l'opposition », *Agence Télégraphique Suisse,* Berne.
17 « En marge de la visite de Jean-Paul II en Guinée Équatoriale. Un appel de l'opposition », *Le Courrier,* Genève.
18 « Porto con me il sonriso dei vostri bambini » (J'emporte avec moi le sourire de vos enfants), *L'Osservatore romana,* Cité du Vatican.
19 « Le sombre souvenir de l'État athée », *Le Monde,* Paris.
« Juan Pablo II fué prudente en los discursos pronunciados en Guinea Ecuatorial. Un piloto soviético tripuló el avión que llavó el Papa » (Jean-Paul II fut prudent dans les discours prononcés hier en Guinée Équatoriale. Un pilote soviétique conduisait l'avion qui transportait le Pape), *El País,* Madrid.

Mars

1 « Une délégation équato-guinéenne de pétroliers à Libreville », *L'Union,* Libreville.

« Laying the gost of Macias » (Abattre le fantôme de Macias [Nguema]), *West Africa,* Londres.

5 « Intento de relanzamiento de las relaciones entre España y Guinea Ecuatorial tras la visita de Seriche [Bioco] » (Tentative de relance des relations entre l'Espagne et la Guinée Équatoriale grâce à la visite de Seriche Bioco), *El País,* Madrid.

7 « Fracasa la visita del vice presidente guineano » (La visite du vice-président équato-guinéen échoue), *Diario 16,* Madrid.

14 « El Presidente de Guinea almuerza con el Rey » (Le président de la Guinée Équatoriale déjeune avec le roi), *Ya,* Madrid.

« Obiang [Nguema] estudia la cooperación guineo-española » (Obiang Nguema étudie la coopération guinéo-espagnole), *El País,* Madrid.

« España y Guinea establecen un nuevo estatuto del cooperante y concretan la ayuda española » (L'Espagne et la Guinée Équatoriale établissent un nouveau statut du coopérant et concrétisent l'aide espagnole), *El País,* Madrid.

21 « Coopération espagnole pour le contrôle économique », *Marchés tropicaux,* Paris.

29 « Se reducirá la cooperación de Madrid con Malabo » (On va réduire la coopération de Madrid avec Malabo), *Diario 16,* Madrid.

30 « Guineanos en dificil situación » (Guinéens en situation difficile), *Ya,* Madrid.

« Que ocurre en Guinea ? » (Que se passe-t-il en Guinée Équatoriale ?), *El País,* Madrid. [PAGE 24]

« España impone condiciones para la cooperación con Guinea Ecuatorial. Obiang [Nguema] sigue negándose aceptar asesores económicos con poderes decisorios ejecutivos » (L'Espagne impose des conditions pour la coopération avec la Guinée Équatoriale. Obiang Nguema continue à refuser d'accepter des conseillers économiques dotés de pouvoirs de décision exécutifs), *El País,* Madrid.

« Diplomáticos guineanos condenados por tráfico de drogas [A. Mba Ndong, C. Nvono Nka] »[4] (Diplomates équato-guinéens condamnés pour trafic de drogue), *ABC,* Madrid.

Avril

« Le régime qui a assassiné toutes les personnalités importantes de la Guinée Équatoriale est le même que celui qui vient mendier de l'argent auprès de la Communauté internationale », *Agence France Presse,* Paris.

« Spanish return to Equatorial Guinea. Equatorial Guinea's dire economic position has allowed the former colonial power to mowe back » (Le retour de l'Espagne en Guinée Équatoriale. L'économie désastreuse de la Guinée

Équatoriale a permis à l'ancienne puissance coloniale d'effectuer un retour), *Africa Now,* Londres.

« Restringido el aceso al único almacen realmente surtido de Malabo. No hay manera de comprar comida » (L'accès au seul magasin réellement approvisionné de Malabo est limité. Il n'y a plus moyen d'acheter de la nourriture), *Diario 16,* Madrid.

« Guinea Ecuatorial cuenta con apoyo económico marroquí » (La Guinée Équatoriale compte sur l'appui économique marocain), *El País,* Madrid.

2 « Marruecos y Guinea Ecuatorial refuerzan su cooperación » (Le Maroc et la Guinée Equatoriale renforcent leur coopération), *El País,* Madrid.

« Suspendido el servicio de "Aviocar" del Ejercito español en Guinea » (Les services de l'« Aviocar » de l'Armée espagnole sont suspendus en Guinée Équatoriale), *El País,* Madrid.

« Las cuentas del Banco de Guinea en España no estan bloqueadas » (Les comptes de la Banque de Guinée Équatoriale en Espagne ne sont pas bloqués), *El País,* Madrid.

5 « 10 000 millones evaporados » (10 000 millions [de pesetas] évaporés), *Diario 16,* Madrid.

7 « El Presidente Obiang [Nguema] quiere dirigirse a las Córtes ». (Le président Obiang Nguema souhaite s'adresser au Parlement espagnol), *ABC,* Madrid.

16 « Oficial guineano disparó contra un avión español » (Un officier équato-guinéen a tiré sur un avion espagnol), *Diario 16,* Madrid.

17 « Guinea, sin caridad » (La Guinée Équatoriale, sans charité), *Diario 16,* Madrid.

« Muy avanzados los sondeos mineros de la empresa Adaro en Guinea » (Les sondages miniers de l'entreprise Adaro sont très avancés en Guinée Équatoriale), *El País,* Madrid.

19 « Great Leader President Kim II Sung, receives Equatorial Guinean Supreme Military Council Chairman's Special Envoy » (Le Grand Leader, le Président Kim II Sung, accueille l'envoyé spécial du président du Conseil Militaire Suprême de Guinée Équatoriale)[5], *The Pyong Yang Times,* Pyongyang.

« Conférence internationale sur l'assistance à la Guinée Équatoriale », *La Semaine internationale,* Genève.

20 « Guinea Ecuatorial busca en Ginebra ayuda internacional para la reconstrucción del País » (La Guinée Équatoriale cherche à Genève de l'aide pour la reconstruction du pays), *El País,* Madrid.

« Le président de la Guinée Équatoriale à Genève. Les promesses de l'homme au sceptre », *La Tribune de Genève,* Genève.

« Les Nations Unies veulent venir en aide à la Guinée Équatoriale. Mais ce pays ruiné par l'ancien dictateur "Papa Macias" est-il vraiment sur une voie démocratique ? », *La Tribune de Genève,* Genève.

21 « España mantendrá su ayuda a Guinea » (L'Espagne poursuivra son aide à la Guinée Équatoriale), *Diario 16,* Madrid.
22 « España asume la décima parte del programa de ayuda a Guinea » (L'Espagne couvre le dixième de l'aide à la Guinée Équatoriale), *Diario 16,* Madrid.
« Concluyó en Ginebra la Conferencia de Donantes de Guinea Ecuatorial. Cubierta gran parte de la ayuda pedida por Malabo » (Achèvement à Genève de la Conférence des Donateurs de la Guinée Équatoriale. Une grande part de l'aide demandée par Malabo a été couverte), *El País,* Madrid.
« Noventa millones de dólares para Guinea Ecuatorial » (Quatre-vingt-dix millions de dollars pour la Guinée Équatoriale), *Sur/Oeste,* Séville.
23 « Droits bafoués en Guinée Équatoriale », *La Tribune de Genève,* Genève.
26 « $141 m. UN target » (141 Mo de dollars. La cible des Nations Unies), *West Africa,* Londres.
28 « La subasta para adjudicar la explotación se celebrará el proximo agosto en Malabo. Excelente calidad del petróleo de Guinea Ecuatorial segun los estudios de la empresa mixta Gepsa » (Les enchères pour l'adjudication de l'exploitation [du pétrole] aura lieu en août prochain à Malabo. Excellente qualité du pétrole de Guinée Équatoriale, selon les études de l'entreprise mixte Gepsa), *El País,* Madrid.
29 España solicita apoyo, económico internacional para Malabo» (Appui économique international pour Malabo, demandé par l'Espagne), *ABC,* Madrid.
30 « Gepsa espera delimitar los pozos antes de final de año. Las cantidades de petróleo encontradas en Guinea son mínimas » (Gepsa[6] espère délimiter les puits avant la fin de l'année. Les quantités de pétrole trouvées en Guinée Équatoriale sont minimes), *El País,* Madrid
« Moises Mba [Ada] niega su vinculación al golpe de estado en Guinea » (Moïses Mba Ada nie tout lien avec le coup d'État de Guinée Équatoriale)[7], *El País,* Madrid.

Mai

5 « La izquierda se opone en el Congreso a los créditos para la ayuda a Guinea » (La gauche [espagnole] s'oppose aux crédits pour l'aide à la Guinée Équatoriale dans le cadre du Parlement)[8], *El País,* Madrid.
« Embargo de dos buques guineanos » (Embargo sur deux navires équato-guinéens), *La Vanguardia,* Barcelone.
11 « Obiang [Nguema] pretende conseguir más ayuda de España y la vuelta de los inversores a la antigua colonia » (Obiang Nguema veut obtenir plus d'aide de l'Espagne ainsi que le retour des investisseurs dans l'ancienne colonie), *El País,* Madrid.
13 « El presidente de Guinea visita España » (Le président de la Guinée Équatoriale en visite en Espagne), *El País,* Madrid.

« España debe potenciar su presencia cultural en Guinea » (L'Espagne doit renforcer sa présence culturelle en Guinée Équatoriale), *ABC,* Madrid.
« Prudencia con Guinea » (Prudence avec la Guinée Équatoriale), *El País,* Madrid.
« Si el Presidente Obiang Nguema ofrece algunas garantías económicas, el Banco de España podra desbloquear las cuentas de Guinea Ecuatorial » (Si le président Obiang Nguema offre quelques garanties économiques, la Banque d'Espagne pourrait débloquer les comptes de la Guinée Équatoriale), *ABC,* Madrid.
« L'O.N.U. en Guinée Équatoriale »[9], *La Coopération,* Bâle.
14 « Madrid y Malabo revisan, poco a poco, los problemas de cooperación » (Peu à peu, Madrid et Malabo révisent les problèmes de coopération), *ABC,* Madrid.
15 « Obiang Nguema asegura a Calvo Sotelo que España seguirá recibiendo el trato preferencial en sus relaciones con Guinea » (Obiang Nguema assure Calvo Sotelo que l'Espagne continuera à bénéficier d'un traitement préférentiel dans ses relations avec la Guinée Équatoriale), *El País,*
« Me llevo una impresion alentadora. El leader guineano ha obtenido nuevas promesas de cooperación » (J'emporte une impression d'encouragement. Le chef équato-guinéen a obtenu de nouvelles promesses de coopération), *La Vanguardia,* Barcelone.
16 « El Gobierno favorece las inversiones en Guinea Ecuatorial » (Le gouvernement espagnol favorise les investissements en Guinée Équatoriale), *El País,* Madrid.
17 « El reino de los cráneos » (Le règne des crânes), *Cambio 16,* Madrid.
22 « Si España accede a su repatriación, podra ser fusilado en Malabo. Comerciante guineano opuesto a Obiang [Nguema] detenido, en Madrid » (Si l'Espagne accepte son rapatriement, il pourra être fusillé à Malabo. Un commerçant équato-guinéen opposé à Obiang Nguema détenu à Madrid), *Diario 16,* Madrid.

Juin

28 « L'ombre de Macias [Nguema] », *Remarques africaines,* Bruxelles.
« La Guinée Équatoriale et les valeurs humaines », *L'Impartital,* La Chaux-de-Fonds.

Juillet 1982

16 « ¿ Chapear ? No "guru-guru"; ¿ Petroleo para qué ? » (Faucher ? Finie, la combine ? Du pétrole, pourquoi ?), *Actual,* Madrid.

Août

4 « La nueva constitución de Guinea Ecuatorial resfuerza la figura del presidente » (La nouvelle Constitution de Guinée Équatoriale renforce le rôle du président), *ABC,* Madrid.

6 « Guinea tendrá constitución en octubre » (La Guinée Équatoriale aura une Constitution en octobre), *Correo catalan,* Barcelone.
7 « Merienda de negros ante las narices de Obiang [Nguema] » (Gros désordres [escroqueries] sous le nez d'Obiang Nguema), *Interviú,* Madrid.
9 « Obiang [Nguema] denuncia la corrupción del poder. El presidente esta decidido a democratizar Guinea Ecuatorial » (Obiang Nguema dénonce la corruption du régime. Le président Obiang Nguema est décidé de démocratiser la Guinée Équatoriale), *La Vanguardia,* Barcelone.
11 « Corrupción en Guinea » (Corruption en Guinée Équatoriale) », *El País,* Madrid.
13 « La Guinée Équatoriale sur la voie de la relance économique, avec l'aide extérieure », *Marchés tropicaux,* Paris.
« Importants progrès dans l'industrie du bois[10] » *Marchés tropicaux,* Paris.
15 « Hoy se celebra el referendum constitucional. Amplias medidas para garantizar el orden público » (Aujourd'hui a lieu le référendum constitutionnel. Importantes mesures prises pour garantir l'ordre public), *La Vanguardia,* Barcelone.
« Hacia un régimen presidencial » (Vers un régime présidentiel), *La Vanguardia,* Barcelone.
16 « Lluvia y colas ante las urnas » (Pluies et queues devant les locaux de vote), *La Vanguardia.*
« Normalidad en el referendum sobre la Constitución equato-guineana » (Déroulement normal du référendum sur la Constitution équato-guinéenne), *El País,* Madrid.
« Obiang Nguema, el presidente de Guinea Ecuatorial. Humor o injuria » (Obiang Nguema, le président de la Guinée Équatoriale. Humour ou avanie), *Cambio 16,* Madrid.
« Guinea [Ecuatorial] : el poder de Mongomo » (Guinée Équatoriale : le pouvoir [des hommes de] Mongomo), *El País,* Madrid.
18 « La Guinée Équatoriale interdit à nouveau la pêche au thon dans ses eaux : la Communauté européenne engage les négociations », *Le Télégraphe de Brest et de l'Ouest,* Brest.
20 « Impregnare ogni energia morale nella difficile riconstruzzione del Paese » (Mettre en valeur toutes les énergies morales dans la difficile reconstruction du pays), *L'Osservatore romano,* Cité du Vatican.
« Un appel d'un mouvement d'opposition [A.N.R.D] », *Bulletin d'Afrique,* Paris.
23 « Obiang Nguema almorzó ayer con Mitterrand. ». [Obiang a déjeuné hier avec Mitterrand]. *Cambio 16,* Madrid.
26 « La visite du président Obiang Nguema [en France]. La flotte thonière française aura accès aux eaux territoriales de la Guinée Équatoriale », *Le Monde,* Paris.
27 « A los Guineanos les ha caido el Fuero de los Españoles » (Le statut juridique des Espagnols s'est abattu sur les Équato-Guinéens), *Actual,* Madrid.

28 « Trapos sucios en Guinea. Obiang Nguema cercado » (Linge sale en Guinée Équatoriale. Obiang Nguema cerné), *Sal y Pimienta*, Madrid.

Septembre

21 « Guinea Ecuatorial, tema clave de las conversaciones de Ahidjo con el Rey y Calvo Sotelo » (La Guinée Équatoriale, thème clé des conversations entre Ahidjo, le roi et Calvo Sotelo), *El País*, Madrid.
23 « España esta contribuyendo a mantener el régimen dictatorial en Guinea » (L'Espagne contribue au maintien du régime dictatorial en Guinée Équatoriale), *La Nueva España*, Oviedo.
« Obiang Nguema almorzo ayer con Mitterrand en el Elíseo. Francia decidida en intensificar sus relaciones con Guinea Ecuatorial » (Obiang Nguema a déjeuné hier avec Mitterrand à l'Élysée. La France est décidée à intensifier ses relations avec la Guinée Équatoriale), *ABC*, Madrid.
27 « El presidente de Guinea Ecuatorial se entrevistó ayer con Calvo Sotelo » (Le président de la Guinée Équatoriale a eu hier une entrevue avec Calvo Sotelo), *El País*, Madrid.
28 « España mantendrá su papel prioritario en la ayuda a Guinea Ecuatorial » (L'Espagne continuera à jouer un rôle prioritaire dans l'aide à la Guinée Équatoriale), *El País*, Madrid.

Octobre

4 « La dictature continue », *Africa*, Dakar.
« Obiang [Nguema] plays Paris against Madrid » (Obiang Nguema joue Paris contre Madrid), *West Africa*, Londres.
12 « A l'occasion du treizième anniversaire de l'indépendance, le président Obiang Nguema Mbazogo invite ses compatriotes à suivre le modèle camerounais », *Cameroon Tribune*, Yaoundé.
24 « Cameroun-Guinée Équatoriale. Une volonté commune de renforcer la coopération et l'amitié », *Cameroon Tribune*, Yaoundé.
25 « Ekwueme's visit to Equatorial Guinea » (La visite d'Ekwueme en Guinée Équatoriale)[11].

Novembre

26 « Le Tchad et la Guinée Équatoriale invités en observateurs au sommet [de l'U.D.E.A.C.] de Yaoundé », *Cameroon Tribune*, Yaoundé.

Décembre

1-7 « Guinea Ecuatorial : miedo, miseria y corrupción » (Guinée Équatoriale : peur, misère et corruption), *Interviú*, Madrid.
11 « Queda disuelto el Consejo Militar supremo y la Junta Técnica [le 18 octobre] » (Le Conseil Militaire Suprême et le Conseil Technique sont dissouts)[12], *Ebano*, Malabo.
« El presidente Obiang Nguema presenta la formación del primer Gobierno de la III República. Aparecen varios superministerios » (Le président

Obiang Nguema présente la formation du premier Gouvernement de la IIIe République. Divers super-ministères apparaissent), *Ebano,* Malabo.
« New Constitution in Equatorial Guinea » (Nouvelle Constitution en Guinée Équatoriale), *International Commission of Jurists Review,* Genève.
12 « Los "angeles" de Obiang [Nguema] » (Les "anges" d'Obiang Nguema [gardes du corps]), *Sábado Gráfico,* Madrid.
16 « La protection des réfugiés, un devoir moral », *Le Soleil,* Dakar.
19-20 « Le principe de l'adhésion de la Guinée Équatoriale [à l'U.D.E.A.C.] a été accepté », *Cameroon Tribune,* Yaoundé.
21 « Guinea Ecuatorial va a integrarse en el Africa francófono » (La Guinée Équatoriale s'apprête à joindre l'Afrique francophone), *El País,* Madrid.

1983

Janvier

1 « Nuestro editorial : Tres años de maniobras de Teodoro [Obiang] Nguema, de miedo, de incapacidad, de engaños, de contradicciones, de vergüenza » (Notre éditorial : trois années de manœuvres de Teodoro Obiang Nguema, de peur, d'incompétence, de tromperie, de contradictions, de honte), *La Voz del Pueblo,* en exil.
5 « Guinea Ecuatorial semi paralizada por la falta de gasóleo ». (La Guinée Équatoriale à demi-paralysée par manque de carburant), *El País,* Madrid.
24 Equatorial Guinea : U.D.E.A.C. membership accepted » (Guinée Équatoriale : acceptée comme membre de l'U.D.E.A.C.), *West Africa,* Londres.

Février

14 « Equatorial Guinea : Madrid bank accounts frozen » (Guinée Équatoriale : comptes bancaires à Madrid gelés), *West Africa,* Londres.
16 « Chaud, chaud, l'Equateur », *Le Canard enchaîné,* Paris.
23 « M. Julian Esono Abaga Ada, Ambassadeur de Guinée Équatoriale en France, a été arrêté à la mi-janvier à Malabo », *Le Monde,* Paris.
24 « Acusan a Obiang [Nguema] de seguir violando los derechos humanos en Guinea Ecuatorial » (On accuse Obiang Nguema de violer les droits de l'homme en Guinée Équatoriale), *El País,* Madrid.

Mars

2 « Guinée Équatoriale : la dictature continue » *Afrique nouvelle,* Dakar.

Les 122 titres pour 1982-1983 énumérés ci-dessus[13] suivent les 250 autres titres qui ont permis l'analyse de la période 1979 à début 1982. Voyons alors ce que révèlent les médias sur la quatrième année de la carrière du second dictateur nguemiste.

1. La grande illusion (suite)

Après le renversement du dictateur Macias Nguema par ses neveux et cousins, début août 1979, l'opinion internationale – voire les Équato-Guinéens eux-mêmes – se sont laissés éblouir un instant par le miroir aux alouettes nguemiste. Subtilement, les conseillers espagnols d'Obiang Nguema, avec la bénédiction des États-Unis et de la France, ont inventé pour le nouveau dictateur le slogan de « Coup de la liberté ». Et l'on y croyait d'autant plus volontiers que les accords militaires et de pêche avec l'Union soviétique étaient rapidement résiliés par un Conseil Militaire Suprême composé largement de centurions de Macias Nguema (nombre d'entre eux avaient pourtant été formés en U.R.S.S.). Simultanément, l'assistance technique cubaine – déjà réduite en 1976 par les Cubains eux-mêmes, fortement désillusionnés par le socialisme verbeux des fascistes de Mongomo – tombait à zéro. La Guinée Équatoriale, malgré la persistance d'une aide de la Chine populaire, avec quelque 400 techniciens, semblait avoir repris le chemin raisonnable de la collaboration avec l'ouest.

Pourtant, dès janvier 1982, se multiplient les signes de la continuation du chaos nguemiste : cadres fuyant le pays (dont le Secrétaire d'État à l'Information et au Tourisme, S. Moto Nsa); valise diplomatique espagnole violée au ministère des Affaires étrangères de Malabo (par un garde d'Obiang Nguema, ex-milicien de la *Juventud en marcha con Macias), sous* le regard complaisant du nguemiste passionné Pedro Nsue Ela Eyang, directeur des Affaires européennes. Loin de sévir contre l'Esangui Nsue Ela Eyang, suite aux protestations espagnoles, Obiang Nguema le prend avec lui à la Conférence des pays donateurs organisée à Genève par le P.N.U.D.; et en octobre 1982 il le propulse directeur général des Affaires consulaires et culturelles du même ministère. Pendant ce temps, la presse anglo-saxonne, en particulier, continue à démontrer que les hommes de Mongomo abusent toujours du pouvoir et qu'en Guinée Équatoriale plane encore le fantôme de Macias Nguema.

Il suffit, début mai 1982, du voyage à Madrid du deuxième vice-président de la République et ministre de la Santé, Seriche Bioko (un nguémiste de la première heure, qui sera Premier ministre en octobre 1982) pour qu'une commission mixte hispano-équato-guinéenne tente de stimuler la coopération entre les deux pays. Ce devait être un échec, et Seriche Bioko (un militaire, évidemment), de quitter l'Espagne en faisant un scandale à l'aéroport par son refus de s'acquitter du prix de ses bagages en excédent; qu'à cela ne tienne. Le ministère espagnol des Affaires étrangères, pour éviter des vagues, régla la note. Une semaine plus tard, Obiang Nguema en personne était reçu à déjeuner par le roi, à Madrid. Suit alors une série de douches écossaises où la coopération semble tantôt progresser, tantôt souffrir des réductions. L'Espagne émet le vœu – pour éviter que ne se reproduise la fuite de millions de pesetas dans son ex-colonie – que des conseillers espagnols opérationnels fussent placés dans les ministères stratégiques (Finances, Commerce, Budget). Malabo refusa, arguant de l'honneur national, alors qu'il s'agissait de ne pas faire tarir une des principales sources de revenus des rapaces nguémistes. Sans pressentir que le vent allait bientôt tourner, la diplomatie espagnole signale quelques accords de coopération, portant surtout sur le statut juridique des coopérants. Pourtant, à la même époque, la presse de la péninsule faisait état des risques de nouvelles fuites de fonds, et relatait le mitraillage d'un avion de la coopération espagnole par un officier équato-guinéen, à Bata. En avril 1982, à l'occasion de la Conférence des pays donateurs, l'Espagne était fière d'affirmer qu'elle maintenait son aide à la Guinée Équatoriale, et se flattait même de fournir 10 % des 90 Mo de $ décrochés par le régime nguémiste.

La gauche espagnole eut beau s'opposer aux crédits d'aide à la Guinée Équatoriale, début mai, aux Córtes et *El País* recommander la « prudence avec la Guinée Équatoriale », rien n'y fit. Il suffit qu'Obiang Nguema assurât le Premier ministre Calvo Sotelo de la préférence que son pays continuait à accorder aux relations avec l'ex-métropole, et voici le gouvernement espagnol pris d'une nouvelle frénésie, et décidé à favoriser les investissements au pays des héritiers de Macias Nguema. Il est vrai que la plupart des investisseurs relevaient de l'U.C.D.

Durant l'été 1982, on assista à la multiplication d'informations sur l'intensification des relations économiques de l'Italie, de la France et du Cameroun avec Malabo. Et tandis que *La Nueva España* signalait que l'aide espagnole ne servait qu'à renforcer la dictature, Obiang Nguema, après une visite au Vatican, déjeunait le 24 septembre 1982 à l'Elysée. Le président Mitterrand assura son visiteur de la volonté de la France socialiste d'accroître ses relations avec son pays. Puis, à son passage inévitable à Madrid (Obiang Nguema se déplace dans un avion de l'Armée de l'Air espagnole), il entendit Calvo Sotelo l'assurer de la priorité accordée par l'Espagne à l'assistance à la Guinée Équatoriale.

C'est le 4 octobre 1982 que *West Africa,* à Londres, brisa pour la première fois les illusions ibériques, en montrant qu'« Obiang joue Paris contre Madrid ». Curieusement, tout l'automne 1982 la presse espagnole fait pratiquement silence, le temps de se réveiller vers Noël en se rendant compte qu'une nouvelle fois la diplomatie espagnole avait perdu la partie : « La Guinée Équatoriale s'apprête à joindre l'Afrique francophone », avoue alors abruptement *El País,* le 21 décembre.

Mais les illusions sont aussi du côté de la France – qui n'a pas encore digéré le fait d'avoir dû laisser le Rio Muni et Fernando Poo à l'Espagne, au Traité de Paris, en 1900. Avec ses alliés de l'U.D.E.A.C., elle imagine que la Guinée Équatoriale de la dictature nguémiste servira à renforcer sa position en Afrique centrale : pétrole oblige. Et puis, cette enclave hispanophone au creux du Golfe du Biafra énerve la France, qu'elle soit giscardienne ou socialiste. Mais qu'on y prenne garde; le voyage du vice-président du Nigeria, M. Ekwueme laisse penser que, malgré l'ineptie de la diplomatie espagnole[14], la France ne sera pas seule dans la région. En octobre 1982, le Nigeria a inauguré son consulat de Bata.

Parmi ceux qui cultivent les grandes illusions, le Vatican n'est pas en reste. Non seulement ses serviteurs ont contribué à aider à l'élimination d'un des héros de l'indépendance de la Guinée Équatoriale, Acacio Mañe[15], au bénéfice de l'État franquiste; non seulement la presse vaticane a fait silence sur les crimes nguémistes. En février 1982, Jean-Paul II n'a trouvé rien de mieux que d'inclure la Guinée Équatoriale dans son périple en Afrique centrale. Si les chefs musulmans du Nigeria ont fait sentir au Pape qu'ils n'appréciaient pas du tout son circuit de commis voyageur, les nguémistes ont vu dans la visite papale l'occasion de se poser en pouvoir responsable et en fils fidèles de l'Église de Rome. *Le Monde* tentait bien de rappeler le « Sombre souvenir de l'État athée », du temps où Obiang Nguema était vice-ministre de la Défense auprès de son oncle Macias Nguema. La presse espagnole fit remarquer combien le Souverain Pontife s'était montré prudent dans ses allocutions, à Malabo et à Bata ; pas une seule fois il n'a prononcé l'expression « droits de l'homme ». Puis Jean-Paul II de s'envoler de Bata, après ce propos insipide : « J'emporte avec moi le sourire de vos enfants », oubliant dans son voyage pastoral de faire référence aux enfants assassinés, sous-alimentés, sous-scolarisés, embrigadés dans des mouvements para-militaires, par les vertus de ses hôtes. Ce service rendu à Obiang Nguema et à ses sbires (en échange, semble-t-il, de la réouverture d'un Séminaire) s'est concrétisé en été 1982 par l'émission par la Banque de Guinée Équatoriale d'une pièce en or à l'effigie du Pape, destinée à souligner l'attachement de la junte à la foi catholique...

2. Les nouvelles convoitises

De février à mai 1982, l'Espagne et la Guinée Équatoriale se font une guéguerre économique, en bloquant leurs comptes bancaires et en mettant l'embargo sur leurs navires respectifs. Simultanément court le bruit fallacieux de pressions soviétiques sur le gouvernement militaire de Malabo. Camouflés par ces informations pour "Café du commerce" se déroulent de durs marchandages en vue de la prise de contrôle des ressources naturelles de la Guinée Equatoriale. Les hommes de Mongomo se laissent ballotter au gré de leurs intérêts, au détriment de l'intérêt national. Début mai, alors que piétinent les négociations économiques hispano-équato-nguémistes, une délégation de Guinée Équatoriale se rend au Gabon voisin pour des entretiens dans le domaine pétrolier. Faut-il rappeler qu'en 1972 le Gabon a attaqué la Guinée Équatoriale et occupé militairement, sous la conduite du président Bongo, divers îlots dans la région de l'estuaire du Muni (qui ne sont toujours pas restitués en 1983), dans une zone riche en pétrole ? Depuis lors, les autorités gabonaises prétendent, suite à on ne sait quels accords conclus avec Macias Nguema, voire son héritier (ni l'un ni l'autre, ne sont qualifiés pour cela), jouir d'un droit sur le potentiel pétrolier de la Guinée Équatoriale.

Autre pays intéressé par la Guinée Équatoriale : le Maroc. Obiang Nguema bénéficie d'une garde prétorienne marocaine de 600 hommes, au même titre que les présidents Bongo et Mobutu, qui doivent eux aussi craindre les foudres populaires. Ces mercenaires font escorte à Obiang Nguema lors du moindre de ses déplacements. Quel est le prix de cette sollicitude chérifienne ? C'est le vote pro-marocain de la Guinée Équatoriale, à l'O.U.A. et à l'O.N.U., dans toutes les affaires portant sur le Sahara occidental (contrairement aux options pro-Sahraoui de Macias Nguema). Mais le Maroc escompte davantage. D'où les nouvelles sur le renforcement de la coopération économique entre les deux pays, dès avril 1982. Peut-être s'intéresse-t-il également au pétrole équato-guinéen, et à travers lui certaines compagnies américaines ?

Courant avril 1982, des bruits contradictoires coururent à propos des ressources pétrolières de la Guinée Equatoriale. Alors que le 28 avril on annonçait pour août la tenue d'enchères en vue de l'attribution des droits d'exploitation – insistant sur la qualité excellente du pétrole découvert – le 30 avril, on prédit la délimitation des puits fin 1982 seulement. De plus, on soulignait que les quantités disponible étaient minimes. Pendant ce temps la compagnie minière espagnole *Adaro* laissait entendre que son inventaire minier de la Guinée Équatoriale s'était avéré très intéressant. Quelle lutte entre compagnies de divers pays cachent toutes ces informations ?

Pendant que s'agitent les pétroliers et autres géologues, à Genève, sous l'égide de la section Afrique du Programme des Nations Unies pour le Développement (P.N.U.D.), dirigée alors par le Camerounais Doo Kingue, s'ouvrit le 19 avril 1982 une Conférence des Pays donateurs. Sur la base d'une étude réalisée, comme par hasard, par deux bureaux d'étude, français et espagnol, 141 Mo de dollars ont été demandés pour ce petit pays de 28 051 km^2 et de moins de 500 000 habitants écrasés par la dictature. Compte tenu de l'importance de cette conférence sur le développement d'un pays classé par l'O.N.U. dans la liste des « catastrophes », Obiang Nguema, qui est un des principaux auteurs de cet état de choses, avait tenu à faire le déplacement de Genève. Les journalistes semblent ne pas avoir été dupes. L'« homme au sceptre », comme l'a qualifié la *Tribune de Genève*, a fait devant les onusiens et les représentants de la presse internationale une foule de promesses et donné moultes assurances, tant sur la capacité de son régime de stimuler le développement, que sur sa volonté d'un retour à la démocratie. En dépit de la mauvaise impression laissée par Obiang Nguema et sa meute de gorilles comme on n'en avait encore jamais vus dans l'enceinte du *Palais des Nations,* 90 Mo de dollars ont été dégagés. Mais les Équato-Guinéens, épuisés par près de quinze ans de dictature féroce, verront-ils jamais un semblant de cette « générosité » internationale de quelque 180 $ par tête ?

Alors qu'en juin 1982 *Remarques africaines* (Belgique) et *L'Impartial* (Suisse) soupèsent les valeurs humaines en Guinée Équatoriale – où ils détectent la persistance de l'ombre de Macias Nguema – en juillet, *Actual*, à Madrid, montre clairement ce que pense la population équato-guinéenne des promesses et assurances du chef du Conseil Militaire Suprême. « Dans notre pays, il ne vaut pas la peine de *chapear* » (faucher = travailler); « seul compte le guru-guru » (la combine), allusion à la corruption et à la prévarication qui sont le quotidien des hommes de Mongomo. Quant au pétrole, « ce n'est pas sur nous que tombera la manne », estiment les survivants du goulag nguémiste.

Cette manne, comme aussi celle provenant d'autres ressources du pays (bois, pêche, etc.), tente de nombreux milieux d'affaires, et il n'y aurait rien à redire à l'expression normale de l'esprit d'entreprise, n'était que ces milieux se moquent éperdument des violations des libertés fondamentales (ne serait-ce que l'absence du droit d'association) qui permettent précisément la perpétuation de la dictature. Lorsque *Marchés tropicaux* (Paris) fait allusion à d'importants progrès dans l'industrie du bois, le 13 août 1982, il rapporte l'inauguration, à Bata, d'une entreprise italienne de déroulage de bois. Avec l'assistance de l'État italien, un complexe de 10 Mo de dollars, apte à traiter le bois provenant de 50 000 ha de concessions diverses, a ainsi vu le jour. Et l'article d'ajouter que l'Italie va ainsi profiter de prix particulièrement avantageux. Rien, évidemment, sur les avantages éventuels pour la nation équato-guinéenne. Côté mer, après l'abandon de la pêche dans les eaux territoriales équato-guinéennes par les Soviétiques, fin 1979, la France a commencé à montrer le bout de sa flotte. Le 18 août 1980, le *Télégramme de Brest* protestait contre l'interdiction de la pêche au thon dans les eaux équato-guinéennes. Afin de ne pas heurter la junte de front, la France s'arrangea pour que les négociations s'engagent par l'intermédiaire de la C.E.E. Mais, parallèlement, on offrait à Obiang Nguema un voyage en France, durant lequel il fut baladé de gauche et de droite, et comme par hasard dans des ports de pêche. Le 26 août déjà, Le *Monde* pouvait titrer : « La flotte thonière française aura accès aux eaux territoriales de la Guinée Équatoriale. » Subtilement, la France préparait ainsi le terrain pour de plus vastes marchandages.

Dès le 12 novembre 1980, par une dépêche de *l'Agence France Presse*, datée de Dakar, on apprenait la création d'un soi-disant Rassemblement démocratique pour la libération de la Guinée Équatoriale, par un parfait inconnu, Ruben Manuel Ndongo. Ndongo (originaire de Kukumankok) tenta de faire croire par des conférences de presse que son mouvement groupe des milliers d'Équato-Guinéens, alors qu'il est avéré que le R.D.L.G.E. n'est formé que de deux personnes, Ndongo et Pedro Bidyogo.

Et encore : fin 1981 Bidyogo lâcha Ndongo sous l'accusation de comportement dictatorial. Mais Ndongo poursuivit sa propagande depuis Libreville, ses sponsors y voyant une troisième force entre le Conseil Militaire Suprême et le seul mouvement crédible d'opposants à la dictature, l'A.N.R.D., fondée en 1974. *Marchés tropicaux,* le 3 septembre 1982, laissait entendre que Ndongo soutenait la constitution dictatoriale d'août, et qu'il escomptait rentrer au pays pour y occuper un poste gouvernemental. Or, voici que le 16 février 1983, *Le Canard enchaîné* révèle qu'après sa réception par Mitterrand, milieu septembre 1982, Obiang Nguema aurait demandé de rencontrer l'autocrate du R.D.L.G.E. Il lui aurait même promis un billet simple course, mais refusé de signer des garanties écrites[16]. Echec donc de cette manipulation un peu grosse, et le rappel que même la France doit composer avec le monopole Esangui. Elle lui sert, pour le moins, de caisse de résonance puisque, dit le *Canard enchaîné,* avec la complicité de l'Élysée et des services de MM. Penne et Cheysson, « Obiang Nguema est venu à Paris faire cautionner son humanisme ».

Un mois plus tard, le roi d'Espagne s'entretenait avec le président Ahidjo de l'avenir de la Guinée Équatoriale, sans se douter que son interlocuteur n'était plus qu'en sursis, compte tenu de la reprise en main française des pays de la région. On constate ici un des innombrables exemples de manipulation de la Guinée Équatoriale. Le roi Juan Carlos Ier, comme les milieux diplomatiques français, font la navette entre les voisins de la Guinée Équatoriale pour régler le sort de ce pays. Et ces voisins africains, particulièrement les francophones, jouent le jeu. Aussi, *Cameroon Tribune* laissait-elle entendre, le 12 octobre 1982, que l'agriculture camerounaise pourrait servir de modèle au petit voisin. Mais le fond du problème équato-guinéen n'est pas là. Jusqu'au désastre économique né de la dictature des Macias Nguema et des Obiang Nguema, l'agriculture équato-guinéenne, bien que coloniale, donnait de bons rendements ; si aujourd'hui elle stagne, il faut y voir la seule cause possible : la résistance populaire à la dictature des hommes de Mongomo.

Nous avons vu plus haut comment la France a résolu le différend thonier par le biais de la C.E.E.; pour le phagocytage de l'hispanophone Guinée Équatoriale, elle procède de la même manière. Peu importe la présence d'un pouvoir despotique entre Gabon et Cameroun. Les affaires sont les affaires ; d'ailleurs, les entreprises françaises ont depuis 1969 collaboré avec l'équipe Macias Nguema/Obiang Nguema, alors que celle-ci saignait le peuple et poussait un tiers de la population à s'exiler. Aussi est-ce à l'U.D.E.A.C. qu'échut, dès novembre 1980, par l'entremise du Cameroun, de tisser la toile d'araignée qui capturera le petit reste d'empire espagnol. Le 25 novembre 1982, deux artisans de la dictature nguémiste. le Camerounais de Douala, Mesa Bill (depuis toujours chef de l'Administration du régime des Nguema), et le cousin d'Obiang Nguema, Julio Ndong Ela Mangue (du clan Nkodjoe) , sont reçus à Yaoundé pour la remise de l'invitation adressée à la Guinée Équatoriale d'assister à la Conférence au sommet de l'U.D.E.A.C., en décembre; en observateur, évidemment, comme au sommet de Libreville, en 1981. Et tandis que de leur côté Banque Mondiale et Fonds

Monétaire International intensifient leur soutien à la dictature nguémiste, la dix-huitième Réunion au sommet de l'U.D.E.A.C., à Yaoundé, acceptait courant décembre 1982 le principe de l'admission de la Guinée Équatoriale à cet organisme exclusivement francophone. Il est fort à parier qu'une des premières opérations de récupération de la Guinée Équatoriale sera son absorption dans la zone C.F.A. Adieu la peseta ! Mais se rend-on compte, au sein des membres de l'U.D.E.A.C., qu'avec le maintien de la dictature népotique en Guinée Équatoriale, l'Union douanière s'adjoint un maillon qui ne pourra qu'affaiblir leur chaîne d'intérêts et que le principal bénéficiaire de l'opération sera la France ?

3. Le nguémisme perdure

L'année 1982 a débuté avec un appel d'Obiang Nguema, au cours de son allocution de Nouvel An, à la bonne volonté des Équato-Guinéens. Le dictateur crut une nouvelle fois qu'il suffisait de proclamer 1982 « année du travail » pour briser la résistance populaire. Les observateurs de la Guinée Équatoriale (journalistes, onusiens) feront fin 1982 le constat du même désastre que durant les années antérieures, et de l'incapacité du régime nguémiste de faire autre chose que de plonger le pays dans la misère. Sans aucun doute, il en sera ainsi, comme le constatait en février 1982 *New African* (Londres), aussi longtemps que les gens de Mongomo continueront à monopoliser le pouvoir.

Parmi les méthodes utilisées par la dictature, on signale depuis 1969 une longue série de procès bidons, la permanente phobie des coups d'État, l'étouffement systématique des libertés et droits populaires, le mépris de la culture, le népotisme, etc. Tous ces traits du nguémisme se sont perpétués en 1982-1983, ainsi qu'en témoignent là encore les titres de la presse internationale. Fin mars, on annonçait la condamnation de A. Mba Ndong, fonctionnaire des Affaires étrangères et interlocuteur principal de la *Commission des Droits de l'Homme*, avec nombre d'autres, pour un prétendu trafic de drogue, manifestement inspiré du trafic de *bhang* dans lequel avaient trempé plusieurs parents d'Obiang Nguema. Tramée par le frère d'Obiang Nguema, Armengol Nguema, et par le cousin Mba Oñana, chef de l'Armée, tous deux connus pour leur violence et leur absence de sens moral, cette affaire a permis de mettre à l'ombre des hommes qui tentaient une ouverture vers plus de justice, ou qui, simplement, ne faisaient pas partie de la bande au pouvoir. Tout comme sous Macias Nguema, des tribunaux formés de juges issus du pouvoir exécutif et de l'armée condamnent sans même disposer d'une législation adéquate, et sur la base d'accusations montées de toutes pièces, et sans preuves crédibles.

Compte tenu de la perpétuation du régime nguémiste et de l'absence de garanties dans un État hors-la-loi, la plupart des exilés ont refusé de rentrer au pays après le renversement de Macias Nguema par ses proches. Ils savent trop bien que toute la machine mongomiste reste en place. Et de devoir endurer une nouvelle étape de leur pénible situation de réfugiés politiques, avec des difficultés matérielles et administratives dont *Ya* (Madrid) fait notamment état fin mai 1982. Dans le même temps, *l'Agence France Presse* devait rappeler que le régime qui a assassiné toutes les personnalités qui ont fait l'indépendance de la Guinée Équatoriale « est le même que celui qui vient mendier de l'argent auprès de la Communauté internationale ». On ne peut pas dire que l'Elysée soit mal informé.

Les pistoleros de la junta, par lesquels plusieurs dizaines de milliers d'Équato-Guinéens ont passé de vie à trépas – souvent après des séances de torture sous la surveillance d'Obiang Nguema en personne – continuent à marquer leur présence. Un des exemples de ce banditisme d'État a filtré dans la presse européenne : courant avril 1982, alors qu'à Genève on faisait les yeux doux aux donateurs occidentaux potentiels, à Bata l'ex-soldat de la Garde nationale et chauffeur de Macias Nguema, l'Esangui Domingo Ngomo, devenu entre temps gouverneur militaire du Rio Muni, se faisait remarquer de façon caractéristique : arrivé en retard à l'aéroport, et alors qu'un avion militaire de la coopération espagnole qu'il entendait emprunter pour joindre la capitale était déjà en position d'envol, il tire sur cet avion. Heureusement qu'il visa mal et que l'avion put tout de même effectuer son service, sans D. Ngomo évidemment. Conséquence : les vols des *Aviocar* espagnols furent suspendus quelques jours, par décision de Madrid. Que l'on imagine comment des hommes de cet acabit réagissent face à un Équato-Guinéen sans défense.

Le 3 août 1982, Obiang Nguema annonçait à l'occasion du troisième anniversaire de la révolte de palais un référendum constitutionnel pour le milieu du mois. A Genève, il avait affirmé publiquement qu'il allait soumettre au peuple une Constitution démocratique, sans toutefois accepter d'en dévoiler le contenu (et sans respecter les recommandations de la *Commission des Droits de l'Homme* sur la tenue d'une Conférence constitutionnelle représentative de toutes les tendances). Lors de la publication du texte, fin août seulement, soit une semaine après que le peuple ait été obligé d'aller voter dans des urnes encadrées par l'armée, on a pu se rendre compte que pour les nguemistes démocratie équivaut à régime autocratique et pouvoir présidentiel, ainsi qu'en témoigne *La Vanguardia* de Barcelone. Rédigé à Akonibe par des proches du dictateur (qu'en octobre 1982 *Africa* (Dakar) qualifiera de « groupe de vétérans »), sous la conduite de Nko Ivasa, le ministre des Finances de Macias Nguema, puis à nouveau d'Obiang Nguema, ce texte s'inspire essentiellement, pour le préambule, de la Constitution gabonaise, et pour le reste de celle du Chili de Pinochet. Lorsque le 16 août 1982 l'hebdomadaire madrilène *Cambio 16* donne Obiang Nguema comme élu, il ajoute « Humour ou avanie » pour les raisons suivantes : la Constitution, qui exclut notamment tout droit d'association (et donc la formation de syndicats et de partis politiques), fixe le mandat présidentiel à sept ans, ainsi que les modalités de cette élection. Mais le peuple équato-guinéen – qui s'est exprimé essentiellement par le oui (comment faire autrement sous les yeux de la troupe) – ignorait parfaitement qu'une rubrique additionnelle de la 2ee Constitution nguémiste spécifiait qu'Obiang Nguema était plébiscité en même temps que la Constitution, en annulation des dispositions prévues pour l'élection présidentielle. En 1972 déjà, Macias Nguema s'était propulsé à la présidence à vie par l'annulation des dispositions constitutionnelles. A dix ans d'intervalle, l'oncle et le neveu s'incrustent donc selon un procédé identique. L'analyse de la Constitution d'Akonibe par la Commission Internationale des Juristes, dans sa revue, en décembre 1982, est catégorique : rien ne la distingue de celles de la Turquie ou du Chili. Au point qu'*Africa*, à Dakar, voyait juste en titrant dès octobre : « La dictature continue. »

Oh oui, elle continue ! Selon *Le Canard enchaîné* (16-2-1983), début janvier 1983, Julian Esono Abaga Ada, depuis octobre 1979 Ambassadeur de Guinée Equatoriale en France et en Italie, rentrait à Malabo pour toucher le budget annuel de son ambassade. « Dès son arrivée (...) l'excellence a été assignée à résidence par le président Obiang Nguema. Restée à Paris, son épouse a demandé aux services de Cheysson l'asile politique pour ses cinq enfants et pour elle-même. » Esono Abaga Ada est un nguémiste notoire. Mais il n'est pas originaire de Mongomo, car natif de Mikomeseng; il n'est pas Esangui. Mais, sa complicité de longue date avec l'oligarchie mongomiste notamment en tant qu'ambassadeur itinérant de Macias Nguema, fait qu'il en sait trop, sur trop de gens. Et comme l'environnement français l'a probablement rendu quelque peu perméable au concept de démocratie (au point qu'il semble avoir cru aux mensonges débités par Obiang Nguema devant l'O.N.U. et devant Mitterrand, sur un retour de la Guinée Équatoriale à des institutions démocratiques), le gouvernement militaire Esangui a préféré le neutraliser. Aussi ne se trouve-t-il pas en résidence surveillée, mais à l'ombre de *Playa Negra (Black Beach)*, la sinistre prison de Malabo, que Obiang Nguema connaît par cœur pour y avoir supervisé personnellement la torture du temps de Macias Nguema. L'information de l'arrestation d'Esono Abaga est significative à double titre : d'une part, elle révèle une nouvelle fois les procédés nguémistes à l'endroit des non-membres de la famille au pouvoir; d'autre part, elle confirme, après l'éviction des cousins Maye Ela (clan Mbon) et Ela Nzeng (clan Nzomo) dans des fonctions diplomatiques, en 1981 déjà, que l'édifice des hommes de Mongomo et de leurs complices est de plus en plus souvent soumis à des tensions internes, qui ne manqueront pas, le jour venu, d'en provoquer l'effondrement. Mais jusque-là, le peuple opprimé, les prisonniers politiques (que le C.I.C.R. oublie de visiter) et la diaspora continueront à croupir dans leurs misères respectives, avec la bénédiction des puissances, grandes et petites.

On ne s'étonnera pas d'apprendre dans *Interviú* (Madrid), en décembre 1982 encore, grâce à la journaliste espagnole I. Olivares et au récit de son séjour épique en Guinée Équatoriale, que ce pays se caractérise par « la peur, la misère et la corruption ». La journaliste donne de nombreux détails qui confirment les informations rapportées par tous les visiteurs : l'armée et les complices civils du pouvoir nguemiste frappent, volent, trafiquent. D'où ces titres multiples tirés des journaux les plus divers, et d'auteurs différents, qui font référence à la corruption en Guinée Équatoriale :

05-4-1982 10 000 millions de pesetas évaporés (*Diario 16*).
23-4-1982 Droits bafoués en Guinée Équatoriale (*Tribune de Genève*).
16-6-1982 ...« guru-guru » (*Actual*).
07-8-1982 Grosse escroquerie (*Interviú*).
09-8-1982 Obiang dénonce la corruption du pouvoir (*La Vanguardia*).
11-8-1982 Corruption en Guinée Équatoriale (*El País*).
23-8-1982 Les affaires de corruption en Guinée Équatoriale (*Cambio 16*).
28-8-1982 Linge sale en Guinée Équatoriale (*Sal y pimienta*).
1-12-1982 Peur, misère et corruption (*Interviú*).
14-2-1983 Comptes bancaires équato-guinéens gelés à Madrid (*West Africa*).
16-2-1983 Chaud, chaud, l'Équateur *(Le Canard enchaîné).*

S'y ajoute, dès janvier, le constat de la paralysie de l'économie par manque de carburant. L'ère Macias Nguema et l'ère Obiang Nguema sont marquées aussi par une situation économique qui tient du désastre post-guerre; en 1973 déjà, le personnel diplomatique étranger n'avait plus droit qu'à 20 litres d'essence par quinzaine. La dernière rupture de stock de décembre 1982-janvier 1983 vient moins d'un an après celle de février 1982 où la visite du Pape Jean-Paul II en Guinée Équatoriale n'a pu se dérouler, en dernière minute, que grâce à un don d'essence du Cameroun...

Ce sont ces raisons, et nombre d'autres qui n'apparaissent pas dans les seuls titres de la presse internationale, qui expliquent pourquoi, fin février 1983, le cas de la Guinée Équatoriale figurait à nouveau, au point 12 de la Session de la *Commission des Droits de l'Homme*, parmi les pays pratiquant des « violations flagrantes et répétées » des droits de l'homme. A l'occasion de cette session, l'analyse de la Commission Internationale des Juristes de la Constitution dictatoriale nguémiste a été distribuée à toutes les délégations[17]. On y lit, entre autres graves constats, qu'après le coup d'État (ou plutôt, la révolution de palais) d'août 1979, « le pays fut dirigé sans Constitution par un Conseil militaire suprême, présidé par le colonel Obiang Nguema, jusqu'à la promulgation de la nouvelle Constitution en août 1982. A la base, cette nouvelle Constitution a un grave défaut, à savoir qu'elle a été rédigée uniquement par une commission composée de vingt membres nommés par le Conseil Militaire Suprême. Aucun représentant du peuple, ou aucune organisation politique, syndicale, sociale ou communautaire n'a pu participer à sa préparation. Le projet n'a jamais été discuté ni étudié par des personnes différentes de celles qui avaient été nommées par le gouvernement. Les partis politiques étaient encore interdits, et bon nombre des dirigeants de l'opposition ne sachant pas exactement à quoi s'en tenir au sujet du nouveau régime, n'étaient pas rentrés de l'exil auquel les avait contraints le régime Macias [Nguema] ». (...) il est regrettable que la Guinée Équatoriale ait laissé passer cette chance d'adopter une Constitution qui aurait fait avancer le pays sur la voie de la véritable démocratie.

Le même document souligne aussi que les dispositions de cette Constitution « rappellent ce qui s'est fait au Chili en 1980 », ou encore ce qui s'est produit « de la même façon, en novembre 1982, en Turquie ».

4. Et maintenant ?

Début 1982, nous donnions dans *Peuples noirs-Peuples africains* l'an 14 de l'enfer nguémiste comme « l'apothéose et le crépuscule du clan de Mongomo ». La peau de chagrin de cette bande, disions-nous, allait rapidement se rétrécir, à moins qu'une subite lumière ne vienne éclairer Obiang Nguema. Hélas, même la visite papale dans l'enfer nguémiste, et le passage d'Obiang Nguema au paradis vatican, en septembre 1982, n'ont pu engendrer l'étincelle d'un sérieux élan démocratique. L'homme timide que d'aucuns voyaient en Obiang Nguema s'est révélé être du même acabit que son oncle, le charisme en moins.

Pour la réalisation d'une Guinée Équatoriale prospère, nous entrevoyions en janvier 1982 le respect par le colonel Obiang Nguema des évidences suivantes :

— « Les Équato-Guinéens veulent retrouver un pays démocratique, tel qu'il aurait pu l'être après le 12 octobre 1968.
— Cette démocratie exige que le clan de Mongomo et l'armée rentrent dans le rang et participent à la vie du pays dans les limites qui leur reviennent.
— Sans cette démocratie, le peuple équato-guinéen ne travaillera pas, ne se sentant pas concerné, et les richesses naturelles du pays seront pillées par l'étranger (hier le poisson et les crustacés par l'U.R.S.S., demain le bois ett le pétrole par l'Espagne et d'autres).
— Ceux qui ont pris le pouvoir par la violence disparaissent en général par la violence».

Le présent, enregistré par la presse internationale, prouve que nous ne nous sommes guère trompés, sinon que nous n'avions pas prédit que c'est la France qui remplacerait l'U.R.S.S. dans le pillage des eaux équato-guinéenne, et les USA dans le pillage du pétroles.

Lors du « Colloque international sur la protection des réfugiés africains », organisé par *Pax Romana* à Dakar, les 12-16 décembre 1982, il est apparu, notamment à travers une démonstration du Prof. Eya Nchama, que pour résoudre le problème des réfugiés – et le désordre économique et politique de trop de pays – il convient de s'attaquer aux causes des problèmes. Pratiquer l'homéopathie plutôt que l'allopathie, en bon médecin indigène. Comme devait le relater *Le Soleil* (Dakar), il est faux de toujours incriminer des causes du type : racisme et problèmes religieux. « Les Équato-

Guinéens sont à 100 % chrétiens, et la proportion de Bantous y est de 90 %. Tout s'explique (...) par la persistance d'une doctrine dépassée, le franquisme, instauré par le défunt dictateur, Macias Nguema, et que son neveu Obiang Nguema qui l'a chassé du pouvoir, et tué, n'a fait que restaurer sous d'autres formes ». Et *Le Soleil* de rappeler, avec Eya Nchama, que « les grandes puissances s'intéressent avant tout aux matières premières du pays et à sa situation stratégique ... La situation dramatique [de la Guinée Équatoriale] est la seule dans le monde où tous les intérêts stratégiques, politiques et financiers des grandes puissances se sont mis d'accord ».

Obiang Nguema a eu beau dissoudre, en octobre 1982, le Conseil Militaire Suprême, tel que l'annonce *Ebano* (Malabo), pour donner l'illusion d'un retour à un pouvoir et une administration civils. Mais le « nouveau » gouvernement mis en place comprend pratiquement tous les anciens (sauf quelques non-Esangui comme le Bubi Oyo Riqueza, qui perd la vice-présidence de la République), et ce sous le nom pompeux de IIIe République. La plupart des postes sont toujours tenus par des militaires, en civil, épaulés par « les "anges" d'Obiang Nguema » *(Sábado gráfico,* Madrid, 12-12-1982); la Constitution fasciste d'août 1982 ne pourra générer qu'une persistance du nguémisme. Avec ce que cela suppose de blocages économiques, politiques, sociaux, culturels, dont seul l'étranger saura tirer profit. Le seul changement véritable dans cette persistance nguémiste, c'est que la dictature a basculé des bras soviétiques dans les bras hispano-franco-américano-marocains. Notre analyse a donc bien porté sur une année charnière, mais sans que le peuple de Guinée Équatoriale ne ressente une quelconque évolution vers plus de libertés, sans une ombre de droit d'expression. Dans son analyse de la Constitution bidon d'Obiang Nguema, la *I.C.J. Review* confirme que le second régime nguémiste ne s'est pas assoupli. « Lorsque la *Commission des Droits de l'Homme* a discuté en 1982 le plan d'action proposé par le secrétaire général des Nations Unies dans le cadre de l'assistance dans le domaine des droits de l'homme, ses membres ont insisté à plusieurs reprises que, pour garantir le retour à la démocratie, le gouvernement devrait permettre à tous ceux qui le désirent de rentrer chez eux, et qu'il devrait même les encourager à le faire; cela devrait s'appliquer à tous ceux qui aspirent légitimement à participer politiquement à la reconstruction nationale; les partis politiques et les organisations syndicales devraient pouvoir se constituer librement. Rien de tout ceci n'a été réalisé».

Durant onze ans, Macias Nguema a saboté la Guinée Équatoriale pour mieux la conserver. Depuis 1979, Obiang Nguema conserve la Guinée Équatoriale pour mieux la saborder. « Humour ou avanie ? » *(Cambio 16,* Madrid, 16-8-1982). « La sinistre farce nguémiste perdure : Chaud, chaud, l'Equateur... » *(Le Canard enchaîné,* Paris, 16-2-1983). « La dictature continue » *(Afrique nouvelle,* Dakar, 2-3-1983).

Notes

1. V. Chapitre I, pp. 15-39

2. On appelle ainsi la variante équato-guinéenne du franquisme, où dominent les membres de la famille des Nguema, issus de l'ethnie Esangui, de la bourgade de Mongomo et environs, à l'est de la province du Rio Muni, près du Woleu-Ntem gabonais.

3. Depuis la montée du pouvoir népotique nguemiste, dès 1968, alors que les élites se sont réfugiées à l'étranger, les masses paysannes et urbaines, otages du régime, pratiquent la résistance passive par une véritable grève larvée que seule une démocratie réelle saurait interrompre. Avis aux investisseurs !

4. En mai 1981 a été révélé par la police militaire espagnole, puis par les médias, un trafic de haschich (le *bhang* d'Afrique centrale) auquel s'est trouvé mêlée l'épouse de l'Esangui Evuna Owono Asangono, ambassadeur de Guinée Équatoriale en Espagne. Ce dernier, ainsi que son épouse, ont évidemment nié leur lien direct avec ce trafic. Mais cette affaire a contribué à inspirer, au printemps 1982, le simulacre de coup d'Etat imaginé par le cousin d'Obiang Nguema et d'Owono Asangono, le ministre des Forces armées Mba Oñana, aujourd'hui vice-premier ministre. Suite à ce montage totalement dans la ligne des procès nguémistes, des hauts fonctionnaires non Esangui ont été incarcérés sous l'accusation de trafic de drogue. L'affaire du *bhang* n'a pas empêché le cousin Owono Asangono d'être nommé secrétaire général du ministère des Affaires étrangères, en octobre 1982.

5. Mba Oñana a rendu visite au dictateur de la Corée du Nord après avoir reçu une rapide formation militaire dans ce pays du temps de l'oncle Macias Nguema. Cela lui avait valu, au retour, le commandement de la deuxième compagnie de l'armée équatoguinéenne; après la révolte de palais, alors qu'il était commandant militaire de Bata, il est investi du poste de Commandant militaire du Rio Muni, puis de la charge de ministre de la Défense. C'est un ancien tailleur, de Mongomo, propulsé dans la carrière militaire par son oncle. Le rapport de la *Commission des Droits de l'Homme*, de 1979, fait état de la muflerie de ce personnage. Nous allons voir plus bas qu'au Rio Muni, Mba Oñana a été remplacé par un autre Esangui, l'ex-chauffeur de Macias Nguema, D. Ngomo.

6. Gepsa *(Empresa general Guineo-Española de Petróleos SA,)* créée en 1980, avec une participation moitié/moitié, de la Guinée Equatoriale et de Hispanoil. Elle bénéficie de quatre concessions au nord de Fernando Poo, de 1973 km^2 (soit les ex-concessions de *Gulf Oil/Spangoc* et du *Banco de Bilbao*). Le cousin d'Obiang Nguema, le Mbon Maye Ela, d'abord vice-président de la République en compagnie de son autre cousin, Ela Nzeng, du clan Nzomo, était Président de la GEPSA au moment de son éloignement comme représentant auprès des Nations Unies, à New York, en décembre 1981. Maye Ela serait passionnément francophile, à l'opposé d'Obiang Nguema, qui ne connaît que l'Espagne.

7. Moises Mba Ada, ancien procureur aux Córtes espagnols, membre de la phalange franquiste (Movimiento nacional), participa à la Conférence constitutionnelle de 1967-1968, durant laquelle il se rapprocha de Macias Nguema. Cela lui valut dès octobre 1968, d'être président du *Consejo de la República* (Sénat). Homme d'affaires, il est accusé de détournements et fuit à l'étranger. Après avoir participé à la fondation de A.N.R.D., il en est exclu en 1976 en raison de son affairisme. Revenu en Guinée Équatoriale après la révolution de palais, il y crée la société d'import-export *Exigens*a, avec la participation d'Obiang Nguema. Grâce à la com-

plicité de Mba Oñana, Obiang Nguema parvient à s'approprier *Exigensa*, début 1981, et Mba Ada doit s'enfuir une seconde fois à l'étranger. On l'accuse alors de complot (cf. sous 22 mai 1982), dans le cadre de la même affaire dont a été victime A. Mba Ndong, que nous évoquons plus bas.

8. La gauche n'est pas seule à s'intéresser à l'utilisation discutable de l'aide espagnole au régime nguemiste. Le 21 septembre 1981, la droite espagnole, par Fraga Iribarne, s'est exprimée dans le même sens, par une série de questions au gouvernement espagnol.

9. Pour plus de détails sur l'O.N.U. en Guinée Equatoriale, cf. Max Liniger-Goumaz, « Nations Unies et régimes autocratiques. Un exemple africain : la Guinée Équatoriale », *Genève-Afrique,* Société suisse d'études africaines, XIX, 2, Genève, 1981, pp. 13-71.

10. Il s'agit de l'inauguration, à Bata, en août 1982, de la *Sociedad italiana de explotación de maderas* (S.I.E.M.), spécialisée dans le séchage, le débitage et le déroulage, grâce à un financement de l'État italien (prêt à 8 %). L'investissement total se monte à 10 Mo dollars.

11. La présence du vice-président du Nigeria aux célébrations du quatorzième anniversaire de l'indépendance de la Guinée Équatoriale montre que les prétentions des voisins francophiles de la Guinée Équatoriale pourraient être tempérées par celles du grand voisin anglophone du Nord.

12. Ce simulacre de retour à un régime civil ne trompe personne : la plupart des postes clés sont toujours détenus par les militaires nguémistes. Ils ont simplement troqué l'uniforme pour l'habit civil. Nombre d'entre eux faisaient partie de l'instrument de terreur qu'était la *Juventud en marcha con Macias.* Le remaniement ministériel d'octobre 1982, annoncé seulement le 11 décembre 1982, en est la confirmation. Divers Esangui y sont propulsés « superministres » dont Ochaga Nvé Bengobesama.

13. Nous avons éliminé de cette liste les titres parus le 1er mars *1983* dans *La Tribune le Matin* (Lausanne) : « L'ex-ministre veut devenir fossoyeur », et dans *Le Monde* (Paris). D'un article de *El Mediterráneo* (Castellón), l'*Agence France Presse* a repris la fausse nouvelle d'un instituteur équato-guinéen mythomane, réfugié en Espagne, et qui tout en postulant à la fonction de fossoyeur au cimetière de Benicasim revendique l'ex-fonction de ministre de la Culture, en 1969-1970, alors que ce poste n'existait pas. Le sérieux *El País,* (Madrid, 3-3-1983) a heureusement mis un terme a cette mystification, par une sérieuse enquête. Mais ni *Le Monde,* ni *La Tribune le Matin,* ni *l'Agence France-Presse,* n'ont démenti une information qui visait surtout à ridiculiser l'Afrique.

14. Qu'on pense à la réussite qu'ont été la décolonisation du Rio de Oro (Sahara occidental) et celle de la Guinée Équatoriale.

15. C'est le supérieur de la mission de Bata, le Père Nicolas Preboste, qui a indiqué en 1958 à la Garde civile espagnole le lieu de résidence d'Acacio Mañe. Celui-ci fut capturé, abattu au camp militaire de Bata, et jeté à la mer.

16. R.M. Ndongo s'est ridiculisé une nouvelle fois début mars 1883. En effet, dès le 7 mars à Libreville, et le 9 mars à Paris *(Le Monde,* p. 5) on annonce, par un communiqué, que le R.D.L.G.E. « a décidé de former un gouvernement provisoire en exil... après l'échec des différentes médiations en vue de la formation d'un gouvernement de coalition avec le Conseil militaire suprême... ». Toutefois, la composition de ce gouvernement « sera rendue publique ultérieurement »; et pour

cause... Manœuvre publicitaire d'un solitaire qui depuis l'été 1983 clame que la constitution nguemiste marque une amélioration de la situation et indique son intention de participer au gouvernement des hommes de Mongomo. Mais ce même Monsieur exige d'Obiang Nguema un billet aller et retour. Pourquoi ce « retour », puisqu'il soutient que le pouvoir nguemiste est sur la bonne voie ?
17. Doc. E/CN.4/1983/NGO/4, Nations Unies, Conseil Economique et Social, Genève, 31 janvier 1983.

VII

L'HONNÊTE PRESSE AFRICANISTE...

La revue *Peuples noirs – Peuples africains*, dont le fondateur et rédacteur en chef était l'écrivain camerounais Mongo Beti, a publié en 1985 une correspondance significative entre l'auteur de ces pages et *Jeune Afrique*, dans une rubrique intitulée « Choses sur 'Jeune Afrique' » (juillet 1980).

> A Monsieur Béchir Ben Yahmed
> Directeur de *Jeune Afrique*
> Objet : JA 1021, 30-7-80 Guinée Équatoriale

Monsieur le Directeur,

Dans le no 1021 de *J.A.* (30-7-1980) figure un luxueux encart publicitaire de vingt pages sur la Guinée Équatoriale. Heureux événement, quand on sait le peu d'attention généralement porté au 126e Etat membre des Nations Unies, hormis les crimes de la famille Macias Nguema. Cette fois, les lecteurs de *J.A.* disposent d'une amorce de présentation du pays. Malheureusement une large part de cet encart n'est qu'un repiquage de mon livre : *La Guinée Équatoriale, un pays méconnu* (Editions L'Harmattan, Paris, 1980, 512 p.); en particulier, l'essentiel des paragraphes suivants : « De Hannon à Teodoro Nguema », « Histoire de Timbres », « Richesses passées et futures », « La Guinée Équatoriale de A à Z », ce dernier titre n'étant pas moins que le sous-titre de mon livre. Certes, une évasive mention de ce dernier a été glissée dans le lexique que l'on a emprunté à mon livre, mais en omettant d'y faire référence. C'est ce que l'on nomme un plagiat.

Le manque d'honnêteté de ce procédé est doublé de l'ignorance dans laquelle les lecteurs de *J.A.* sont tenus des commanditaires de cet encart. Cherchant à glorifier l'actuelle junte militaire au pouvoir (Conseil Militaire Suprême, C.M.S.), on cache l'auteur du texte pour ne citer que le photographe.

L'esprit de cet article est non conforme à la réalité. Pour une information loyale des lecteurs de *J.A.*, le paragraphe « La Liberté reconquise » aurait dû être intitulé : « La dictature continue ». Voici quelques justifications :

– un récent rapport du *Conseil Œcuménique des Églises* (juin 1980, p. 4) rappelle qu'en Guinée Équatoriale toute réunion de plus de trois personnes est interdite, paralysant de la sorte les activités des églises (« meetings of more than three persons having officially been forbidden, [p 27] the churches have little opportunity to meet together »);

– un rapport de la Commission internationale des Juristes (novembre 1979, préface espagnole, p. 3) explique la peur des réfugiés de rentrer au pays par « les antécédents de ceux qui occupent aujourd'hui le pouvoir »;

– un rapport plus récent de la *Commission des Droits de l'Homme* des Nations Unies (février 1980) signale l'absence de la liberté de presse et des libertés politiques et économiques, la continuation du travail forcé en dépit d'augmentations de salaires, etc. Le rapporteur spécial de l'O.N.U. a jugé « que les raisons invoquées par le gouvernement pour ne pas autoriser l'exercice de droits politiques n'étaient nullement satisfaisantes » et que « le gouvernement de Guinée Équatoriale ne semble pas accorder l'attention voulue au problème de la promotion et de la défense des Droits de l'Homme »;

– le ministre espagnol des Affaires étrangères, M. Oreja Aguirre, a déclaré devant une commission des Córtes, fin février 1980, que la Guinée Équatoriale n'avait pas de calendrier politique;

– la presse espagnole *(ABC, Diario 16 El Imparcial, El País, Interviú, La Vanguardia)* – soit la mieux informée sur l'ex-colonie espagnole – signale en juillet-août 1980 :

* que l'administration de Guinée Équatoriale est corrompue à tous les niveaux;

* que le pays est recolonisé par des intérêts espagnols et français. L'ambassadeur d'Espagne, M. Graullera, va répétant qu'il est trop tôt de rétablir les droits civiques, est qualifié de « premier ministre blanc »;

* que les médicaments offerts par divers pays ont été vendus au Gabon et que l'aide alimentaire profite surtout aux nantis;

* que la misère, la stagnation économique, l'absence de liberté et les excès de la gent en uniforme rappellent l'époque Macias Nguema, voire celle de Carrero Blanco et de Franco :

– *Le Boletín Informativo (no 4)* publié par le C.M.S. montre clairement que les hommes au pouvoir sont ceux qui ont collaboré intimement avec Macias Nguema, depuis de longues années :

* T. Obiang Nguema Mbasogo, président de la République, commandant en chef de l'armée, ministre de l'Économie et des Finances (neveu de Macias Nguema, ex-commandant en chef de l'armée, ex-gouverneur militaire de Fernando Poo);

* Fl. Maye Ela, Premier vice-président, ministre des Affaires étrangères (ex-commandant de la marine);

* C. Nvono Nka Manene, ambassadeur auprès de l'O.N.U. (ex-chargé d'affaires en Espagne, ex-ambassadeur au Gabon, ex-ambassadeur en Chine populaire, maciste notoire);

* Fr. Mha Oñana, conseiller de l'ambassade auprès de l'O.N.U. (ex-commandant militaire de Bata, ex-gouverneur militaire du Rio Muni);

* J. Micha Nsue Nfumu, ambassadeur au Nigeria (ex-officier de la Jeunesse en marche avec Macias);

* E. Owono Asangono, ambassadeur en Espagne (ex-ambassadeur auprès de l'O.N.U. après l'assassinat ou l'exil de ses prédécesseurs);

* B. Nguema Esono, ambassadeur auprès de l'O.N.U (ex-ministre des Affaires étrangères, ex-vice-président – après l'assassinat, respectivement, de Ndongo Miyone et Bosio Dioco);

* E. Ela Nzeng, ambassadeur en Chine populaire (ex-gouverneur du Rio Muni, ex-directeur de la triste prison de Bata, ex-deuxième vice-président);

* Ekua Miko, ambassadeur au Gabon (ex-ambassadeur à l'O.N.U., maciste notoire);

* J. Esono Abaga Ada, ambassadeur en France (ex-fonctionnaire au ministère des Affaires étrangères).

A cette liste partielle on peut ajouter des hommes comme le chef de l'Administration civile sous Macias Nguema, le Camerounais M. Bill, devenu ministre à la Présidence auprès de T. Nguema, ainsi que l'ex-chef de la police intérieure du P.U.N.T., F. Obama Nsue Mangue, dit Mbato, responsable de la sanglante répression politique, aujourd'hui premier secrétaire de l'ambassade au Cameroun. Ajoutons encore J. Moro Mba, commandant militaire de Bata, ex-chef de la terrible *Juventud en marcha con Macias* au Rio Muni, ex-juge instructeur du procès des quatre-vingt-quatorze patriotes anti-Macias Nguema inculpés et exécutés en 1974.

La majorité de ceux qui détiennent actuellement le pouvoir en Guinée Equatoriale et dans ses représentations diplomatiques sont soit sortis de la promotion des cadets formés à Saragosse (Espagne) en 1963-1965 avec T. Nguema, soit parents de Macias Nguema et Teodoro Nguema, ou du moins originaire du district du Wele-Nzas, qui a comme chef-lieu Mongomo, fief de Macias Nguema et de Teodoro Nguema : en août 1979, la junte était composée de neuf hommes originaires de Mongomo et deux alliés; en août 1980 on dénombre sept originaires de Mongomo, un allié et un Bubi (Saragosse). D'autres complices de Macias Nguema s'adonnent à des affaires fructueuses, tel que Masié Ntutumu, ex-ministre de l'Intérieur (responsable des liquidations entre 1968 et 1976, revenu d'Espagne), et Monica Bindang (troisième femme de Macias Nguema, rentrée de Corée du Nord).

Les observateurs signalent de plus en plus des tensions au sein du Conseil Militaire Suprême. Face à la population, la junte ne se maintient que grâce à la peur, à une garde prétorienne de trois cents hommes fournis par le Maroc (en échange de la renonciation par la Guinée Équatoriale à la reconnaissance de la République sahraouie) à un important effectif de policiers espagnols, ainsi que par l'appui efficace de la sanguinaire ex-Jeunesse en marche avec Macias, intégrée dans l'armée que commande T. Nguema.

Pour l'encart sur la Guinée Équatoriale dans *Jeune Afrique,* on a soigneusement omis dans mon livre des paragraphes tels que : Assassinats, Népotisme, Restrictions des libertés, Victimes. Mais surtout, le texte se tait sur les quelque 120 000 Équato-Guinéens qui ont fui le régime de la famille

Macias Nguema, plus de 100 000 restant hors du pays un an après la chute du « Vieux », craignant les représailles (effectivement constatées par l'ex-président du Sénat guinéen, A. Mba Ada et J. Mba Nsué, [p. 30] ex-haut fonctionnaire. battus à Bata, sans parler de tous les réfugiés incarcérés) – et ce en dépit d'un simulacre d'amnistie en octobre 1979.

Pourquoi l'encart sur la Guinée Équatoriale ne fait-il pas mention des efforts faits par l'opposition conduite par l' A.N.R.D. pour la chute de Macias Nguema ? Une A.N.R.D. créée en 1974 par la masse des Équato-Guinéens hostiles à la dictature. Ce tiers de la population toujours en exil refuse de regagner le pays aussi longtemps que sévira la dictature. Leur absence provoque une crise de main-d'œuvre que les 350 coopérants espagnols et les deux médecins français sont incapables de corriger. Et comme le Nigeria voisin persiste à refuser de fournir à nouveau les dizaines de milliers d'ouvriers agricoles retirés par lui en 1976 sous le nez de T. Obiang Nguema...

Pourquoi donc cet encart sur la Guinée Équatoriale non conforme à la réalité ? C'est que la Guinée Équatoriale recèle de nombreuses richesses : pétrole, uranium, bois tropicaux, cacao, café, produits de la mer, etc. Et devant les réticences des investisseurs espagnols comme de la main-d'œuvre nationale et étrangère, on vise donc à appâter d'autres milieux, notamment de la zone d'influence française, en taisant les responsabilités passées et les échecs actuels des héritiers de Macias Nguema. Mais les miroirs aux alouettes ne trompent que les alouettes...

Enfin, diverses illustrations de ce « reportage » semblent d'origine non guinéo-équatorienne (ou cherchent à impliquer la C.E.E., notamment par une image de M. Cl. Cheysson). Mais la photo du bas de la page 10, gauche (1977) reflète bien la réalité que l'on vise à occulter : dans l'ombre de l'ex-président Macias Nguema marche le lieutenant-colonel Teodoro Obiang Nguema. En septembre 1979 le premier a été livré à la mort par ses parents et complices affolés par les critiques de plus en plus sévères de l'opinion mondiale et de la diaspora représentée par l'A.N.R.D. Aujourd'hui, le pouvoir en Guinée Équatoriale reste en mains de ceux qui ont fait que Macias Nguema puisse devenir le triste « miracle » qu'il fut. Ceux qui, contrairement à ce qu'affirme l'article, ont aidé à *détruire la Guinée Équatoriale* et se montrent aujourd'hui *incapables de la reconstruire.*

Ces lignes ne visent à dénigrer quiconque, mais à rétablir une vérité corrompue par l'article visé, si différent des articles rédactionnels parus dans *J.A.* précédemment (cf. no 999, 27-2-1980). La Guinée Équatoriale pourrait devenir rapidement un des pays les plus prospères d'Afrique si l'oligarchie issue du pouvoir usurpé des Macias Nguema et des Obiang Nguema Mbasogo voulait bien comprendre qu'un pays ne peut s'affirmer qu'avec le concours de tous ses enfants réconciliés, dans le libre exercice des droits et devoirs politiques et économiques. C'est l'avenir que je lui souhaite.

Monsieur le Directeur, je vous prie de bien vouloir publier cette mise au point, d'une part pour me rendre justice en tant qu'auteur, d'autre part afin que le million de lecteurs qui attend de *J.A.* une information loyale, indépendante et conforme à la déontologie journalistique puissent continuer à lui faire confiance,

Veuillez croire, Monsieur le Directeur, à l'expression de mes meilleurs sentiments.

Max LINIGER-GOUMAZ Professeur,
Ecole Supérieure de Commerce,
Ecole Supérieure de Cadres, Lausanne

Paris, le 16 septembre 1980

Monsieur Max Liniger-Goumaz
CH 1349 La Chaux

Monsieur le Professeur,

J'ai bien reçu votre lettre du 20 août.

Je vous remercie de vous être donné la peine de nous écrire aussi longuement à la suite du « La parole est à la Guinée Équatoriale » paru dans *Jeune Afrique,* no 1021, du 30 juillet 1980. [p. 32]

De son côté, votre éditeur, L'Harmattan, nous a écrit sur le même sujet et pour faire des observations voisines.

J'ai naturellement communiqué votre lettre à l'auteur du supplément paru dans *Jeune Afrique,* notre collaborateur Pierre Gaillard. Je vous communique ci-joint sa réponse et vous laisse juge ainsi que votre éditeur.

Jeune Afrique n'a pas d'inclination pour le plagiat, ni ne souhaite occulter le travail des autres. Si vous pensez qu'il l'a fait à votre endroit, il y a évidemment problème.

Comme vous-même et votre éditeur, qui a pourtant reçu copie de votre lettre et auquel je réponds par le même courrier, ne me demandez pas la même chose, j'attends la réponse de MM. Pryen [L'Harmattan] et Jallaud avant de décider du suivi.

Veuillez agréer, Monsieur le Professeur, l'expression de mes sentiments distingués.

Béchir BEN YAHMED

Pierre Gaillard à B.B.Y.

Paris, le 28 août 1980

Monsieur,

Je dois d'abord répondre sur l'accusation de plagiat. L'auteur a fait un excellent livre sur la Guinée Équatoriale, d'autant plus intéressant que la documentation sur ce pays est pratiquement inexistante. Je ne me cache pas de l'avoir utilisé pour vérifier et même pour obtenir un certain nombre de données précises, dates, noms propres. En le citant dans le lexique, ce n'était pas une « mention évasive » que je voulais faire, mais simplement citer l'ouvrage le plus intéressant sur le sujet pour que les lecteurs s'intéressant à la Guinée Équatoriale après le supplément sachent vers où se diriger (Je ne crois pas nécessaire d'expliquer le pourquoi de « La Guinée Équatoriale de A à Z ». C'est effectivement le titre du chapitre du livre mais c'est aussi une appellation que *J.A.* utilisait dans son supplément avant la parution du livre.)

Pour entrer plus en détail, « De Hannon à Teodoro Nguema » est une rapide chronologie du pays. Si elle divergeait de celle de Monsieur Max Liniger-Goumaz, cela prouverait que l'un de nous deux s'est trompé. Elle ne diverge pas et cela me vaut d'être un plagiaire ! Dans ce cas, il ne faudrait plus écrire sur les sujets déjà abordés (de façon sérieuse) par d'autres.

Vous trouverez ci-joint photocopies des deux chronologies et je vous laisse comparer et juger (ici on peut comparer vraiment car les dimensions sont comparables. Pour le reste, j'aurai plagié en moins de sept pages les cinq cents de son livre, ce qui est un record).

« Histoire de timbres ». L'histoire m'a été racontée la première fois sur place (il est vrai que le livre de Max Liniger-Goumaz y circule chez les « grands » au pouvoir qui le considèrent comme leur Who's Who – et que mon interlocuteur aurait pu jeter un coup d'œil sur l'exemplaire de son ministre). Je reconnais volontiers que c'est le livre qui m'a donné le nom de Dragomir Paradanov qui correspondait au personnage dont on m'avait parlé sans plus de détail. Rendons à César...

Pour « Richesses passées et futures », je ne sais plus quoi dire. Je ne pouvais quand même pas changer les richesses agricoles du pays pour ne pas ressembler aux autres. A l'auteur du livre mais aussi aux études économiques faites par la C.F.C.E. Le « A à Z » ? Mes remarques sur la chronologie sont valables ici aussi. Trente mots ont été choisis dont dix-sept noms de lieux. Je ne peux évidemment pas dire le contraire des spécialistes : Île d'Annabon [*sic*] a six kilomètres sur trois pour tout le monde, etc. Et j'ai évidemment pioché dans la documentation (dont le livre) pour rédiger ces définitions. Par exemple, la traduction des noms d'origine fang vient du livre. Je n'en suis pas plus honteux pour autant. Pas plus que je ne songerai à faire des reproches à M. Max Liniger-Goumaz s'il se penche un jour sur le problème de la fausse monnaie que je soulève ici.

Sur l'accusation de fond, c'est-à-dire que le supplément recherche à glorifier le régime, c'est-à-dire à ne pas respecter la réalité (ce qui aurait été facile à faire, l'auteur le dit lui-même page 3, il suffisait que je plagie certains paragraphes de son livre mais pas n'importe lesquels !), je n'ai rien à répondre. Cette formule publicitaire laisse apparemment planer un doute pour certains. Pour ma part, j'estime de toutes façons que les règles posées au départ (texte non retouché) n'ont pas été respectées (exemple : la mention de la dévaluation) et j'ai des doutes sur le fait qu'elles puissent l'être un jour dans ce genre de formule (ce qui explique en partie que j'ai refusé d'en faire d'autres).

Que ce supplément ne reflète pas *toute* la réalité est une évidence. Il n'aurait pas été payé s'il avait donné la parole à *l'A.N.R.D.* Cela n'a pas empêché *J.A.* de citer certaines accusations contre le régime dans l'article paru presqu'en même temps (Macias-Bokassa-Amin Dada). Je laisse à l'auteur la responsabilité de son affirmation de la page 4 : les photos n'auraient pas toutes été prises en Guinée Équatoriale. Il pense sans doute qu'on ne peut pas photographier ce pays. Ce n'est pas toujours facile mais possible. Je lui laisse aussi sa grande analyse : nous passons notre temps à cacher que la dictature continue alors que c'est cela qui se passe. La preuve, *notre* photo de la page 10.

Pierre GAILLARD

« Et voilà ! On n'est pas plus bêtement hypocrite ! »

Mongo BETI

VIII

JOURNAL D'UN RENVERSEMENT D'ALLIANCE

Titres de presse et histoire immédiate (1983-1985)

Par deux fois – grâce aux informations véhiculées par la presse écrite de divers pays – nous avons démontré la continuité du régime qui écrase la Guinée Équatoriale[1]. Cela a permis d'évaluer les techniques de mésinformation, voire de désinformation de ceux qui, à l'intérieur du pays et à l'extérieur, ont intérêt à ce que la libre détermination de son destin par le peuple équato-guinéen soit étouffée. A travers les seuls titres de la presse internationale, il est ainsi possible d'écrire l'histoire immédiate d'un pays. Pour la Guinée Équatoriale, ce nouvel essai se révèle particulièrement intéressant parce qu'il enregistre un nouveau renversement d'alliance, et ce dans le cadre d'un renversement plus vaste opéré en 1979.

1. Un passé récent détestable

Ancienne colonie espagnole venue à l'indépendance en 1968, la Guinée Équatoriale a rapidement plongé dans la terreur sous le joug d'un psychopathe, Macias Nguema, assisté dans ses crimes par sa famille et une série de complices. La majorité des membres de cette bande de hors-la-loi est appelée *nguemiste* et originaire de la bourgade de Mongomo, au sud-est de la partie continentale du pays, le Rio Muni. En onze ans, avec Macias Nguema, ils ont poussé l'horreur au niveau de ce qu'ont su faire des Bokassa et des Amin Dada, de sorte qu'à côté de dizaines de milliers de morts et de torturés, la nation équato-guinéenne a été amputée d'une diaspora qui représente le tiers de ses effectifs, dont une large majorité des cadres[2].

En août 1979, le chef de l'Armée de terre et gouverneur militaire de Fernando Poo, Obiang Nguema, associé à ses cousins chargés de la marine et du Rio Muni, réussit, avec l'appui des puissances occidentales, dont les États-Unis, l'Espagne et la France, ainsi que du voisin gabonais, à détrôner l'oncle président à vie. Grâce à un contingent de 450 soldats marocains prêtés en échange de la renonciation à l'appui au Front Polisario, Obiang Nguema et sa jungle tribale ont, avec leurs amis extérieurs, cultivé le mythe d'un « coup de la liberté ». En effet, hormis la restitution de la liberté de culte, l'ensemble des droits de l'homme restaient gelés sous l'argument fasciste classique qu'il faut d'abord reconstruire avant de discuter. Aussi, les rares spécialistes de la Guinée Équatoriale ont-ils rapidement signalé l'équation élémentaire : Obiang Nguema = Macias Nguema. Des rapports de la *Commission des Droits de l'Homme* venaient confirmer ce triste constat.

Mais le reste de la machine onusienne, ainsi que les C.E.E., B.A.D., B.I.R.D., F.M.I., P.N.U.D., O.P.E.P., etc., débordaient d'enthousiasme et arrosaient les « nouveaux » dirigeants d'aides matérielles et financières substantielles. La situation intérieure continuait pourtant à se dégrader sous le joug de la seconde dictature nguemiste. Parallèlement, les convoitises ne faisaient que s'aiguiser, l'Espagne et la France surtout cherchant à se réserver les ressources en pétrole et en métaux du petit pays du Golfe de Guinée. Le Gabon, qui continue, depuis 1972, à occuper militairement diverses parties du territoire équato-guinéen, cherche aussi à se tailler une part de la manne équato-guinéenne. Les nombreux scandales, des coups d'État plus ou moins imaginaires – classiques de l'histoire nguémiste –, la corruption et le viol des libertés fondamentales ne découragèrent ni le roi d'Espagne et son Premier ministre, ni les personnels du P.N.U.D. et de la C.E.E., ou encore de l'Aide suisse en cas de catastrophe, ni le pape Jean-Paul II, à faire la cour à la clique des hommes du clan de Mongomo. La presse internationale de 1982 présentait pourtant une liste de titres suffisamment clairs : « 1 000 Mio de pesetas évaporées », « Droits bafoués en Guinée Équatoriale », « Grosse escroquerie », « Corruption en Guinée Équatoriale », « Peur, misère et corruption ».

Pour la galerie, on organisa en août 1982 des élections visant une Assemblée nationale populaire, après mise au point par quelques sbires du régime d'une constitution proche de celles du Chili de Pinochet et de la Turquie des colonels. Par une clause additionnelle, Obiang Nguema se faisait désigner président pour sept ans; ce qui fit écrire à *Afrique nouvelle,* le 2 mars 1983 : « La dictature continue. »

Ce nouvel inventaire des titres de la presse va montrer que ce qui s'amorçait dès 1981 de captage de la Guinée Équatoriale par la France s'est révélé être une opération fort habile et réussie, il est vrai en grande partie à cause de la médiocrité de la diplomatie espagnole.

Périodiques :

ABC, Madrid – *Actual,* Madrid – *Africa Business*, Londres – *Africa Now*, Londres – *Africa Foreign Report*, Londres – *African Research Bulletin*, Londres – *Afrique-Asie*, Paris – *Alerta,* Santander – *Archiv der Gegenwart*, Sankt Augustin – *Bulletin Quotidien d'Afrique* (A.F.P.), Paris – *Cambio 16,* Madrid – *Cameroon Tribune*, Yaoundé-Douala – *Derechos humanos, Tribuna informativa, Asociación pro Derechos humanos de España*, Madrid – *Diario 16,* Madrid – *Figaro,* Le, Paris – *Financial Time*, Londres – *Hebdo, L'*, Lausanne – *Interviú*, Madrid – *Jeune Afrique*, Paris – *Jeune Afrique Economie,* Paris – *Journal de Genève,* Genève – *Journal officiel de la République française,* Paris – *Journal officiel des Communautés européennes,* Bruxelles – *Marchés tropicaux,* Paris – *Monde, Le,* Paris – *Mundo Negro,* Madrid – *País, El,* Madrid – *Periódico de Catalunya,* Barcelone – *Peuples noirs-Peuples africains,* Paris-Rouen – *Servir al pueblo*, Madrid – *Sunday Times,* Londres – *Tages-Anzeiger*, Zurich – *Tiempo*, Madrid – *Tribune de Genève,* Genève – *Vanguardia, La,* Barcelone – *Vanguardia obrera, La,* Madrid – *West Africa*, Londres – *Ya,* Madrid.

Les trente-huit périodiques consultés – la plupart quotidiens et hebdomadaires – proviennent de douze villes dans sept pays différents. Un peu moins de la moitié sont espagnols, un tiers est français et un sur cinq britannique (ou du moins publié à Londres); pour la période 1983-1985, l'Espagne reste le canal inévitable pour apprendre l'essentiel sur la Guinée Équatoriale. La majorité des journaux et revues analysés sont de tendance centre et centre-droit.

1983

Avril

5 « El ministro de Asuntos Extranjeros califica de "delicadas" las relaciones de España con Guinea [Ecuatorial]. Moran recibirá al Español qué fué retenido por las autoridades de Malabo » (Le ministre espagnol des Affaires étrangères qualifie les relations de l'Espagne avec la Guinée Équatoriale de « délicates ». Moran recevra l'Espagnol qui a été retenu par les autorités de Malabo), *El País.*
11 « L'opposition demande à la France de supprimer son aide à Malabo », *Le Figaro.*
16 « Obiang recomendó a los Guineanos que aprendieran francés » (Obiang a recommandé aux Équato-Guinéens d'apprendre le français), *El País.*
17 « Dificultad entre la oposición de Guinea Ecuatorial para resolver la crisis del país » (Difficultés au sein de l'opposition équato-guinéenne pour résoudre la crise du pays), *La Vanguardia.*

Mai

24 « España se niega a entregar al sargento que quisó matar a Obiang [Nguema] » (L'Espagne refuse de remettre le sergent qui a voulu tuer Obiang Nguema), *Diario 16.*
25 « Revuelta en Guinea Ecuatorial » (Révolte en Guinée Équatoriale), *El País.*
« Guinée Équatoriale : arrestations à la suite d'un putsch manqué », *Journal de Genève.*
« No hay riesgo, para nuestros compatriotas ni para los intereses españoles en Guinea Ecuatorial. Felipe Gonzalez considera superado el intento de golpe de Estado [p. 13] » (Il n'y a pas de risque pour nos compatriotes ni pour les intérêts espagnols en Guinée Équatoriale. Felipe Gonzalez considère la tentative de coup d'État comme maîtrisée), *Alerta.*
« Deterioro de la cooperación hispano-guineana » (Détérioration de la coopération hispano-équato-guinéenne). *ABC.*

« El gobierno [español] preparó un plan militar para intervenir en Guinea [Ecuatorial] » (Le gouvernement espagnol a préparé un plan militaire pour intervenir en Guinée Équatoriale), *Diario 16*.
« Los escándalos de Obiang Nguema » (Les scandales d'Obiang Nguema), *Diario 16*.
« La policía guineana mantiene una estrecha vigilancia de la Embajada española » (La police équato-guinéenne poursuit une étroite surveillance de l'ambassade d'Espagne), *Alerta*.
« Moran obtiene en Malabo garantia de qué el sargento asilado, no será ejecutado » (Moran obtient à Malabo des garanties : le sergent réfugié à l'ambassade d'Espagne ne sera pas exécuté), *El País*.
« Guinea [Ecuatorial]: punto final » (Guinée Équatoriale : point final), *Diario 16*.
« Equatorial Guinea, France and Spain » (Guinée Équatoriale, la France et l'Espagne), *Financial Time*.
26 « El ministro Moran reconoció que la ayuda española se pierde en camino » (Le ministre espagnol des Affaires étrangères reconnaît que l'aide espagnole se perd en route), *Diario 16*.
« Responsabilidad con Guinea [Ecuatorial] » (La responsabilité de l'Espagne face à la Guinée Équatoriale), *El Periódico de Catalunya*.
27 « Petróleo y uranio, entre los proyectos que interesarian a España (Pétrole et uranium figurent parmi les projets qui semblent intéresser l'Espagne), *El País*.
« El Gobierno [español] se inclina por la integración de Guinea Ecuatorial en la zona francófona » (Le gouvernement espagnol s'incline devant l'intégration de la Guinée Équatoriale dans la zone francophone), *El País*.
30 « Les Españoles, rehenes de Obiang [Nguema]. La oposición guineana pide que medie el Rey » (Les Espagnols, otages d'Obiang Nguema. L'opposition demande la médiation du roi), *Tiempo*.

Juin

11 « Probable congelación de la ayuda económica española a Guinea Ecuatorial. Obiang [Nguema] sigue incumpliendo lo pactado sobre Miko » (Congélation probable de l'aide économique espagnole à la Guinée Équatoriale. Obiang Nguerna continue à ne pas respecter ce qui a été conclu à propos du sergent Miko), *ABC*.
17 « Golpe de Estado en Guinea Ecuatorial o el saqueo continuado en un pueblo » (Coup d'État en Guinée Équatoriale, ou le pillage permanent d'un peuple), *Vanguardia Obrera*.
19 « La URSS planeó el golpe de Guinea [Ecuatorial] » (L'URSS a préparé le coup en Guinée Équatoriale), *Ya*.
23 « Tyrannies africaines », *L'Hebdo*.

Juillet

1 « Situación de los derechos humanos en Guinea Ecuatorial » (La situation des droits de l'homme en Guinée Équatoriale), *Derechos humanos.*
« Rift with Spain Heated » (Le fossé avec l'Espagne se creuse), *African Research Bulletin.*
7 « Democrácia en Guinea ? » (La démocratie en Guinée ?), *El País.*
« El presidente español dispuesto a actuar con Guinea si Obiang no cumple. El gobierno, romperá la relación diplomática. » (Le président du gouvernement espagnol décidé à agir contre la Guinée Équatoriale si Obiang ne tient pas parole. Le gouvernement rompra les relations diplomatiques), *Diario 16.*
8 « Deux officiers exécutés », *Le Monde.*
16 « Obiang [Nguema] se entrevista con Felipe [Gonzalez] en Madrid » (Obiang Nguema a une entrevue avec Felipe Gonzalez à Madrid), *Diario 16.*
« New Problems with Spain » (Nouveaux problèmes avec l'Espagne), *West Africa.*
27 « No creáis que basta con matar a Macias [Nguema] » (Ne croyez pas qu'il suffise d'exécuter Macias Nguema), *Actual.*
« El presidente de Guinea [Ecuatorial] T. Obiang [Nguema] llega mañana a Madrid. Intento pro-soviético para romper con España » (Le président équato-guinéen T. Obiang Nguema arrive demain à Madrid. Tentative pro-soviétique pour rompre avec l'Espagne), *ABC.*
28 « El gobierno duda que la visita de Teodoro Obiang [Nguema] resuelva la crisis planteada en la cooperación con Guinea » (Le gouvernement doute que la visite de Teodoro Obiang [Nguema] résolve la crise de la coopération avec la Guinée [Équatoriale], *El País.*
29 « Obiang [Nguema] quiso bajar con metralletas » (Obiang Nguema a voulu débarquer à l'aéroport de Madrid avec des mitraillettes), *Diario 16.*
« La crisis planteada en la cooperación con Guinea [Ecuatorial] » (La crise surgie dans la coopération avec la Guinée Équatoriale), *El País.*
30 « Le président Obiang [Nguema] tente de régler à Madrid le contentieux avec l'Espagne », *Le Monde.*
« Los Guineanos sacaron la pistola en la Moncloa ! » (Les Equato-Guinéens ont sorti le pistolet au palais présidentiel espagnol !), *Diario 16.*
« Gonzalez considera desbloqueadas las relaciones con Guinea Ecuatorial tras reuniones con Obiang [Nguema] » (Gonzalez considère les relations avec la Guinée Équatoriale comme débloquées suite aux réunions avec Obiang Nguema), *La Vanguardia.*
31 « Síntomas de cambio en las relaciones con Malabo » (Symptômes de changement dans les relations avec Malabo), *El País.*
« Guinée Équatoriale : dictature et convoitises », *Peuples noirs – Peuples africains.*
« Felipe Gonzalez visitará Guinea Ecuatorial en un clima de relaciones 'muy

constructivas'» (Felipe Gonzalez se rendra en visite en Guinée Équatoriale dans un climat de relations 'très constructives'.), *La Vanguardia.*

Août

1-31 « First elections held » (La tenue des premières élections), *African Research Bulletin.*

« Minister resigns » (Un ministre démissionne : E. Buale), *African Research Bulletin.*

22 « Dirigentes de la oposición guineana se quejan del poco apoyo que reciben de España » (Des dirigeants de l'opposition se plaignent du peu d'appui que leur donne l'Espagne), *El País.*

23 « La oposición de Guinea Ecuatorial elige sus nuevos dirigentes » (L'opposition équato-guinéenne élit ses nouveaux dirigeants), *El País.*

28 « Rücktritt Emiliano Buale » (Démission d'E. Buale, ministre de la Santé), *Archiv für Gegenwart.*

« Guinea Ecuatorial celebrará hoy unas elecciones legislativas con la lista única y sin participación de partidos politicos » (La Guinée Équatoriale tient aujourd'hui des élections législatives avec une liste unique et sans participation de partis politiques), *El País.*

Septembre

6 « E. Buale-Borico, ex-ministro de Guinea [Ecuatorial] : Obiang tiene su dinero en Suiza » (E. Buale-Borico, ex-ministre de Guinée Équatoriale déclare : Obiang a son argent en Suisse), *Interviú.*

« Los candidatos de Obiang copan los 41 escaños de la Asamblea Guineana » (Les candidats d'Obiang s'arrogent les 41 sièges de l'Assemblée équato-guinéenne), *El País.*

15 « Hacienda recorta 600 Mio de pesetas la ayuda a la cooperación para 1983 » (Le ministère espagnol des Finances coupe 600 Mio de pesetas à l'aide à la coopération pour 1983), *El País.*

16 « Création d'une Commission mixte [équato-guinéenne] avec la République centrafricaine », *Marchés tropicaux.*

19 « Buque de guerra norteamericano en Guinea Ecuatorial » (Navire de guerre des États-Unis en Guinée Équatoriale [*Spiegel Grove* – Cap. Thomas Summerlin], *El País.*

22 « Dos lineas enfrentadas [A.N.R.D., 4e Congresol »] (Deux courants déchirent l'A.N.R.D. au 4e Congrès), *Servir al pueblo.*

30 « Proposition de règlement du Conseil concernant la conclusion de l'accord entre la C.E.E. et le gouvernement de la République de Guinée Équatoriale concernant la pêche au large de la Guinée Équatoriale », *Journal officiel des Communautés européennes.*

Octobre

1 « Madrid silent over the 'Buale affair'» (Madrid se tait sur 'l'affaire Buale' »), *Africa Now.*

12 « Oubli [de la mention de la Guinée Équatoriale dans le discours de Mobutu à Vittel] », *Jeune Afrique*.
13 « La cooperación [española] al borde del colapso por la incertidumbre económica y politica. La mayoria de los españoles que trabajan en Guinea [Ecuatorial] desean regresar a nuestro país » (La coopération espagnole proche de l'échec en raison de l'incertitude économique et politique. La majorité des Espagnols qui travaillent en Guinée Équatoriale désirent rentrer en Espagne), *El País*.
« El gobierno español escéptico sobre la posibilidad de encauzar adecuadamente la ayuda a Guinea [Ecuatorial] » (Le gouvernement est sceptique à propos de la possibilité d'acheminement adéquat de l'aide à la Guinée Équatoriale), *El País*.
18 « Once jefes de Estado crean en Gabón la Comunidad de países del Africa central » (Onze chefs d'Etat créent au Gabon la Communauté des États de l'Afrique centrale), *La Vanguardia*.
24 « Mercenarios contra Guinea [Ecuatorial]. El Golpe, a punto » (Des mercenaires contre la Guinée Équatoriale. Un coup imminent), *Actual*.
31 « Un español ha embargado al Gobierno de Obiang [Nguema]. Los negocios guineanos del Gobierno Suarez » (Un Espagnol a obtenu l'embargo du gouvernement d'Obiang Nguema. Les affaires équato-guinéennes du gouvernement Suarez), *Tiempo*.

Novembre

4 « Deux Sociétés d'État transformées en société anonyme », *Marchés tropicaux*.
« France-Guinée Equatoriale : vers un accroissement des affaires », *Marchés tropicaux*.
« Pétrole et mines : activités des sociétés étrangères [en Guinée Équatoriale] », *Marchés tropicaux*.
« El Gobierno [español] pondrá fin a la 'relación especial' con Guinea Ecuatorial cuando este país entre en la zona africana del franco ». (Le gouvernement espagnol mettra fin aux 'relations spéciales' avec la Guinée Équatoriale dès que ce pays entrera dans la zone franc), *El País*.
30 « Guinée Équatoriale : une nouvelle Constitution fasciste », *Peuples noirs-Peuples africains*.

Décembre

2 « España busca una salida airosa » (L'Espagne cherche une sortie élégante), *El País*.
12 « Iregularidades en la liquidación con la ex-colonia. España entrega a Francia los recursos de Guinea [Ecuatorial] » (Irrégularités dans la liquidation avec l'ex-colonie. L'Espagne donne à la France les ressources de la Guinée Équatoriale), *Tiempo*.
20 « Mano a mano en un momento dificil » (Coup par coup en un moment difficile), *El País*.

22 « La Guinée équatoriale devient le cinquième membre de l'U.D.E.A.C. », *Le Monde*.
23 « Intégration officielle dans l'U.D.E.A.C. », *Marchés tropicaux*.
« B.D.E.A.C. : adhésion de la Guinée Équatoriale », *Marchés tropicaux*.
30 « L'adhésion à l'U.D.E.A.C. est prononcée à Bangui », *Marchés tropicaux*.
« Aéroport [de Bata] : prêt de la Badea », *Marchés tropicaux*.
« Pétrole : coût de prospection », *Marchés tropicaux*.

1984

Janvier

1 « Guinée Équatoriale : de mal en pis », *Bilan économique et social, 1983 (Le Monde)*.
« Equatorial Guinea : Foreign Affairs Secretary sacked » (Guinée Équatoriale : le secrétaire des Affaires étrangères démis), *Africa Now*.
« The nastiest place on earth » (Le pire endroit de la terre), *Sunday Times*.
28 « Règlement de la C.E.E. relatif à l'adjudication pour la livraison de farine de froment à la Guinée Équatoriale au titre de l'aide alimentaire », *Journal officiel des Communautés européennes*.
30 « Guinée Équatoriale : dans la "gueule du loup"» *Afrique-Asie*.
31 « Cesa el ministro ecuato-guineano de Justicia y Culto » (Démission du ministre équato-guinéen de la Justice et des Cultes), *El País*.

Février

15 « Schweizer Impfaktion in Äquatorialguinea » (Action de vaccination suisse en Guinée Équatoriale), *Tages-Anzeiger*.
25 « La Comisión de Juristas denuncia el régimen de Guinea Ecuatorial » (La Commission Internationale des Juristes dénonce le régime de Guinée Équatoriale), *El País*.

Mars 26

« España y Guinea [Ecuatorial], la hora de la verdad » (Espagne et Guinée Équatoriale : l'heure de vérité), *El País*.

Avril 7

« Hispanoil encuentra gas y condensados de petróleo en Guinea Ecuatorial » (Hispanoil a découvert du gaz et des concentrés de pétrole en Guinée Équatoriale), *El País*.
16 « Remite la epidemia de colera en Guinea Ecuatorial » (L'épidémie de choléra s'affaiblit en Guinée Équatoriale), *El País*.
26 « Guinea Ecuatorial, una dificil disyuntiva para España. Hora decisiva en las relaciones entre Madrid y su ex colonia africana » (Guinée Équatoriale, un choix difficile pour l'Espagne. Moment décisif pour les relations entre Madrid et son ex-colonie africaine), *El País*.
27 « Guinea Ecuatorial quiere hacer compatible la ayuda de España con

su incorporación a la 'zona del franco'» (La Guinée Équatoriale veut rendre compatible l'aide de l'Espagne à son intégration dans la « zone franc »), *El País*.

Mai

1 « Guinea [Ecuatorial] quedarà en 15 días sin la enseñanza de la UNED por falta de presupuesto » (La Guinée Équatoriale sera privée d'ici quinze jours de l'enseignement de l'Université Nationale [espagnole] d'Enseignement à Distance, faute de budget), *El País*.
16 « Gonzalez v. Mitterrand » (Gonzalez contre Mitterrand), *African Foreign Report*.

Juillet

1 « Equatorial Guinea may join Franc Zone » (La Guinée Équatoriale va rejoindre la zone franc), *Africa Business*.
22 « Décret 679 du 16 juillet 1984 portant publication de l'accord de coopération technique, scientifique et culturel entre le gouvernement de la République française et le 3 de la République de Guinée Équatoriale, signé à Paris le 28 novembre 1979 [entré en vigueur le 13 février 1981] », *Journal officiel de la République française*.
27 « L'accord de pêche avec la C.E.E. », *Marchés tropicaux*.
« Guinea Ecuatorial firma hoy su incorporación a la zona del franco » (La Guinée Équatoriale signe aujourd'hui son incorporation à la zone franc), *El País*.
28 « Guinée Équatoriale : entrée dans la zone franc », *Le Monde*.
31 « Guinée Équatoriale. Bilan positif de la visite en Chine du chef de l'État », *Marchés tropicaux*.

Août

1 « Interviú de Obiang Nguema, *Mundo Negro*.
« Guinea Ecuatorial. Crónica de una esperanza » (Guinée Équatoriale. Chronique d'un espoir), *Mundo Negro*.
« La cooperación española » (La coopération espagnole), *Mundo Negro*.
10 « Guinée Équatoriale. Adhésion officielle à la zone franc », *Marchés tropicaux*.
17 « Visite d'Obiang Nguema en Chine [populaire] », *Marchés tropicaux*.
23 « Críticas a Guinea Ecuatorial » (Des critiques de la Guinée Équatoriale), *El País*.

Septembre

7 « Signature des textes relatifs à l'adhésion de la République de Guinée Équatoriale à la zone d'émission B.C.E.A. », *Marchés tropicaux*.

Octobre

24 « Obiang convoca ecuato-guineanos a una reunión en Madrid » (Obiang [Nguema] convoque l'opposition équato-guinéenne à une réunion à Madrid), *El País.*

25 « Guinea Ecuatorial desmiente una posible reunión con la oposición ». (La Guinée Équatoriale dément la possibilité d'une réunion avec l'opposition), *El País.*

Novembre

5 « Guinée Équatoriale : oncle et neveu, même terreur », *Afrique-Asie.*

30 « Une nouvelle constitution fasciste », *Peuples noirs-Peuples africains.*

Décembre

1 « Entrée [de la Guinée Équatoriale] dans la zone franc ». *Bulletin quotidien d'Afrique (A.F.P.).*

« Tentative d'enlèvement organisée par l'ambassade de Guinée Équatoriale à Libreville, selon le C.S.D. », *Bulletin quotidien d'Afrique (A.F.P.).*

7 « Guinée Équatoriale. L'entrée dans la zone franc. La procédure suit son cours », *Marchés tropicaux.*

14 « Entrée dans la zone franc. Projet de loi au parlement français », *Marchés tropicaux.*

18 « España 'abdica' en Francia su responsabilidad sobre Guinea Ecuatorial » (L'Espagne abdique à la France sa responsabilité en Guinée Équatoriale), *Ya.*

28 « Adhésion de la Guinée Équatoriale à la Banque des États de l'Afrique centrale et à la zone franc », *Le Monde.*

1985
Janvier

14 « La Guinée Équatoriale a choisi la France. L'Espagne a perdu sa tête de pont en Afrique », *Tribune de Genève.*

24 « Rupérez, presidente de la Asociación hispano-guineana » (Rupérez, président de l'Association hispano-guinéenne), *ABC.*

30 « Guinée Équatoriale. La zone franc n'est pas une panacée », *Jeune Afrique.*

Février

5 « Un español, muerto cuando iba a ser expulsado de Guinea [Ecuatorial]». (Un Espagnol, mort alors qu'on l'expulsait de Guinée Équatoriale), *Ya.*

6 « El ministro del Interior ecuatoguineano deja morir al industrial español en el aeropuerto de Malabo (Le ministre équato-guinéen de l'Intérieur a laissé mourir l'industriel espagnol à l'aéroport de Malabo), *Diario 16.*

14 « Obiang Nguema, président de la République de Guinée Équatoriale », Interview, *Jeune Afrique Economie.*

15 « El embajador español en Guinea Ecuatorial cree en una 'monarquía

social'» (L'ambassadeur d'Espagne en Guinée Équatoriale croit en une « monarchie sociale »), *El País*.

18 « La policía de Obiang [Nguema] quiso detener al embajador [de España] : crece la presión sobre los Españoles » (La police d'Obiang Nguema a voulu arrêter l'ambassadeur d'Espagne : accroissement de la pression sur les Espagnols), *Cambio 16*.

25 [500] « Nigerianos evacuados » (500 Nigerians évacués), *El País*.

Mars

6 « Nigeria-Guinée Équatoriale. Lagos pose des conditions pour la reprise de la coopération », *Cameroon Tribune*.

11 « Guinée Équatoriale : un cadavre encombrant », *Afrique-Asie*.

2. Illusions et convoitises (suites)

Bien que qualifiant les relations avec l'ex-colonie de délicates, entre avril et juin 1983 (suite à un semblant de coup d'État à Malabo et un sergent réfugié à l'ambassade d'Espagne), et en dépit du constat de la perte en chemin d'une part importante de l'aide espagnole, Madrid jugeait la situation débloquée dès fin juillet déjà. Selon le président du gouvernement, Felipe Gonzalez, un climat de relations « très constructives » venait d'être trouvé. Dans cette phase qui s'étend du printemps à l'automne 1983, on constate un prudent silence des médias français. Ce mutisme volontaire, nous le retrouverons également en 1984.

Pendant que l'Espagne tentait de régler le différend avec les nguemistes, la presse espagnole ne cachait pas que le pétrole et l'uranium intéressaient particulièrement l'ex-métropole. Côté C.E.E., on travaillait alors à réserver les eaux territoriales équato-guinéennes aux navires de pêche de la communauté, après dix ans de pillage par la flotte soviétique. Et pour marquer l'amitié retrouvée avec les U.S.A., un navire de guerre américain faisait escale dans le port de Malabo, son capitaine venant assurer Obiang Nguema de la sympathie de la grande démocratie du Nord pour son régime. Ce qui semble donc compter le plus, ce sont les potentialités du sous-sol et des eaux équato-guinéens, ainsi que la distance prise par rapport à Moscou, et non pas la légalité du pouvoir.

Pendant que les relations hispano-équato-guinéennes connaissaient les habituels soubresauts, avec notamment blocage des avoirs équato-guinéens en Espagne et coupure de 600 Mio de pesetas de l'aide 1983, la France mijotait son affaire. Début octobre, un incident a bien risqué de bloquer l'entreprise : à Vittel, lors de la Conférence franco-africaine, à laquelle participe Obiang Nguema depuis 1981, le président Mobutu, dans le discours inaugural, venait d'oublier de citer la Guinée Équatoriale. Mais la diplomatie du Quai d'Orsay rattrapa ce faux pas. Ce qui dut être payant puisque quinze jours plus tard *Marchés tropicaux* – pourtant longtemps silencieux – faisait enfin mention de la Guinée Equatoriale : « France-Guinée Équatoriale : vers un accroissement des affaires », « Pétrole et mines ». Et voici que pour Noël

1983, *Le Monde* annonce que la Guinée Équatoriale devient le cinquième membre de l'Union Douanière des États de l'Afrique Centrale (U.D.E.A.C.), à quoi *Marchés tropicaux* ajoute, en un foisonnement subit d'articles : « B.D.E.A.C. : adhésion de la Guinée Équatoriale », « Pétrole : coût de prospection », etc. Et tant pis si le *Bilan économique et social 1983* du *Monde* décrit la situation de la Guinée Équatoriale comme « allant de mal en pis », ou si le *Sunday Times* qualifie la Guinée Équatoriale nguemiste de « pire endroit de la terre ».

En fait, toute l'année 1984 sera nécessaire pour concrétiser le captage définitif de la Guinée Équatoriale dans le filet de la zone franc. Nous y reviendrons.

3. « Gonzalez v. Mitterrand » ou le match Espagne-France

Ce titre du 16 mai 1984, dans *African Foreign Report*, montre que la lutte entre puissances coloniales du XIXe siècle, en Afrique, n'est pas encore achevée.

Durant les négociations hispano-équato-guinéennes de l'été 1983, la presse espagnole annonçait que Felipe Gonzalez allait se rendre dans l'ex-colonie. Début 1984, on apprit de bonne source, à Paris, que le président Mitterrand envisageait lui aussi une halte à Malabo, en juin, durant son voyage en Afrique centrale. Mais la visite de Mitterrand fut annulée à la dernière minute, car il apparut inutile de rendre publiques à ce haut niveau les visées de la France; le voyage de Gonzalez, lui, ne se concrétisa jamais en raison de la dégradation des relations avec la junte. La démission d'Emilio Buale Borico, ingénieur agronome de l'Ecole Polytechnique Fédérale de Zurich (Suisse), ministre de la Santé après avoir été en charge de l'Agriculture, et son exil en Espagne où il révéla l'incapacité nguemiste de gouverner – ainsi que les placements d'Obiang Nguema dans des banques helvétiques – jeta une nouvelle fois une triste lumière sur le désastre économique et politique dû à quinze ans de nguemisme. Compte tenu des incertitudes et du scepticisme espagnol face à l'aide apportée à la Guinée Équatoriale, les coopérants espagnols se montraient de plus en plus découragés (tout comme les quelques rares Onusiens). Le président Gonzalez tenta en vain de les rassurer en mai 1983, alors que la police d'Obiang Nguema maintenait une lourde présence autour de l'ambassade d'Espagne à Malabo. Dès fin mai 1983, le *Financial Time* flairait la tension montante de la compétition franco-espagnole pour le contrôle de la Guinée Équatoriale, et peu après *El País* affirmait la disposition du gouvernement de Madrid de voir son ex-colonie entrer dans la zone qu'il qualifiait de francophone alors que l'enjeu était plutôt celui du franc. Côté français, l'intérêt pour la Guinée Équatoriale allait montant, tandis que fin novembre 1983 on annonçait en Espagne la prochaine fin des relations privilégiées avec Malabo. Mais on espérait encore trouver une sortie élégante. Pendant que *Tiempo*, à Madrid, accusait l'Espagne de brader les richesses de la Guinée Équatoriale au profit de la France, à Paris on se flattait de l'adhésion d'un nouveau membre à l'U.D.E.A.C. Au printemps 1984, *El País* fera allusion à « l'heure de vérité », pendant que le britannique *Africa Business* montre la Guinée Équatoriale rejoignant la zone franc et que Paris publiait des accords de coopération pendant que Bruxelles signait des accords sur la pêche au profit des membres de la C.E.E. En août 1984, tandis que le catholique *Mundo Negro* versait des larmes de crocodile avec une « Chronique d'un espoir », les nguemistes ratifiaient leur adhésion à la zone franc. Après un silence qui s'étira d'août à décembre 1984, la presse française exultait tandis que celle d'Espagne parlait d'abdication. Dès janvier 1985, l'helvétique *Tribune de Genève* appréciait de façon neutre la nouvelle situation : « La Guinée Équatoriale a choisi la France. L'Espagne a perdu sa tête de pont en Afrique ». Obiang Nguema n'avait-il pas recommandé en avril 1983 à ses compatriotes d'apprendre le français ? En février-mars 1985, seule une revue critique comme *Afrique-Asie* dépeignait la catastrophe équato-guinéenne en titrant sur « Un cadavre encombrant ». *Jeune Afrique (Economie),* par contre, se montrait laudatif à travers une luxueuse présentation d'une interview d'Obiang Nguema qui comporte, parmi d'autres déclarations discutables du dictateur, des monstruosités comme : «... s'il y a changement en Guinée Équatoriale, c'est effectivement en ce sens qu'il y a maintenant des libertés. Nous garantissons ces libertés. Certes, la démocratie ne fonctionne pas comme dans les pays occidentaux. D'ailleurs, je connais des pays européens qui ont échoué dans la démocratie. Mais je crois que la démocratie, chez nous, doit être appréciée en tenant compte de la sécurité de l'État. Le plus important, c'est la paix, le respect des libertés et des personnes. C'est pourquoi il faut se méfier des informations que véhiculent, de-ci, de-là, certains journaux – principalement la presse espagnole qui publie ce qu'elle a envie de publier... la presse internationale se trompe ou est trompée ».

Face à cette « jeune-africânerie » qui rappelle singulièrement d'antérieures glorifications du dictateur nguemiste, la presse espagnole constate que les pressions sur les Espagnols en Guinée Équatoriale s'accentuent, pendant que l'ambassadeur d'Espagne rêve à Malabo à une « monarchie sociale » de type scandinave. Pas gentil pour le roi d'Espagne ! Autre pression, mais sur la Guinée Équatoriale : depuis le Gabon, et avec le concours d'ELF-Aquitaine, la localité équato-guinéenne d'Akalayong, sur l'estuaire du Muni, a été pratiquement occupée; seules les vives protestations d'Obiang Nguema ont permis d'éviter pour le moment une nouvelle annexion du type de celle de 1972. Une société mixte veillerait à l'exploitation du pétrole équato-guinéen du Muni, avec la singulière répartition des bénéfices que voici : ELF-Aquitaine (50 %), Gabon (30 %), Guinée Équatoriale (20 %)...

4. Une opposition divisée

En avril 1983, la presse espagnole fait état de tensions au sein de l'opposition équato-guinéenne, alors qu'à Paris *Le Figaro* signale que les opposants établis en Espagne demandent à la France de supprimer son aide aux nguemistes. C'est que la plupart des mouvements de résistance à la dictature, le plus souvent peu représentatifs, ne font que graviter autour d'intérêts espagnols, de droite surtout, et la France venait semer le trouble dans leurs projets. Durant l'été 1983, ces mêmes mouvements se plaindront tout autant du peu d'aide que leur accorde l'Espagne.

Le plus souvent élitistes, des mouvements comme Pandeca, F.A.M., Molifuge ont vu plusieurs de leurs cadres répondre au miroir aux alouettes nguemiste en se mettant au service d'Obiang Nguema. Seule l'A.N.R.D., le Frelige et le Frelifer poursuivaient alors une politique non servile. Côté France, on voit poindre, dès 1981, un prétendu Rassemblement pour la libération de la Guinée Équatoriale, auto-création d'un certain Manuel Ruben Ndongo. Finalement, ce dernier, ayant su trouver quelque sept personnes, créa à Paris un second mouvement, la Convergence Sociale Démocratique[3]. Il est peu probable que la France s'engage réellement avec un groupe aussi peu représentatif et sans arrières au pays.

Les manipulations néo-coloniales auxquelles s'est exposé Obiang Nguema ont eu des répercussions côté A.N.R.D. On apprit fin septembre 1983, par *Servir al pueblo,* que deux courants étaient une nouvelle fois en train de déchirer l'Alliance. Cela amena notamment le remplacement de l'ancien secrétaire général, le prof. C.M. Eya Nchama, par le juriste Martin Nsono-Okomo, pendant qu'à Madrid, Zaragoza ou Valencia piétinait la *Junta coordonadora de la oposición guineana.* Les tentations de cette Junte, à laquelle l'A.N.R.D. refusa d'adhérer, de prendre langue avec les nguemistes, ont conduit en octobre 1984 au lancement d'un ballon d'essai avec l'annonce dans *El País* d'une réunion prétendument convoquée par Obiang Nguema; cette nouvelle a été démentie aussitôt par Malabo.

Début 1985, la résistance à la dictature nguemiste, tant du côté A.N.R.D. que Frelifer et Frelige, semble quelque peu en veilleuse. En fait, on reconsidère les stratégies. Individuellement, certains leaders, tels le prof. Eya Nchama au sein de la *Commission des Droits de l'Homme*, poursuivent un combat sans relâche. Cette commission décidait en mars 1985 d'envoyer une nouvelle mission en Guinée Équatoriale et vota une résolution qui demande, entre autres, que le gouvernement d'Obiang Nguema révise sa constitution dans un sens plus démocratique[4]. C'est ce qu'exige aussi une toute fraîche *Asociación para el Progreso de Guinea Ecuatorial*, fondée début 1985 à Madrid, par quelques Espagnols et des réfugiés, dont d'anciens du gouvernement nguemiste, tel Moto Nsa. Destinée à des milieux modérés et humanistes, l'A.P.G.E. se veut plateforme de rencontre et soutien de l'hispanité. La présidence a été confiée au sénateur du P.D.P., Javier Rupérez.

5. « Ne croyez pas qu'il suffit de tuer Macias » Nguema

Exécuter Macias Nguema ne suffit pas, écrivait *Actual* en juillet 1983, dans le sens de l'avertissement lancé en septembre 1979 déjà par la Commission Internationale des Juristes, à l'occasion du procès et de l'exécution du premier dictateur nguemiste. On soulignait alors que tous les complices de Macias Nguema restaient en place; ils le sont toujours. Aussi, *Afrique-Asie* devait-elle insister en novembre 1984 sur l'évident constat : « Guinée Equatoriale : oncle et neveu, même terreur ».

Si *Diario 16* faisait allusion en mai 1983 aux « scandales d'Obiang Nguema » et qu'en Suisse *L'Hebdo* évoquait en juin la Guinée Équatoriale parmi les « tyrannies africaines », en juillet les nguemistes colportaient leurs mauvaises manières jusque sur le sol espagnol. En effet, venu pour discuter avec Felipe Gonzalez, « Obiang Nguema a voulu débarquer à Madrid avec des mitraillettes ». Mieux : après l'épisode de l'aéroport, les gorilles d'Obiang Nguema arrivant à la résidence du Premier ministre ont à nouveau « sorti le pistolet », au point que Gonzalez dut se rendre dans les jardins de la Moncloa pour leur faire savoir qu'en Espagne ce sont les forces espagnoles qui se chargent du maintien de l'ordre et de la protection des personnes.

Nous avons déjà signalé les révélations de l'ex-ministre Buale Borico sur l'incompétence et la corruption nguemiste. En janvier 1984, c'est le ministre de la Justice qui quitte son poste, peu avant que la Commission Internationale des Juristes ne dénonce fermement la dictature d'Obiang Nguema devant la *Commission des Droits de l'Homme*, à propos du simulacre de constitution de 1982 et d'élections législatives de 1983.

Fin 1984, c'est via *l'Agence France Presse* qu'est diffusée la nouvelle de l'enlèvement d'une Équato-Guinéenne par du personnel de l'ambassade nguemiste à Libreville. Cette pratique remonte aux débuts du pouvoir de Macias Nguema; bel exemple de continuité.

Début 1985 un Nigerian était assassiné à Malabo par un officier de Sécurité équato-guinéen. Cela contribua à détériorer des relations assez tièdes, et milieu février la presse du Nigeria faisait état d'une « expédition navale et aéroportée pour évacuer des Nigérians réduits à l'esclavage ». En fait, ce sont quarante-huit travailleurs qui furent rapatriés. Lors de la visite à Lagos du ministre équato-guinéen des Affaires étrangères, Onguene Onguene (de Mongomo, comme il se doit), le général Tunde Idiagbon, numéro 2 du régime militaire, posa une série de conditions préalables avant toute reprise de la « coopération » entre les deux pays. On se rappelait trop, à Lagos, les nombreux assassinats et sévices dont furent victimes des Nigerians sous Macias Nguema, et l'opération aéro-navale de 1976 qui permit d'évacuer 25.000 Nigérians, à la barbe de l'armée d'Obiang Nguema. Les nguemistes continuant à pratiquer une politique de terreur. Lagos exige :

- qu'arrêtent les « mauvais traitements et notamment la torture » dont sont victimes des Nigerians en Guinée Équatoriale;
- que Malabo cesse « tout encouragement aux contrebandiers ou aux immigrants illégitimes »;
- que l'ambassade à Malabo soit informée en cas d'arrestation de ressortissants nigerians et que les visites consulaires soient autorisées.

Bien entendu, Onguene Nguema a démenti que des sévices aient été infligés à la colonie nigeriane; mais s'il pouvait juger les entretiens comme « excellents », il lui fallut qualifier le résultat de « satisfaisant » seulement.

Cette affaire avec le Nigeria est confirmée par la mort d'un homme d'affaires espagnol, à l'aéroport de Malabo, en raison du refus du ministre de l'Intérieur, Eyi Monsui Andeme de le faire soigner d'urgence à l'hôpital de la capitale. Eyi Monsui Andeme, Esagwong de Mongomo, est un anti-Espagne réputé et s'était fait remarquer sous Macias comme tortionnaire. Les deux morts étrangers du début 1985 montrent, s'il le faut encore, que la Guinée Équatoriale reste victime du banditisme nguemiste. Mais si les étrangers peuvent parfois bénéficier de l'assistance de leur gouvernement, les nationaux sont, eux, à la merci des hors-la-loi du clan de Mongomo.

Même si la presse ne le cite jamais dans ses titres, il faut ici signaler que le moteur de la terreur nguemiste est, depuis 1979, un cousin d'Obiang Nguema, le lieutenant-colonel Fructuoso Mba Oñana, ancien tailleur, propulsé à de hautes destinées militaires grâce à Macias Nguema, via des stages en U.R.S.S. et en Corée du Nord. Connu pour son arrogance – il suffit de lire entre les lignes les rapports d'expertise de la *Commission des Droits de l'Homme* – Mba Oñana a la réputation d'avoir ligoté l'ambassadeur de son pays dans le bureau de la mission équato-guinéenne à l'O.N.U., à New York. On le crédite aussi de sévices ordonnés contre des réfugiés rentrés au pays, de détournements de vivres fournis par l'Espagne, de morts dues à sa gâchette trop facile; c'est lui encore qui fut l'organisateur du faux complot d'avril 1981, en compagnie d'un frère d'Obiang Nguema, Armengol Nguema, autre pistolero réputé, ce qui permit l'arrestation de près de 200 fonctionnaires et magistrats, mais aussi la confiscation des avoirs de la Société EXIGENSA, notamment des véhicules, créée par un réfugié rentré d'exil. Promu lieutenant-colonel en février 1981 et inspecteur général des Forces armées en mars, il devint en octobre 1982 vice-Premier ministre chargé de la Défense, coordonnateur, planificateur et inspecteur de la Police nationale. Quant aux véhicules pris à EXIGENSA, il les exploite en tant que président de l'Office des transports Oficar.

5. Quelques enseignements pour l'avenir

Cette nouvelle expérience d'histoire immédiate par voie de titres de la presse prouve une fois encore – si besoin est – qu'en Guinée Équatoriale c'est une même dictature qui frappe depuis dix-sept ans. Si on est passé de Macias Nguema à Obiang Nguema, avec quelques changements mineurs qui tiennent au fait que le premier était un malade mental, le contexte général du nguemisme n'a pas évolué. Certes, on pourrait affiner encore l'analyse. Pour cela, le lecteur intéressé voudra notamment se reporter aux volumes de la *Bibliografia general de Guinea Ecuatorial*.

Par malheur, pour des raisons qui ne peuvent tenir qu'aux intérêts mercantiles – sinon il faudrait parler d'actes imbéciles – les démocraties occidentales soutiennent la dictature du clan de Mongomo, à l'instar de la Suisse qui bâtit une léproserie et des dispensaires, et qui vaccine; des États-Unis, qui fournissent médicaments, aliments, fonds pour réorganiser un parc avicole; de la C.E.E. et de ses membres individuels, qui livrent de la farine de froment pour contrecarrer la résistance passive des paysans planteurs de manioc et d'igname; de l'Espagne, qui cherche à sauver ce qui peut encore l'être.

Quant à la France si discrète, elle a réussi par le captage de la Guinée Équatoriale dans sa zone franc la mise sous sa coupe du quasi monopole du commerce d'okoumé. Sans parler des intérêts pétroliers, minéraliers, etc. Mais comme l'a laissé entendre *Jeune Afrique* en janvier 1985, « la zone franc n'est pas une panacée ». Aussi longtemps, en effet, que la Guinée Équatoriale étouffera sous « une constitution fasciste » (*Peuples noirs-Peuples africains,* novembre 1983) les abus continueront : enlèvements, torture, travaux forcés ou esclavage, assassinats, prévarication, etc.

Il serait certainement souhaitable que la Guinée Équatoriale puisse trouver une bonne place dans le concert des nations libres. Mais cela suppose que l'Occident unanime présente aux nguemistes les mêmes conditions que celles énoncées par la *Commission des Droits de l'Homme*, en mars 1985, à savoir :
– amender sérieusement la loi fondamentale dans le sens du respect des droits de l'homme;
– adhérer aux pactes relatifs aux droits économiques, sociaux et culturels, d'une part, et des droits civiques et politiques, d'autre part, afin de garantir le respect des droits de l'homme et des libertés fondamentales.

Ces exigences vont dans le même sens que celles posées par le gouvernement du Nigeria, début mars 1985.

Il faut espérer que le patronage de la France, amènera la dictature nguemiste à autoriser les activités syndicales et politiques, dans le simple respect des engagements signés par le pays lors de son adhésion aux Nations Unies et aux Institutions spécialisées, dont l'O.I.T. Au cas où le népotisme des hommes de Mongomo ne cesserait pas et que l'Assemblée nationale populaire continuerait à n'être qu'une chambre de ratification des décrets du dictateur, on se mettrait alors à penser que les bontés de la France avec l'Afrique se satisfont systématiquement du viol des libertés fondamentales. Cela confirme les critiques récentes de la francophonie[6].

Il faut espérer que les efforts de la *Commission des Droits de l'Homme*, en mettant à disposition de la Guinée Équatoriale des conseillers de bonne volonté, contribuera à faire entendre raison à un régime qui gagnerait gros à prendre le risque de la démocratie. Encore qu'il s'agit de s'entendre sur le sens des mots.

Durant la session de février-mars 1985 de la *Commission des Droits de l'Homme*, à Genève, *l'Internationale démocrate-chrétienne* a déposé une communication écrite visant à attirer l'attention sur la situation réelle en Guinée Équatoriale[7]. On y lit notamment : « Après le coup d'État du 3 août 1979, qui avait fait naître des espoirs quant à la démocratisation du pays, la situation a effectivement empiré car le nouveau régime a adopté les mesures suivantes :
- Institutionnalisation des « Jeunesses en marche » à travers la création d'un nouveau corps paramilitaire, la Sûreté. Celle-ci, comme avant le coup d'État, reste un instrument servant à semer la terreur dans les villes et les villages :
- Etablissement d'une Chambre des représentants composée de membres choisis arbitrairement par le président de la République;
- Proclamation d'une Charte de privilèges – et non d'une Constitution – qui, outre ses innombrables défauts formels, donne pratiquement les pleins pouvoirs au chef de l'État. »

Puis l'Internationale démocrate-chrétienne – à laquelle sont affiliés la plupart des partis démochrétiens du globe – énumère les violations des droits de l'homme proprement dites dont sont coupables les nguemistes – détentions arbitraires; – torture physique et psychologique; – disparitions mystérieuses; – interdiction du droit d'association; – inexistence de la liberté d'expression; – libertés religieuse et de culte très limitées et conditionnées par l'acceptation par le gouvernement; – viol du droit à la santé par l'encouragement à la consommation de drogues et de boissons alcooliques.

Et d'émettre le souhait que se réunisse enfin une Convention politique comprenant gouvernement et opposition, observateurs des O.N.U., O.U.A., Commission européenne et organismes humanitaires internationaux. La Convention établirait « un programme de normalisation démocratique, comportant notamment l'amnistie générale pour les prisonniers politiques, la garantie de l'impunité pour les réfugiés, l'élaboration d'une loi sur la liberté d'association et la formation de partis politiques, la constitution d'un gouvernement provisoire avec une ample base politique, la création d'une Assemblée constituante chargée d'élaborer une constitution et d'organiser des élections libres et démocratiques.

Allez, France !

Notes

1. Cf les chapitres ci-dessus.
2. M. Liniger-Goumaz, *Guinée Équatoriale. De la dictature des colons à la dictature des Colonels*, Les Editions du Temps, Genève, 1982, pp. 161-207; M. Liniger-Goumaz, *De la Guinée Équatoriale nguemiste. Eléments pour le dossier de l'afrofascisme*, Les Editions du Temps, Genève, 1983, pp. 51-110; « Guinée Équatoriale », in *O.N.U. et dictatures. De la démocratie et des droits de l'homme*, L'Harmattan, Paris, 1984, 284 p. (pp. 85-164).
3. Son principal associé est Secundino Oyono, qui a tenté de se donner comme représentant de l'A.N.R.D. en inventant un organisme fictif : Acción Nacional de Reforma Dernocrática, dans le cadre d'une claire opération d'intoxication.
4. Commission des Droits de l'Homme, « La situation en Guinée Équatoriale, Projet de résolution à l'ECOSOC », Genève, 11 mars 1985, 2 p., Doc. E/CN. 4/1985/L. 39 et E/CN. 4/1985/30.
5. M. Liniger-Goumaz, *Bibliografía general de Guinea Ecuatorial*. vol. V, Les Editions du Temps, Genève, 1985, 264 p. Le vol XVI est paru en 2011.
6. G.O. Midiohouan, « Portée idéologique et fondements politiques de la francophonie (vue d'Afrique) », *Peuples noirs-Peuples africains*, 43, Rouen, janvier-février 1985, pp. 12-36.
7. Internationale démocrate-chrétienne, Communication écrite présentée à la *Commission des Droits de l'Homme. Nations Unies*. Question de la violation des droits de l'homme et des libertés fondamentales, Conseil économique et social, Genève, 22 février 1985, Doc. E/CN. 4/1985/NGO/36, 2 p.

IX

UNE NOUVELLE CONSTITUTION FASCISTE

Les manipulations constantes de la Constitution par Macias Nguema sont connues. Après que la Guinée Équatoriale ait démarré son indépendance avec une Loi fondamentale élaborée par une Conférence constitutionnelle réunissant, outre des interlocuteurs espagnols, toutes les tendances politiques, et toutes les ethnies du pays, Macias Nguema fit illégalement abroger divers articles de ce texte, dès 1971. La plupart des articles éliminés portaient sur les libertés fondamentales. En 1973, Macias Nguema fait adopter une nouvelle Constitution remplaçant la Constitution démocratique de 1968, afin – écrit la Commission Internationale des Juristes[1] – de donner à son régime un semblant de base constitutionnelle. Conséquence de ce viol par un président élu au suffrage universel, mais ne jurant que par son clan fang des Esangui : un « énorme vide juridique ». Le pays restait alors gouverné par des règlements arbitraires. Aussi, de plus en plus d'Équato-Guinéens, en particulier les cadres et quasiment toute l'intelligentsia – dont les étudiants envoyés aux études à l'étranger – préférèrent prendre leurs distances et se mettre à l'abri hors du pays. Un an après la publication de la Constitution dictatoriale de 1973 naissait à Genève l'A.N.R.D., qui poursuit avec persévérance et dynamisme la lutte contre l'autocratie du clan de Mongomo.

Intervient en août 1979 le coup d'État « de la Liberté »; cette révolution de palais des complices de Macias Nguema emmenés par Obiang Nguema, depuis des années vice-ministre des Forces armées. Il faudra au Conseil Militaire Suprême près d'un an pour penser abroger la Constitution de 1973 : un an durant, les centurions du clan de Mongomo se sont donc complus à persévérer dans l'illégalité de leur oncle. Puis, jusqu'en août 1982, « le pays fut dirigé sans Constitution par un Conseil Militaire Suprême présidé par le colonel Obiang Nguema ». La Guinée Équatoriale était donc sans conteste « dirigée » par une bande de hors-la-loi. Voulant faire croire qu'ils étaient décidés à revenir à la légalité, les nguemistes, après avoir fait composer par quelques-uns des leurs une « Loi fondamentale » copiée sur les modèles gabonais, chilien et turc, ont appelé le peuple à un vote obligatoire sur ce nouveau texte.

Mais hélas, « cette nouvelle Constitution a un grave défaut » : elle est le produit d'une vingtaine de vétérans de l'ère Macias Nguema. « Aucun représentant du peuple, aucun organisme politique, syndical, social ou communautaire n'a pu participer à sa préparation. ». Pas un seul débat public; pas d'appel à la participation de l'opposition. Le Rapporteur spécial de la *Commission des Droits de l'Homme* avait pourtant clairement recommandé en 1980 et 1981 la formation d'une assemblée constituante chargée de préparer un texte qui ait l'adhésion de la majorité du peuple équatoguinéen. « Si on considère qu'aucune campagne politique n'a été organisée pour expliquer au corps électoral les implications d'un vote favorable ou défavorable à la nouvelle Constitution, on peut se demander si son nouveau libellé reflète véritablement la volonté des peuples équatoguinéens ».

Il s'agit en fait d'une ébauche de Constitution fondée sur un système présidentiel puissant, appuyé surtout sur les pouvoirs « extrêmement étendus » de l'exécutif. Le type même de la dictature. On prévoit une chambre unique de 45-60 députés élus au suffrage universel direct et à bulletin secret (art. 116). Mais ses moyens de contrôle sont très limités et le président peut la dissoudre (art. 121), tout en n'étant pas responsable devant elle.

Loin de la séparation des pouvoirs, les membres de la Cour suprême – qui est censée être la plus haute autorité judiciaire – sont nommés et peuvent être révoqués par le président (art. 147). Plus loin, le chapitre III énumère toute une série de droits tels que ceux prônés par diverses conventions, déclarations et pactes internationaux. Mais ce n'est là que de la poudre jetée aux yeux du peuple exsangue de Guinée Équatoriale, « étant donné les pouvoirs que la Constitution confère au président pour suspendre le chapitre III ». De nombreux articles – tel celui qui affirme le droit à l'intégrité physique et qui interdit la torture – sont énoncés, mais pour des cas que la loi devra déterminer. Les articles portant sur les droits des citoyens, valables en tant que tels, peuvent cependant être suspendus par le président (sans, bien sûr, en référer au Parlement (d'ailleurs lui aussi composé en principe de complices du régime nguemiste) en vertu de ses pouvoirs exceptionnels.

Côté droits politiques, le texte fait silence sur les partis politiques. Depuis des années pourtant, l'A.N.R.D demande de participer à l'élaboration d'une Constitution qui permette le retour à la démocratie. Mais Obiang Nguema et ses acolytes font la sourde oreille. A Genève, en avril 1982, devant la presse internationale intéressée par la Conférence des pays donateurs organisée par le P.N.U.D., il a prétendu tout ignorer de l'A.N.R.D. A tout prix on cherche à écarter l'opposition de la gestion des affaires du pays. L'article 90 exige qu'une personne ait « résidé dans le pays pendant dix ans avant de pouvoir présenter sa candidature aux élections présidentielles. Etant donné que toute l'intelligentsia est réfugiée à l'étranger, souvent depuis 1969, on comprendra que les héritiers de Macias Nguema préfèrent les tenir à distance. Comme sous l'« unique miracle », les nguemistes ne craignent rien tant que les compatriotes instruits, et ont la phobie de ce qu'ils taxent d'« intellectuel »[2]. Pas de doute donc : les nguemistes visent à « se maintenir au pouvoir indéfiniment et d'institutionnaliser un système qui leur donne le contrôle absolu sur la vie politique du pays ». La vie économique aussi, à eux qui saignent la Guinée Équatoriale depuis quinze ans par une corruption élevée à l'état d'institution. Quant au droit d'association, donc la faculté de former des syndicats, des partis politiques, il est simplement éludé. Le droit de grève, lui, est à tel point limité que les conventions de l'O.I.T. – dont la Guinée Équatoriale est membre depuis début 1982 – sont violées tant dans l'esprit que dans la lettre.

La Commission Internationale des Juristes souligne dans son étude « un des aspects les plus préoccupants de la Constitution d'Obiang Nguema : elle est assortie de trois dispositions transitoires et d'une "disposition additionnelle". Or, cette dernière suspend l'application de l'article 89, et la Constitution elle-même nomme le colonel Obiang Nguema président de la République pour la première période de sept ans ». C'est par une méthode identique que Macias Nguema a été proclamé par les siens « président à vie », en juillet 1973 : alors que l'article 42 de la nouvelle Constitution prévoyait alors des élections présidentielles tous les cinq ans, l'article 49 désignait l'oncle d'Obiang Nguema *Presidente vitalicio* par abrogation de l'article 42.

La technique des « dispositions additionnelles » utilisée par Obiang Nguema – souligne la Commission Internationale des Juristes – rappelle « ce qui s'est fait au Chili où, en 1980, le régime militaire a réussi à faire approuver une Constitution assortie de toute une série de dispositions transitoires qui prévoyaient que la Constitution n'entrerait pleinement en vigueur qu'en 1997 et que le général Augusto Pinochet resterait au pouvoir jusqu'en 1989. De la même façon, en novembre 1982, en Turquie, le général Evren a fait approuver par voie de référendum une Constitution qui le nomme président pour les prochaines sept années »... « les dispositions transitoires arrêtent également que jusqu'à l'élection de la Chambre des Représentants pour laquelle, d'ailleurs, aucune date n'a été fixée, le président disposera de tous les pouvoirs législatifs. En outre, le président peut demander à la Cour Suprême de reconsidérer ses décisions judiciaires « jusqu'à ce que le pays dispose de juges de carrière et de procureurs dûment formés ». On fait évidemment silence sur les nombreux juristes que possède le pays dans la diaspora. Et la C.I.J. d'affirmer qu'« il s'agit là de pouvoirs extraordinaires et tout à fait exagérés, même pendant une période transitoire, d'autant plus qu'aucune limite n'a été prévue pour cette transition ».

Inutile de passer en revue la totalité de la «Loi fondamentalement dictatoriale» d'Obiang Nguema. Bornons-nous à quelques réflexions, sur quatre axes différents.

1. La Constitution d'Obiang Nguema reproduit celle de Macias Nguema

Pas besoin de longs discours pour démontrer la continuité de la dictature et du pouvoir népotique de Guinée Équatoriale. Une simple comparaison entre quelques éléments des Constitutions de Macias Nguema et d'Obiang Nguema suffiront, soit :
a) Constitution du 23 juillet 1973 (abrogeant la Constitution démocratique du 22 juin 1968).

b) Constitution (Loi fondamentale) du 15 août 1982 (abrogeant elle aussi la Constitution démocratique du 22 juin 1968).

On va constater qu'il s'agit, en fait, d'un seul et même document, à peine modifié par des formules de style. Comme base de comparaison, nous suivrons la numérotation des articles de la Constitution de 1973 :

Article 1, al. 1
a. La Guinée Équatoriale est une République démocratique et populaire, souveraine, indépendante et indivise...
b. La Guinée Équatoriale est un Etat souverain, indépendant, démocratique, unitaire et républicain..

Des mots.... des mots.... des mots...

Article 2

a. Tout le pouvoir appartient au peuple qui l'exerce à travers le parti unique et les organes de l'État.
b. La souveraineté réside essentiellement et exclusivement dans le peuple qui l'exerce à travers le suffrage, et de celui-ci émanent les pouvoirs publics.

Or, le Conseil d'État, chargé par le texte d'août 1982 de garantir la vie démocratique – comme le Conseil de la République antérieurement – est composé de membres tous désignés par le président de la République (art. 101, al. 2). Un an après le référendum, ce Conseil n'était toujours pas formé.

Article 8
a. La Guinée Équatoriale est membre des Nations Unies et de l'Organisation de l'Unité africaine; elle respecte les chartes principales.
b. L'État équato-guinéen réaffirme son adhésion à la Charte des N.U., de l'Organisation de l'Unité africaine et du mouvement des pays non alignés.

Ainsi, pour le simple motif que le pays est membre de ces organismes internationaux, on veut faire croire qu'on en respecte les principes et les chartes.

Article 42
a. L'élection du président de la République et des députés de l'Assemblée nationale populaire a lieu tous les cinq ans.
b. Le président de la République est élu au suffrage universel direct et secret (art. 89)... Les élections présidentielles sont convoquées au bout de la septième année du mandat (art. 91).

On semble s'être inspiré du mandat de sept ans adopté par la France, à l'image aussi de ce qui se fait au Chili et en Turquie :

Article 49
a. L'Assemblée nationale populaire sera composée de 60 députés proposés par le parti au suffrage universel secret.
b. La Chambre des Représentants du peuple est composée d'un minimum de 45 et d'un maximum de 60 représentants du peuple, élus pour cinq ans (art. 116).

Sous Macias Nguema, l'Assemblée nationale n'a pratiquement jamais siégé. Avec Obiang Nguema, la situation est encore plus simple : entre 1979 et 1982 le pays a vécu sans Constitution et sans aucune représentation populaire, et depuis août 1982 aucune élection n'a encore eu lieu pour former la Chambre des Représentants.

Article 67
a. Les fonctions judiciaires émanent du peuple et sont exercées par le Tribunal populaire suprême et les autres tribunaux civils et militaires.
b. La justice émane du peuple et est administrée au nom du chef de l'État par les juges et magistrats (art. 138).

La justice émane donc du peuple, et les juges émanent du chef de l'État, qui est le « détenteur suprême du pouvoir exécutif » (art. 92, al. n). La dictature, c'est précisément l'absence de séparation des pouvoirs. Mais en Guinée Équatoriale, ce pouvoir – c'est-à-dire Obiang Nguema – dispose de la faculté extraordinaire de demander à la Cour suprême de reconsidérer ses décisions judiciaires « jusqu'à ce que le pays dispose de juges de carrière et de procureurs dûment formés négligeant les juristes équato-guinéens nombreux de la diaspora. Pas étonnant que la Commission Internationale des Juristes soit réduite à qualifier de tels pouvoirs comme « tout à fait exagérés, même pendant une période transitoire, d'autant plus qu'aucune limite n'a été prévue pour cette transition ».

Article 68
a. Tous les juges sont nommés par le président et révocables par lui.
b. Le président de la Cour suprême et les membres qui la composent sont librement nommés par le président de la République (art. 146).

Le pouvoir personnel de Macias Nguema a donc été reconduit par son neveu Obiang Nguema. La liberté n'est pas du côté du peuple, mais du dictateur, qui nomme « librement » qui il veut.

De quoi donner des frissons à tous les démocrates. Obiang Nguema, qui a collaboré avec son oncle depuis 1968, au sein de l'armée, au sein du parti, au sein des administrations et même au sein des centres de torture, ose, à la fin de cette « Constitution » d'août 1982 s'intituler : *auteur et exécuteur de la glorieuse action du 3 août 1979 qui a restitué au Peuple sa vraie liberté, et qui est à l'origine de la démocratie du pays.*

A l'art. 1, al. 3, la bande de hors-la-loi que sont une partie des Esangui de Mongomo affirme *qu'aucune fraction du peuple ou individu ne peut s'attribuer l'exercice de la souveraineté nationale.*

Décidément, ils osent écrire n'importe quoi.

Et dire que ce pouvoir népotique sanguinaire est représenté aux Nations Unies et reçoit la visite des Jean-Paul II, Juan Carlos Ier d'Espagne et autres grands de ce monde ! Comment ne se rendent-ils pas compte qu'Obiang Nguema = Macias Nguema ? Simplement parce que la forêt d'okoumé et le naphte de la terrasse continentale équato-guinéenne voile leurs yeux prétendûment démocrates. Et puis, les Soviétiques ne sont pas loin, avec leur base à São Tomé. La stratégie prime les droits de l'homme.

2. Obiang Nguema : « L'État, c'est moi »

Un homme qui ne parvient à s'élever au rang de président de la République que par des années de lâcheté, de violences, puis par une disposition additionnelle collée à une Constitution faite sur mesure par une vingtaine de complices[3] – à l'insu du peuple – n'est pas un démocrate.

Avec quels instruments Obiang Nguema se permet-il de gouverner ? La Loi fondamentale d'août 1982 dit que c'est la loi qui décide, entre autres, de
- la peine de mort,
- des possibilités de violation du courrier,
- du droit des Équato-Guinéens d'entrer et de sortir librement de leur pays, etc.

Il convient donc de savoir qui établit les lois.

La Chambre des Représentants (le Parlement), qui devrait être élue au suffrage universel et obligatoire, n'est toujours pas en place. De plus, le président de la République se réserve le droit de dissoudre cette Chambre (art. 121). Quant au président du Parlement, il est désigné par le président de la République et dix autres comme membres du Conseil d'État, organe collégial suprême. Ce Conseil d'Etat est censé exercer le haut contrôle du développement démocratique de la vie politique et sociale de Guinée Équatoriale, et de veiller sur la constitutionnalité des lois.

Comme les membres de ce Conseil d'État sont désignés par le président de la République (art. 101), on peut s'attendre à ce qu'ils aient de la démocratie et de la constitutionnalité la même ignorance qu'Obiang Nguema, dont ils viseront à protéger le pouvoir. La justice, de même, est elle aussi, au service de la dictature. Ses membres ne sont-ils pas nommés « librement » par le président de la République ? Révocables et responsables devant le chef de l'État, sont-ils en mesure d'exercer librement leur fonction? Quels beaux jugements en perspective!

Le seul pouvoir véritable en Guinée Équatoriale est donc le président de la République, qui est simultanément le détenteur suprême du pouvoir exécutif, selon l'art. 92, et le premier magistrat de la nation, selon l'art. 141. D'où cet art. 92/c qui lui donne le droit d'édicter les décrets-loi, comme cela se fait dans le pays depuis 1968. Le président, qu'il soit Macias Nguema ou Obiang Nguema, est donc la loi.

Par conséquent, puisque c'est *la* loi qui décide de la peine de mort, de la censure, des libertés de mouvement des citoyens, etc., et que *la* loi c'est Obiang Nguema, la peine de mort, la censure, la liberté de circulation relèvent de son « bon » vouloir. Obiang Nguema ment donc en prétendant par sa Constitution familiale, à l'art. 1 que « la souveraineté réside essentiellement et exclusivement dans le peuple », puisque, selon lui : l'État, c'est lui.

3. Les travailleurs opprimés de Guinée Équatoriale

Depuis juillet 1972 sévit en Guinée Equatoriale le travail obligatoire. Dans cette petite dictature du Golfe de Guinée, le despote Macias Nguema – devant la résistance populaire à son pouvoir familial de type haïtien – a fait envoyer des milliers de gens dans les plantations de cacaoyers.

En août 1979, Macias Nguema a été renversé, puis éliminé, par ses neveux, dont Obiang Nguema, actuel « président de la République »; pour parvenir à ce poste, Obiang Nguema a fait organiser un plébiscite, en août 1982. Le texte de ce plébiscite de l'héritier du dictateur antérieur était joint à un texte de Constitution, rédigé par des vétérans de la dictature. Le tout confondu a été soumis au vote populaire obligatoire. Aucune assemblée constituante n'a été réunie, contrairement à ce que recommandaient tant la Commission des droits de l'homme que le bon sens démocratique. Les milieux ouvriers, en particulier, n'ont pas pu s'exprimer. Au point que la soi-disant Loi fondamentale d'août 1982 représente donc fondamentalement la poursuite de la dictature antérieure.

Les syndicats restent interdits, au même titre que les partis ou mouvements politiques. La famille au pouvoir ne craint rien autant que les opinions, les idées, elle qui depuis quinze ans honnit les intellectuels, de l'instituteur à l'universitaire. Craindre les idées, c'est aussi craindre la démocratie qui est précisément faite du débat d'idées.

Quelques exemples pour montrer l'absence de démocratie en Guinée Équatoriale, à travers les questions de travail. L'article 20/12 stipule que « Les associations ou sociétés dont les fins ou les activités sont contraires à la bonne entente et à l'harmonie des groupes ou ensembles ethniques, ou qui attentent à l'esprit d'unité nationale sont interdites ». Comme la revendication sociale, les exigences corporatives, les programmes des partis pourront toujours être taxés de « contraires à la bonne entente » et attentant à « l'esprit d'unité nationale », la dictature les étouffe. Les Équato-Guinéens sont assurés d'être unis dans le silence.

Pourtant, l'article 20/2 de la Loi fondamentale accorde le « Droit de communiquer ou de recevoir librement l'information véridique par tout moyen d'information ». Le Pouvoir, bien sûr, décidera de ce qui est véridique ou non. Certes, à l'article 20/10 on prévoit le « Droit de présenter des plaintes ou pétitions aux autorités, mais en aucun cas au nom du peuple, et recevoir les observations ou réponses pertinentes conformément à la Loi ». Mais justement, il vise à diviser pour régner, puisque ce qui fait la solidité d'un mouvement, en particulier ouvrier, c'est précisément l'union. Cela suppose des porte-parole. Ceux-ci sont donc interdits par la Loi. Dans un pays où la tête procède par décrets-loi, la Loi, c'est ce que veut la tête. Et quand cette tête est fasciste, démocratie où es-tu ?

La Constitution d'Obiang Nguema dit, à l'art. 36 (idem à l'art. 52), que le travail est un devoir personnel et social. Certes, à l'art. 20/11 on assure qu'« Aucune personne ne peut être obligée de réaliser un travail gratuit ou forcé, sauf exception prévue par la Loi ». Par exemple par un Décret-loi présidentiel... Le travail est donc un devoir que la Loi peu, d'exception, rendre obligatoire. Voilà comment il faut lire ce papier torché à Akonibe en mai-juin 1982. D'ailleurs, l'art. 58 interdit le droit de grève...

Et pourtant, on cherche à se montrer conciliant avec les travailleurs. A ce titre, l'article 53 dit : « En toute relation de travail est interdite toute condition qui empêche l'exercice des droits fondamentaux du travailleur. » Alors que, précisément, ces droits ne sont nulle part garantis. Ce qui explique pourquoi, début 1983, le travail obligatoire a repris dans les cacaoyères.

En octobre 1980, à Mogadiscio, la Conférence de l'Union Syndicale Africaine votait une résolution demandant à Obiang Nguema et à sa junte « de prendre les mesures nécessaires afin de restaurer le fonctionnement normal des syndicats dans le pays en conformité avec les Conventions 87-98 de l'O.I.T. ». Or, début 1982, la Guinée Équatoriale était admise à l'O.I.T. Mais rien n'est venu, depuis, concrétiser les droits des travailleurs, violés depuis quinze ans maintenant. Mieux : par un décret du 2 janvier 1981, comme pour gifler l'Union Syndicale Africaine, Obiang Nguema instituait un carnet de travail qui, à l'instar de l'Afrique du Sud, limite les déplacements des travailleurs. Quand on sait que depuis octobre 1982 le ministre du Travail est un parent d'Obiang Nguema, Angel Ndong Micha, on ne doit pas s'attendre à une quelconque amélioration de la condition des travailleurs. Alors que l'Union Générale des Travailleurs de Guinée Équatoriale reste depuis l'indépendance condamnée à l'exil (dans le cadre de l'A.N.R.D.), les Équato-Guinéens qui n'ont pas fui à l'étranger continuent à être opprimés par le même pouvoir. Pour certains travailleurs, la journaliste espagnole I. Olivares a dû utiliser, en qualifiant les conditions de travail fin 1982, l'expression : « infra-humaines ».

Qu'ajouter à un si triste bilan, sinon cet élément de la conclusion tirée par la Commission Internationale des Juristes, dans son document remis à la *Commission des Droits de l'Homme*, en janvier 1983 :

« Il est regrettable que la Guinée Équatoriale ait laissé passer cette chance d'adopter une Constitution qui aurait fait avancer le pays sur la voie de la véritable démocratie. Lorsque la *Commission des Droits de l'Homme* a discuté en 1982 le plan d'action proposé par le Secrétaire général des Nations Unies dans le cadre de l'assistance dans le domaine des droits de l'homme, ses membres ont insisté à plusieurs reprises que, pour garantir le retour à la démocratie, le gouvernement devrait permettre à tous ceux qui le désirent de rentrer chez eux, et qu'il devrait même les encourager à le faire; cela devrait s'appliquer à tous ceux qui aspirent légitimement à participer politiquement à la reconstruction nationale; les partis politiques et les organisations syndicales devraient pouvoir se constituer librement.

Rien de tout ceci n'a été réalisé.

4. L'astuce démocratique nguemiste : on donne d'une main, on reprend de l'autre

A la lecture du texte issu des travaux de l'équipe d'Akonibe, on pourrait être tenté de se laisser gagner par son apparence de légalité. En effet, l'originalité de cette troisième Constitution nguemiste provient :

1. de la longue énumération des droits reconnus à toute personne;
2. des nombreuses garanties destinées à assurer le respect des droits de l'Homme, tels que *l'Habeas corpus* et *l'Amparo*[4];
3. de l'organisation constitutionnelle démocrate avec un chef issu du suffrage universel;
4. du pouvoir judiciaire soumis à la légalité.

Nous avons déjà souligné plus haut combien la Loi fondamentale d'Obiang Nguema est trompeuse. Comme l'écrit dans une analyse de ce texte un professeur de la Faculté de Droit de l'Université de Yaoundé (Cameroun), Joseph Owona[5], « d'apparence et à première vue, les institutions établies par la Loi fondamentale de 1982 établissent un projet démocratique articulé autour des *principes universellement* reconnus comme tels et autour d'une organisation constitutionnelle émanant du peuple ». Mais précisément, dans le texte sur mesure rédigé à Akonibe, les ngemistes fixent simultanément les limites à cette démocratie en annulant par de nombreux dispositifs significatifs les droits de l'homme proclamés. Comme des diables se débattant dans un bénitier.

Le professeur Owona a démonté avec intelligence ce modèle d'hypocrisie. « Les Droits de l'Homme proclamés – remarque-t-il – buttent contre le "constitutionnalisme des devoirs" et l'institutionnalisme de la légalité d'exception. Le schéma d'organismes constitutionnels représentatifs est fortement tempéré par les astuces d'un constitutionnalisme rédhibitoire », c'est-à-dire fait d'articles qui s'annulent par leurs contradictions. Et d'ajouter qu'il y voit la marque de la double tradition jacobine et franquiste, ainsi que la légalité d'exception insufflée aux institutions. Comment pourrait-il en être autrement pour un régime qui ne peut exister que hors-la-loi ?

Le fait d'accorder une importance particulière aux devoirs (tout le chapitre III de la Loi fondamentale) relève d'une philosophie « nationale-paternaliste ». Après l'énumération des devoirs de l'État suit celle des devoirs du citoyen. Ce dernier se doit, notamment

– d'honorer la patrie,
– de prester du service militaire,
– de vivre pacifiquement,
– de respecter les emblèmes nationaux, le chef de l'Etat, le gouvernement,
– de respecter et se conformer à la Loi fondamentale,
– de payer des impôts, etc.

Et il est prévu, à l'art. 37, que « la loi peut à tout moment étendre cette liste de devoirs ». Pour J. Owona, une telle démarche s'apparente à celle de Constitutions contemporaines marxistes, léninistes, etc., comme celles de la Chine populaire et de l'U.R.S.S. Relevons ici en passant combien ces deux pays, qui interdisent le débat politique hors le parti communiste, ressemblent au Chili et à la Turquie, où dominent des juntes de droite qui interdisent le débat politique hormis leur cadre fasciste. La Commission Internationale des Juristes et le professeur Owona ont, sans le vouloir, confirmé par leur analyse du même texte que les extrêmes se touchent. Comme l'écrivait le rapporteur spécial de la *Commission des Droits de l'Homme*, en 1981 : « Il n'y a pas de bonnes dictatures. »

En plus de la constitutionnalité des devoirs, le texte frappe par une institutionnalisation de la légalité d'exception qui « pèse lourdement sur les Droits de l'Homme octroyés ». Selon Owona, le président équato-guinéen est, parmi les chefs d'Etat africains, « celui qui a les coudées les plus franches pour recourir à la parenthèse de la légalité ordinaire par l'état d'exception ou d'urgence ou le recours aux circonstances exceptionnelles. Point de consultation préalable avec un quelconque organe constitutionnel, point de condition restrictive pour le recours au pouvoir de crise, point de réunion de plein droit de la Chambre des Représentants ». L'astuce consiste dans l'invention... d'un constitutionnalisme qui restreint, annule et anéantit le processus de démocratisation des institutions apparemment amorcé. Ces astuces sont au nombre de deux :
– l'omnipotence d'une présidence pré-instituée
– l'adjonction d'organes constitutionnels dépendants.

Cela conduit à ce que nous avons ébauché plus haut, soit :
– une présidence nominative (l'article additionnel dérogeant à l'élection normale du président);
– un président législateur (aussi longtemps que la Chambre n'est pas désignée, Obiang Nguema assume un pouvoir législatif intérimaire, un rien différent de celui assumé en tant que chef du Conseil Militaire Suprême, sans Constitution aucune);
– un président, autorité de révision des décisions de Justice (le pouvoir judiciaire étant donc aux ordres du président);
– un président garant de la continuité de l'État (la passation des pouvoirs entre le Conseil Militaire Suprême, complètement hors la loi, et le gouvernement d'octobre 1982 s'étant fait sous la même autorité).

Enfin, la Loi fondamentale d'août 1982 ajoute deux organes de consultation :
1. Le Conseil national du Développement économique et social, organe technique consultatif, composé de trente membres désignés par le président de la République pour cinq ans.
2. Le Conseil d'État, organe collégial suprême de l'État, garant des valeurs suprêmes, dont le président de la République nomme le président ainsi que

les membres non statutaires. Mais en fait il nomme aussi, bien qu'indirectement, les membres statutaires : le président de la Haute Cour de Justice et le ministre de la Défense. « Par cet organe – montre le professeur Owona – le président de la République influe sur tout le processus d'élection du chef de l'État. » Donc il décide de sa propre élection, « ce qui ne fait que renforcer son omnipotence constitutionnelle ».

Et le professeur Owona de conclure que dans la troisième Constitution nguemiste coexistent, dialectalement :
a. « la "Constitution programme" octroyant des Droits universellement reconnus et esquissant une apparence de régime représentatif... »
b. « la "Constitution rédhibitoire" et "transitoire" annulant la première par le recours au "Constitutionnalisme des devoirs..." ».

Plus simplement, cela veut dire que la seconde Constitution comprise dans cette loi fondamentale corrompt l'autre, « et tache toute la crédibilité du processus de démocratisation amorcé ».

Obiang Nguema a qualifié la Constitution d'Akonibe de « totalement impartiale ». On sait maintenant ce qu'il faut en penser. Le 15 août 1982, jour du référendum constitutionnel, *l'Alianza Nacional de Restauración Democrática* soulignait déjà, par son communiqué 4/1982, les contradictions de ce texte. Au même moment, au sein de la *Commission des Droits de l'Homme*, le professeur C.M. Eya Nchama déclarait : « Il est vrai que nombre de faits qui se passent en Afrique aujourd'hui résultent du colonialisme du passé et des interventions militaires du présent. (...) ». Les coupables sont « de nombreux dirigeants africains qui méprisent les droits humains les plus élémentaires de leur peuple. (...). Il en coûterait [pourtant] beaucoup moins cher à certains États africains de tenter un effort de réconciliation de tous leurs habitants plutôt que de payer des mercenaires chargés de protéger l'oligarchie du moment ». Et précisément, Obiang Nguema, dans ses moindres faits et gestes, est encadré par les « mercenaires » marocains. Aussi comprend-on bien la question posée par C. Nvo Okenve dans *El País* au lendemain du référendum : si Obiang Nguema ne met en question son poste de chef de l'État :
– Pourquoi n'a-t-il pas convoqué des élections libres pour la présidence ?
– Pourquoi n'a-t-on pas restitué la liberté au peuple pour qu'il puisse s'exprimer sur une assemblée constituante ?

N'allongeons pas. Il est trop évident que *l'establishment* nguemiste se moque du peuple équato-guinéen, comme d'ailleurs du reste du monde. Obiang Nguema a déclaré, lors de la conférence de presse à l'ouverture de la Conférence des pays donateurs d'avril 1982, à Genève : « Pour ce qui a trait aux tribunaux, nous respectons l'indépendance judiciaire en Guinée Équatoriale. C'est-à-dire que les tribunaux doivent agir avec liberté, avec indépendance... »

De la poudre aux yeux.

Notes

1. *Déclaration* écrite, présentée par la C.I.J. à la *Commission des Droits de l'Homme* des Nations Unies, Genève, 31 janvier 1983.
2. L'emploi de ce terme était interdit sous Macias Nguema.
3. Il s'agit de MM. Andrés Nco Ivasa, Batho Obama Nsue Mengue, Teofilo Sitoka Buiyaban, Policarpo Mensui Mba, Pascual Ela Aseka, Alfredo Tomas King, Eloy Elo Nve Mbengono, Leoncio Edjang Avaro, Constantino Ochaga Nve Bengobesama, Julio Ndong Ela Mengue, Adolfo Ndong Micha Mia, Francisco Garcia Bernico, Silvestre Siale Bileka, Sotero Si Ondo, Leoncio Rondo Macoso, Narciso Messeguer Buambo, Manuel Maye Ndong, Lucas Beholi Melango, Juan Micha Nsue Nfumu. Jacinto Obama Eyene.
4. *Habeas corpus* : garantie des libertés individuelles et de protection contre les arrestations et détentions arbitraires. *Amparo* : protection contre des actes arbitraires des autorités.
5. J.Owona, « La Guinée Équatoriale et la démocratisation: l'astucieux recours à un "constitutionnalisme rédhibitoire" de 1982 », *Le Mois en Afrique, Revue politique africaine,* Paris, pp. 52-68.
6. Cf aussi : Max Liniger-Goumaz, *De la Guinée Équatoriale. Eléments pour le dossier de l'Afro-fascisme,* Les Editions du Temps, Genève, 1983, 272 p., 8 photos, 5 index.

X
LE PÉTROLE DE LA MISÈRE

La Guinée Équatoriale, selon l'ONG *Global Witness* (Washington, 2.08.06), « est la dictature dont personne ne parle ». Eh bien, parlons-en !
Récemment, le porte-parole du gouvernement équatoguinéen, Miguel Oyono – un des plus ridicules thuriféraires de la dictature – déclarait à l'agence espagnole *Europa Press* que «le respect des Droits de l'Homme et la démocratie sont une réalité en Guinée Équatoriale»; le pays fait l'expérience d'un développement économique « impressionnant ». Le président Obiang Nguema restera au pouvoir aussi longtemps que le peuple lui témoignera sa confiance; les organisations et individus qui affirment le contraire «vont à contresens d'un développement qu'ils n'ont pas contribué à réaliser ». Le 8 juillet on apprenait de l'agence de presse chinoise *Xinhua* qu'« Obiang Nguema a été investi candidat de son Parti démocratique de Guinée Équatoriale (PDGE) pour l'élection présidentielle prévue en 2009 ». Ajoutant que le dictateur venait d'être élu candidat « unique et naturel » à la tête du parti quasi unique pour un nouveau mandat de cinq ans, *Xinhua* conclut : « Malgré la manne pétrolière qui se déverse depuis les années 1990 sur le pays, aujourd'hui 3e producteur de brut d'Afrique subsaharienne, l'essentiel de ses habitants continue à vivre dans la pauvreté ».
L'étude de l'économie pétrolière de Guinée Équatoriale d'un politologue de l'Université de Berkeley (*African Studies Quarterly*, Université de Floride, printemps 2006) confirme qu'Obiang Nguema, après avoir mis fin, en août 1979, au régime de terreur de son oncle Macias Nguema, persévère avec l'État policier et l'appareil dictatorial installés en 1969. Obiang Nguema se maintient en place avec son clan Esangui qui monopolise le contrôle total du pays. Les organisations de défense des droits de l'homme le citent comme un des pires dictateurs de la planète, soulignant les viols grossiers des droits de l'homme et les graves restrictions des libertés civiles et politiques. « Sous Obiang Nguema, la Guinée Équatoriale est devenue un État criminel classique » où se multiplient les comportements illicites.
Des ONG comme *Amnesty International*, *Reporters sans frontières* et *Global Witness* persistent à dénoncer les conditions pitoyables que connaît le peuple équato-guinéen : arrestations et détentions arbitraires, morts en détention et actes de torture, disparitions, homicides illégaux, procès politiques inéquitables, etc. En juillet 2006, *Reporters sans frontières* faisait le portrait suivant du dictateur : «Dans le 'Koweit de l'Afrique', rien ne bouge. Depuis 1979, Teodoro Obiang Nguema, réélu en 2002 avec 97,1% des voix, dirige d'une main de fer le seul pays hispanophone du continent. Après avoir

acheté ou envoyé en prison les opposants les plus sérieux en 2002, il continue de mettre au pas une presse déjà très affaiblie par un marché agonisant. Les médias d'État sont à sa botte. En juillet 2003, la radio nationale a affirmé qu'il était « le dieu de la Guinée équatoriale» et pouvait « décider de tuer sans que personne ne lui demande des comptes et sans aller en enfer ».

Ces commentaires étaient corroborés par une déclaration du 14 juin 2006 au journal camerounais *Le Messager* de l'ambassadeur d'Allemagne, Volker Seitz, accrédité au Cameroun, en RCA et en Guinée Équatoriale : la Guinée Équatoriale n'a pas été en mesure de répondre au gouvernement allemand à propos des questions sur les détentions de divers prisonniers. Tout en soulignant l'intérêt de quelques infrastructures facilitées par l'argent du pétrole, le diplomate relève que « la majorité de la population continue à vivre dans la misère. Pour elle, la découverte du pétrole n'a rien changé ».

Ces divers éclairages sont confirmés par le récent livre de l'anthropologue africaniste espagnol Albert Sánchez, *Payasos y montruos*, dans lequel figurent Obiang Nguema et Macias Nguema, aux côtés d'autres personnages grotesques comme Idi Amin Dada (Ouganda), J. B. Bokassa (RCA), Mobutu (Zaïre), etc. Sánchez montre qu'au début des années 90 Obiang Nguema était sur le point de tomber sous le mécontentement populaire et clanique, sans oublier la perte de crédibilité internationale; mais la découverte d'abondants gisements de pétrole l'a sauvé. Selon Sánchez, l'Europe, et particulièrement l'Espagne, sont responsables de l'arrivée au pouvoir des Macias et Obiang en raison de leur passivité, et pour avoir accepté en août 1979 le leurre du *Coup d'État de la Liberté* d'Obiang Nguema, qui ne faisait en fait que reconduire le régime antérieur. Selon *Catholic World News*, fin 2005, « son Gouvernement est autoritaire, avec les postes gouvernementaux les plus importants détenus par des parents. Il a été reconduit au pouvoir trois fois, sans jamais affronter une opposition sérieuse ». Milieu août 2006, le nouveau gouvernement de 59 ministres et secrétaires d'État (soit un magistrat pour moins de 10.000 haitants) désigné par Obiang Nguema (pratiquement tous de son parti quasi unique) confirme ce pouvoir clanique, avec, notamment le frère Antonio Mba Nguema chargé de la Défense, l'oncle Manuel Nguema Mba, chargé de la Sécurité nationale, sans oublier fils et autres cousins et beaux-fils.

Après la mise en valeur d'un premier gisement par la société américaine Walter, vite vendue à ExxonMobil, ce fut la ruée des pétroliers de Houston, d'une part parce que dans le Golfe de Guinée ils échappent aux troubles du Moyen-Orient, d'autre part parce que, hormis le Nigeria, on y évite le contrôle de l'OPEP. A ce jour, les ExxonMobil, Chevron, Marathon, AmeradaHess, Total, Shell, etc. ont investi plus de cinq milliards de dollars dans les hydrocarbures du Golfe.

Heureux du statut de quasi protectorat américain de son pays, Obiang Nguema s'est montré lâchement arrangeant en matière de partage des revenus du pétrole et du gaz: alors que la norme des revenus des pays producteurs oscille entre 45 et 90% du total, la Guinée Équatoriale se contente de 15-30% des ventes. Non seulement le pays est floué d'une part importante des richesses du sous-sol, mais encore les "modiques" revenus restent en mains du clan au pouvoir. Facile alors pour les pétroliers américains de se montrer généreux via des projets d'aide. Lors du scandale de l'américaine *Riggs Bank* (Washington), révélé par une enquête du Sénat suite à une dénonciation du journaliste d'enquête K. Silverstein, en 2004, est apparu le fait que cet établissement – fermé depuis lors – abritait tant les fonds détournés par Pinochet (13 mio de $) que par Obiang Nguema et les siens, versés par les compagnies pétrolières de Houston (700 mio de $).

Les fonds déposés à la *Riggs* ont été ventilés vers d'autres banques, au Royaume-Uni et en Espagne. Mais les *ExxonMobil*, *Marathon*, etc continuent à servir à la bande nguemiste l'essentiel des revenus pétroliers du pays après avoir signé avec elle un accord de discrétion sur leurs intérêts communs. Dans un rapport de mai 2006, le FMI a jugé une fois de plus que « Malheureusement, cette richesse n'a pas conduit à une amélioration des conditions de vie des Équatoguinéens, dont la majorité n'a toujours pas accès à l'eau potable ». Pas étonnant donc que dans le classement des 100 dirigeants les plus riches de la planète, établi en février 2006 par la revue new-yorkaise *Forbes*, la fortune d'Obiang Nguema approche celle de la reine d'Angleterre.

De quoi éveiller des convoitises. En mars 2004 a eu lieu une tentative de renversement d'Obiang Nguema pour accaparer le pétrole. Des membres de l'*establishment* britannique, hommes d'affaires, politiciens, cadre de l'Union européenne, ainsi que Marc Thatcher, fils de l'ex premier ministre, se sont appuyés sur soixante-dix mercenaires sudafricains et anglais. Ce que l'on appelle maintenant *The Wonga Coup* (Wonga = argotiquement, membre argenté de la bonne société) est décrit dans un livre que vient de publier l'auteur britannique Adam Roberts. Le coup a échoué grâce à la vigilance des services secrets sud-africains, qui ont permis l'arrestation des mercenaires à Harare (Zimbabwe) lors de l'escale de leur avion, ainsi qu'à Malabo. Début août 2006, l'agence de presse espagnole EFE a relaté le voyage à Londres du Procureur de la République et du ministre des Affaires étrangères de Guinée Équatoriale pour protester contre les lenteurs de l'enquête de la police britannique. Reste que l'intérêt britannique pour la Guinée Équatoriale subsiste, avec le lancement d'une liaison aérienne hebdomadaire Londres-Bata par la nouvelle compagnie *JetAir*, en juillet.

Le dictateur Obiang Nguema oscille entre Dr Jekyl et Mr Hyde, notamment par d'occasionnelles mesures de grâce servant a souligner sa magnanimité, que l'opposition qualifie d'actes de propagande, en libérant quelques prisonniers le plus souvent incarcérés sans acte d'accusation, ce qui a été le cas en juin dernier. Parmi eux, figure aussi le militaire qui a tué, aux abords de Mongomo, le fief d'Obiang Nguema, une jeune coopérante espagnole venue pour une brève mission durant ses vacances d'été. Côté compagnies pétrolières, diverses opérations publicitaires visent à marquer leur générosité, comme *ExxonMobil*, par la lutte anti-malaria, ou en juillet 2006 ce "don" de 20 millions de dollars d'*AmeradaHess* pour l'amélioration de l'enseignement primaire, en plus du financement, depuis des années, des études aux USA des enfants des notables du régime. Face à ces opérations, les efforts espagnols d'aide à l'enseignement ou de lutte contre l'onchocercose endémique sur l'île de Bioco font pâle figure.

En avril 2006, à Washington, Obiang Nguema a été accueilli pour un petit déjeûner avec le président Bush, puis par la Secrétaire d'État Condoleezza Rice, ce qu'un éditorial du *Washington Post* a qualifié de « moment sans gloire ». D'autres critiques sont venues de nombreux médias et du Sénat. Le *Washington Post* dit de l'hospitalité accordée au dictateur équatoguinéen qu'elle « est probablement la récompense pour le généreux traitement des firmes pétrolières des USA ». Il faut se rappeler qu'avec le vice-président Dick Cheney, Madame Rice est une transfuge des milieux pétroliers. Lors de la Conférence de presse, la ministre a remercié Obiang Nguema de sa visite, le qualifiant de « bon ami des Etats-Unis ». A quoi le dictateur a répondu : « Nous sommes extrêmement satisfaits et espérons que nos relations vont continuer de croître en amitié et coopération ». Pourtant, en novembre 2005 déjà, l'agence de presse *Afrique Centrale* avait constaté que « le gouvernement se méfie des compagnies américaines »; de sorte que les nguemistes intensifient leurs relations avec la Chine populaire et la Corée du Sud, où le ministre des Affaires étrangères, Pastor Micha Ondo Bile vient d'obtenir en juillet 2006 de sérieux renforcements des relations bilatérales.

Ainsi, a-t- on a annoncé qu'une quinzaine de sociétés chinoises vont construire 10.000 logements dans diverses localités du pays.

Madame Rice semble n'avoir pas lu le rapport sur les Droits de l'Homme et la Démocratie issu de son Département, du 5 avril 2006, qui rappelle que la Guinée Equatoriale est nominalement un Etat multipartis, mais où le parti d'Obiang Nguema «domine toutes les sphères du Gouvernement». Les élections présidentielles et législatives sont viciées par de vastes fraudes et par l'intimidation. En matière de droits de l'homme, le Gouvernement continue à commettre ou tolère de sérieuses infractions. Sans oublier ce trafic d'enfants esclaves, dénoncé par un rapport de juin. De tristes réalités répétées depuis de longues années. La revue *IciCémac* a souligné début juillet : « Chez Teodoro Obiang Nguema les années passent, mais rien ne change ». A quoi l'agence de presse *Afrique Centrale* vient d'ajouter : « Le miracle guinéen n'est pas pour demain », en particulier pour une population qui continue de vivre avec 1 $ quotidien, et qui manque d'eau potable, avec les ravages sanitaires que l'on imagine. Une population à laquelle le dictateur a montré le 3 août 2006 – au 27e anniversaire de son coup d'État – son niveau de stupide sollicitude et son talent mensonger. Un correspondant de *l'Agence France Presse* a signalé qu'Obiang Nguema a demandé au gouvernement d'augmenter les prix de l'alcool afin de le réserver aux « gens riches » et d'empêcher les « pauvres » de boire, car ils « n'ont pas de raison de le faire ». La Radio nationale a complété avec les propos suivants du généreux despote : « Il faut en finir avec les vices, surtout l'alcool; ce que l'on voit le plus dans nos villes aujourd'hui, ce sont des soûlards. En Guinée Equatoriale il n'existe pas d'extrême pauvreté, il existe ce qu'on appelle la pénurie, et la pénurie est propre à la mentalité des gens... Si les gens ne savent pas vivre, ils vivent dans la précarité... En Guinée Équatoriale aujourd'hui... tout le monde vit bien ». Une semaine plus tard le gouvernement était démissionné *in corpore*, avec ses 51 cadres.

Dans l'étude de l'économie du pétrole, citée plus haut, l'auteur estime que « le sous-développement, l'instabilité et le pouvoir autoritaire pourraient tous être atténués en partie avec une modification de la politique étrangère des USA dans la région, notamment en imposant des contrats pétroliers conditionnés par des changements politiques, et en orientant soigneusement des changements ». Mais rien de tel à l'horizon : les fonds déposés à la *Riggs Bank* ont été ventilés vers d'autres banques, au Royaume-Uni, en Espagne et en Afrique du Sud. De récentes enquêtes publiées par le *Harpers Magazine* (New York), le 9 août, attestent que des fonds équatoguinéens ont nouvellement été déposés aux USA, dans la *Independence Federal Savings Bank*, avec l'appui de cadres du Département d'État. Le gros des dépôts, selon le FMI, se trouverait toutefois dans deux établissements bancaires *offshore*. De sorte que la Guinée Équatoriale va persister dans la voie habituelle de sa criminalité, corruption et autocratie. Les choses s'amélioreraient avec une plus juste rémunération des ventes de pétrole par les compagnies américaines ?

Un rapport de l'OCDE du 29 juin 2006, classant une centaine de pays en matière de degré de corruption dans le financement des crédits à l'exportation confirme que la cleptocratie d'Obiang Nguema atteint le degré maximal d'absence de fiablité. Pas étonnant que le taux de croissant du PIB soit passé de plus de 30% en 2004 à 9% en 2005. Voici qui témoigne du manque de rigueur dans la collecte des recettes de l'or noir et, comme le notait la revue française *Jeune Afrique* en février 2006, de l'absence de transparence dans la gestion et de rationalité dans les dépenses.

Le capitalisme familial du clan Obiang Nguema, d'une part, l'aveuglement pétrolier de la maison USA, d'autre part, sont les fauteurs de la misère du peuple équato-guinéen.

XI

L'HISPANITÉ

DES ÎLES DU GOLFE DE GUINÉE

Antécédants historiques

Les États pétroliers du Golfe de Guinée connaissent des destins variés. Alors que le Gabon est en passe de s'assécher, la Guinée Équatoriale vit en pleine gloire et surpasse largement le volume de production de son voisin francophone. Pas étonnant que Libreville exploite ses dernières réserves, dans une concession attribuée, début 2003, aux entreprises britannique *Tullow Oil* et suisse *Addax* (Genève), dans la zone maritime de Kiarsseny (5.442 km^2), frontalière de la Guinée Équatoriale.

a) Le passé colonial de Mbañe

En mars 1843, un envoyé officiel de Madrid, le Commissaire royal plénipotentiaire Juan José Lerena est arrivé sur l'île de Corisco, où il a hissé le drapeau espagnol, devant de nombreux chefs locaux dont l'autorité s'étendait aux îles de Corisco, Elobeyes, ainsi qu'aux îlots Leva et Mbañe. Lerena célébra plusieurs actes officiels, sur le continent, à Cap Saint Jean, dans l'estuaire du Muni et dans la zone du Munga, dont il informa le Gouverneur espagnol. Par courtoisie, Lerena envoya un Communiqué aux Français du Gabon, dans lequel il décrivit l'extension des possessions espagnoles, de Rio Campo à Cap Santa Clara, y compris les baies de Corisco-Elebeyes, du Muni et du Munga. On n'enregistra aucune réaction ni objection de la part des Français. En 1849, la France renforça sa position dans la zone que lui avait concédé l'Espagne, et y fonda Libreville. Nombre d'auteurs espagnols affirment que leur pays a commis une erreur en faisant confiance aux Français et en les autorisant à établir une base navale anti-esclavagiste sur des terres sous souveraineté espagnole.

En 1844 déjà, le missionnaire américain Wilson dénonça «l'agression française au Rio Muni», soulignant que le négociant Amouroux avait signé des Traités avec quelques chefs locaux, soûlant notamment le chef Glass. Curieux retour de l'histoire ; en février 1980, dans le but de s'emparer d'une partie de la baie de Corisco et de son potentier pétrolier, les Gabonais ont procédé de la même manière avec le Général-Président Obiang Nguema Mbasogo, lors d'une folle nuit d'orgies, obtenant que le second dictateur nguemiste signe un document leur abandonnant une partie du territoire national équato-guinéen.

b) *L'hispanité de Mbañe*

En 1861, Paul du Chaillu baptisa l'îlot : Banian. Un Comité de l'Église presbytérienne américaine relata une visite accomplie dans les territoires espagnols de la baie de Corisco, en 1876, qui dénomina l'îlot Mbangwe. Dans ses *Estudios geográficos* (Madrid, 1908), León Martín Peinador fit allusion à l'île de Corisco et souligna que « au S. se trouvent les îlots Leva ou Laval et quelques autres... Plus au sud se trouve un autre banc [de sable] récent formant l'îlot Banyé o M´bañe, faisant partie de la même formation que l'île de Corisco ». En 1912, se référant aux colonies espagnoles du Golfe de Guinée, Luis Ramos-Izquierdo y Vivar écrivit : «A un demi mille de l'île de Corisco, et au S. de celle-ci, se trouve l'îlot Leva, et au S.O., à plus de six milles, l'îlot M´bañe; le premier d'entre eux dépeuplé, et le second occupé uniquement par un planton de la Garde coloniale espagnole, avec instruction de rendre effective notre souveraineté ». La vigilance face aux prétentions françaises était hautement indispensable : des miltaires, commerçants et prêtres avaient tendance à hisser leur drapeau sur les nouveaux sols foulés, sans se préoccuper du statut [légal] de ces terres – et obtenir la soumission des chefs indigènes, parfois à l'aide de cadeaux. L'année de l'arrivée des prêtres Clarétins espagnols, en particulier au Sud du Rio Muni, fut publié le 10 de octubre 1884, à Libreville, sous les auspices des Affaires étrangères françaises, un Accord douteux qui proclamait la souveraineté française dans la baie de Corisco (in Clercq, J. de, *Recueil des traités de la France*, XIV).**

Avec l'historien et géographe Abelardo de Unzueta et son ouvrage *Islas del Golfo de Guinea* (Madrid, 1945), nous disposons de beaucoup de précisions : «Tout autour de Corisco se situe une série de bancs de sable ou de rochers de composition identique au sous-sol de l'île, certains émergeant sous forme de petits îlots. Il s'agit de Leva ou Levan (appelé Laval, par D´Almonte). Plus au Sud de l'îlot Leva, le banc de ce nom ainsi que Bañe, Banye ou Banian et Conga ou Cuga...».

«L'îlot de Bañe se situe au Nord du banc du même nom, fort riche en poissons. Dans cet îlot, des Français du Gabon, sans avertir les autorités espagnoles, déposèrent une bouées surmontée des couleurs françaises, probablement pour en prendre possession et tenter d'exercer ultérieurement des droits sur Corisco Mais le père missionnaires espagnol Sorinas avisa le Sous-Gouverneur d'Elobey Chico [Petite], et tous deux se rendirent sur place, ôtant le drapeau. Le Père fut félicité postérieurement par le Sénat espagnol »... Dans la revue *La Guinea española* (publiée à Santa Isabel) ce fait est mentionné, précisant que fin mai 1903 un Français nommé Gustave, qui pêchait à Corisco, fit provision de poules et de palmiers dans le but d'établir une pêcherie à Bañe pour approvisionner en poisson frais le Gabon, le Cap Esterias et Elobey Chico...».

«Du temps de M. Saavedra, en 1907, lorsqu'il visita nos territoires, en tant que Commissaire royal, [Mbañe] était habitée par une seule famille, qui vivait de la pêche, dont le chef était investi de notre autorité [espagnole] sur l'îlot, sans parler de milliers de rats ».

En 1911, la prestigieuse *Encyclopedia Britannica* continuait à qualifier l'île de Bañe d'espagnole, tout comme Corisco y les deux Elobeyes.

c) *Trente ans de tergiversations*

Une rencontre guinéo-gabonaise, pour traiter des eaux territoriales, a eu lieu à Bata fin 1971, sans aucun accord. Dans sa thèse de doctorat sur la Guinée Equatoriale [Neuchâtel, 1976*], le Suisse A. Kobel, a signalé – bien avant la naissance du Koweït d'Afrique Centrale – que l'échec des négociations « n'était pas étranger à la politique de certains cercles économiques. En effet, la plateforme continentale, dans la zone en litige, est, selon les estimations des entreprises pétrolières (concrètement *Chevron*), la plus idéale pour contenir du pétrole ». Pas étonnant, donc, que depuis janvier 1973 la *Revue française d'études politiques* ait ouvert ses pages à propos du contentieux insulaire. Fin octobre 1972, le *New York Times*, faisant allusion aux îles Mbañe et Corisco, a souligné que le 23 août, le Gabon, pour s'emparer les gisements pétroliers potentiels *offshore*, avait étendu unilatéralement les eaux territoriales à 70 milles (norme internationale : 20 milles). Le premier dictateur équato-guinéen, Macías Nguema, dénonça alors cette agression. En septembre, des soldats guineo-equatoriens ont ouvert le feu contre des pêcheurs gabonais actifs dans la zone contestée, à quoi Libreville répondit en envoyant deux bateaux avec 40 soldats, afin d'occuper Mbañe, Conga et Cocoteros. Le Congo et le Zaïre invitèrent alors Macias Nguema et Bongo à Brazzaville. Un Communiqué fit allusion au vœu d'une solution pacifique du conflit de Mbañe, par la voie de négociations, sous les auspices des conciliateurs Marien Ngouabi et Mobutu Sese Seko. Toutefois, depuis la crise de 1972, l'île de Mbañe reste occupée par des gendarmes gabonais.

En janvier 1993, un décret présidentiel gabonais a annexé les îlots Mbañe, Cocoteros et Conga. En dépit de ce décret, un Guide d'information officiel du Ministère français de la Coopération soutenait en novembre que les îlots Belobi, Conga, Corisco, Elobeyes, Mbañe et Ukoko dépendent de l'autorité administrative guinéo-équatorienne, et font partie de la province du Rio Muni. Au vu de la persistance du conflit frontalier, Bongo et Obiang Nguema créèrent, en 1999, une Commission du Golfe de Guinée, dans le but de prévenir d'éventuels conflits : une initiative qui n'a rien résolu.

L'officiel *US Geological Survey Minerals Yearbook*, de 2000 (Washington), affirme clairement que l'ile de Mbañe appartient à la République de Guinée Équatoriale. De même, le Rapport officiel *Guinea 2000*, publié par Malabo, spécifie que font partie du Rio Muni les nombreuses îles de la Baie de Corisco. De même, la carte du ministère équato-guinéen des Mines et Énergie (2000); tout comme celle publiée en 2002 par la compagnie pétrolière *Vanco* de Houston (également active au Gabon), du *Corisco Bay Bloc N* – qu'elle détient conjointement avec l'entreprise malaise *Petronas* et la sudafricaine *Energy Africa* – qui situe Mbañe dans l'espace équato-guinéen. Selon le périodique officiel gabonais *L'Union* (Libreville, 02.02.2001), la Commission *ad hoc* des frontières aurait annoncé des progrès notables dans les négociations entre Gabon et Guinée Équatoriale. Les instruments juridiques et historiques nécessaires pour un partage équitable seraient : la Convention franco-espagnole du 27 juin 1900; la Charte des Nations Unies; la Charte de l'O.U.A. et la Convention internationale sur le droit de la mer. Par gain de paix, Malabo proposa de délimiter les frontières maritimes « faisant provisoirement abstraction des îles » en traçant une ligne médiane entre les deux territoires. En 2001 encore, diverses sources démontrèrent que Corisco deviendrait un centre économique et financier pour les opération d'investissement en Afrique, avec un régime fiscal avantageux. Les agences de voyage gabonaises organisaient déjà des visites à Corisco avec explorations sous-marines dans la zone contestée.

Selon le *U.S. Geological Survey Minerals Yearbook 2002* (pp. 14.1-14.4), publié sous la signature du spécialiste Ph. M. Mobbs, la Guinée Équatoriale « inclut l'enclave du Rio Muni, sur le continent africain, et diverses îles et îlots, parmi lesquels Bioko, dans le Golfe de Guinée; Corisco, Elobey Chico et Elobey Grande, ainsi que Mbañe dans la baie de Corisco; et Annobon dans l'Océan Atlantique méridional. Le contrôle de l'île de Mbañe (et les frontières maritimes associées) sont mises en question par le Gabon ».

En 2003, l'agence *Traveljournal.net* continuait à considérer Mbañe et les autres îlots de la baie de Corisco comme guinéo-équatoriennes. Lors d'une entrevue sur cette affaire, la compagnie *ELF*, dans *Jeune Afrique L'Intelligent*, publia le 4 mai 2003 le propos suivant de Bongo : « J'ai également tenté de convaincre les Français d'exploiter le pétrole de Guinée Équatoriale ». Tant pour le Tchad que pour la Guinée Équatoriale, il prétendit n'avoir pas été entendu. Selon la thèse de l'exploitation conjointe – rejetée par Malabo – le travail serait exécuté par *Total*; évidemment.

d) *Dictature équato-guinéenne intraitable*

Malgré les tensions politiques entre le gouvernement de la dictature équato-guinéenne et l'opposition démocratique, les protestations de Malabo contre la nouvelle provocation gabonaise sont unanimes. Le 14 mars 2003, *Convergencia para la Democracia Social* (CPDS) affirma que Mbañe était «une partie non cessible du territoire national, et le MAIB (*Movimiento para la Autodeterminación de la Isla de Bioko*) se manifesta dans le même sens, dénonçant l'incapacité de l'Armée nguemiste de répondre à l'occupation militaire de Mbañe et ses environs par le Gabon. Le MAIB demanda le démantèlement d'une armée qui, depuis l'indépendance de 1968, n'a servi qu'à la répression. Obiang Nguema devrait se voiler la face. Le manque de réaction de cet émule de l'Académie militaire de Saragosse « où il est présumé avor été formé » devrait lui faire honte.

L'opposition démocrate mit le doigt dans la plaie équato-guinéenne : Obiang Nguema (propriétaire à Libreville de plusieurs biens inmobiliers, hôtels – Reendam, Inter, Atlantique – et de luxueuses demeures dans des quartiers résidentiels : Batterie IV et Owendo) est incapable de reconnaître devant le peuple équato-guinéen sa terrible faute commise durant la fameuse « nuit d'orgie » de février 1980.

Ce qui est certain, c'est que sa signature sur le document de cession d'une partie du territoire national n'a aucune valeur juridique; en fait, même une dictature comme la sienne doit tenir compte de l'aval du Législatif dans des affaires de ce type.

Plusieurs partis de l'opposition affirmèrent alors que le Premier Ministre Muatetema Rivas serait la victime expiatoire du nouvelle affrontement guinéo-gabonais. Sous prétecte d'une maladie, il a été retenu à son domicile, début avril 2003, avec retrait de sa garde personnelle, pour avoir déclarée illégale l'occupation de Mbañe par le Gouvernement gabonais; ce qui, indirectement, mettait le doigt sur la trahison du dictateur. Toutefois, le 21 avril, M. Muatetema reprit ses activités après une courte quarantaine.

Quinze jours plus tard, Obiang Nguema s'est déplacé à Libreville, en visite d'amitié et de travail, afin d'examiner l'affaire de Mbañe. Là-bas, on décida de la réunion rapide d'une Commission *ad hoc* des frontières, afin de faciliter la coopération entre les deux pays. Après l'entrevue Obiang/Bongo, Obiang Nguema presenta de vieilles cartes espagnoles qui devraient permettre à la Guinée Équatoriale d'étendre ses revendications jusqu'aux localités Medenou et Sam (Monts de Cristal), proches de la frontière (où quelques géologues de la compagnie De Beers venaient de détecter du diamant). Quant à Bongo, il présenta un document signé par Macias Nguema, par lequel le premier dictateur équato-guinéen aurait cédé Mbañe au Gabón. Mais Malabo en nia l'authenticité. En effet, il ne porte pas le tampon officiel, et la signature ne correspond pas à celle coutumière du dictateur nguemiste.

Fin mai, à Malabo, lors d'une session de la Commission des frontières, le 2e vice premier ministre gabonais, Antoine Mboumou Miyakou, proposa l'exploitation commune de Mbañe, ce que rejeta le 2e vice premier ministre Jeremias Ondo Ngomo. Selon Malabo, aucune décision ne pourra être prise « sans examiner au préalable les antécédents historiques qui attribuent cette zone à la Guinée Équatoriale ».

Dès avant l'accession de la Guinée Équatoriale à la souveraineté, les Nations Unies avaient « reconnu l'appartenance de la Baie de Corisco à la Guinée Espagnole ». Mieux : en 1869 déjà, le consul de France, M. Benedetti, dans « Les îles espagnoles du golfe de Guinée » (*Bulletin de la Société de Géographie* de Paris) spécifia, concernant Corisco : « Les seuls européens qui se trouvent sur l'île sont quelques missionnaires catholiques jésuites ». Et ces Jésuites étaient Espagnols...

Voici plus de 150 ans déjà que la France tente de s'approprier les îles espagnoles de la Baie de Corisco. Cette tentative a été empêchée par des fonctionnaires et explorateurs espagnols, ainsi que par des missionnaires ibériques, voire des missionnaires presbythériens américains. Il reste une guerre de cent ans, au cœur du Golfe de Guinée, entre l'Espagne et ses défenseurs, et quelques officiels français et autres, tout comme leurs héritiers gabonais actuels. La thèse de doctorat du Suisse A. Kobel, délégué du *Comité International de la Croix Rouge*, (Genève) en Guinée Équatoriale à l'époque de la guerre du Biafra et du pont aérien avec l'île de Fernando Poo, montre clairement eu'en 1976 il attestait la paternité équato-guinéenne des îlots actuellement revendiqués par Libreville.

[En 2008, l'ONU a nommé pour arbitrer le conflit de l'île de Mbañe le juriste suisse Nicolas Michel. Il est probable que le différend sera soumis à la *Cour Internationale de Justice* de La Haye. En avril 2012, la publication française *Africa Energy Intelligence* a évoqué cette affaire par "Mbanié, la médiation sans fin".]

---

* Kobel, A., *La République de Guinée Équatoriale, ses ressources potentielles et virtuelles. Possibilités de développement*. Thèse en sciences économiques. Université de Neuchâtel (Suisse). Neuchâtel (Berne), 1976, p. 53.
** Liniger-Goumaz, Max, *Un problème en suspens : La frontière entre Gabon et Guinée Équatoriale. Bibliographie*. Genève-Afrique, Société Suisse d'Études Africaines (SSEA) et Institut Universitaire d'Études du Développement (IUED), XXVI, 1. Genève, 1988, pp 113-122.
Liniger-Goumaz, M., «Une guéguerre de cent ans dans le Golfe de Guinée». *Africa. Revista do Centro de Estudos Africanos*, Universidade de São Paulo, 1994
Liniger-Goumaz, M., «150 años de rivalidades hispano-francesas en el Golfo de Guinea». *Cuadernos Africa América Latina*, XX, 4. Madrid, diciembre 1994.

XII

LES ABOYEURS DU RÉGIME

Dans certaines régions d'Afrique des griots chantent les vertus du chef local. Dans l'édition européenne on connaît la publication, par des auteurs serviles, de livres de commande faisant l'éloge d'un Mobutu (Zaire), d'un Bongo (Gabon), etc. Des historiens étudiant le Moyen-Age ont pris pour habitude de qualifier les laudataires d'un prince d'« aboyeurs du régime ». De tels comportements sont notables à l'intérieur et à l'extérieur de la petite Guinée Équatoriale.

Le 26 juillet 2003, *BBC News* révélait au monde que dans son programme *Bidze-Nduan* (Eteindre le feu) destiné à vanter la paix, la tranquilité et l'ordre qui règnerait dans le pays, la Radio d'Etat de Guinée Équatoriale a qualifié le dictateur Obiang Nguema de « Dieu du pays, en contact permanent avec le Tout Puissant qui lui donne sa force. Il peut décider de tuer sans que personne ne lui demande des comptes et sans aller en enfer car il est Dieu lui-même ». Une nouvelle qui a fait le tour de la terre.

En 2006, l'Italie était le second fournisseur de la Guinée Équatoriale, derrière les USA. L'Italie est présente en Guinée Equatoriale à travers diverses ONG et la Coopération officielle. En 1990, *l'Assoziazione Volontari Dokita*, de la *Congrégation des Fils de l'Immaculée Conception italienne*, a commencé la réfection de l'église de la petite ville d'Añisok. Dans la localité de Nkue, *Baby nel Cuore* construit un hôpital depuis 2005. Toujours dans le domaine de la construction, l'État italien a facilité la restauration du Palais présidentiel dans la capitale, Malabo, avec des marbres de Carrare, ainsi que des vitraux exécutés par le *Consorzio Ligure Vetro Artistico*; encore dans la capitale, la société *A.S.F. Toscan Stucchi*, de Sienne, a construit le bâtiment abritant les bureaux du gouvernement central; et dans la principale ville de la province contientale, Bata, a été entreprise l'édification du nouveau Parlement. Dans la même ville, la luxueuse villa, propriété de Teodorín Nguema Obiang, ministre de l'Agriculture et Forêts, est garnie de statues provenant d'Italie.

Dans un autre domaine, un curieux *Parlement Mondial pour la Sécurité et la Paix* a été fondé à Palermo, par la hiérarchie orthodoxe chypriote, fin 1975. Il donne dans la flagornerie, notamment en nommant Obiang Nguema vice-président international. Ce "Parlement" distribue des "trophées" à des chefs d'État, tels Mobutu (Zaïre), Menem (Argentine), Lansana Conté (Guinée Conakry), etc. Mieux, en 2002, à Malabo, il a décerné à Obiang Nguema un *Doctorat honoris causa* en Sciences du Droit et le titre honorifique de Professeur en Relations Internationales d'une mystérieuse *Senior University International* (USA). Bel aboiement !

De son côté, la presse internationale relate le pillage de la Guinée Équatoriale – où 60% de la population vit avec 1-2 dollars quotidiens – par le dictateur Obiang Nguema et son entourage, notamment à travers la dénonciation par une Commission d'enquête du Sénat américain, en 2004, qui a révélé que ce groupe détenait dans la *Riggs Bank*, de Washington, plus de 700 millions de dollars arrachés au Trésor national. Impliquées dans ces détournements, plusieurs compagnies pétrolières. Depuis lors, la *Riggs Bank* a été fermée. Plus récemment, on apprenait que Teodorín Nguema Obiang avait loué pour 700'000 $ le yacht du co-fondateur de *Microsoft* Paul Allen, qu'il avait acheté une résidence et une collection de voitures de grand luxe, à Capetown, et qu'en novembre 2006 il avait acquis une somptueuse demeure pour 35 millions de dollars, à Malibu (Cal.).

En été 2006, la *Confédération internationale des Syndicats libres* (Bruxelles) a publié *Travail et Libertés syndicales en Guinée Equatoriale*, par la professeure Campos Serrano, de l'Université Autonome de Madrid et l'avocat Placido Micó Abogo, dirigeant du seul parti d'opposition toléré à Malabo, *Convergencia para la Demorácia social* (C.P.D.S.) d'orientation gauche modérée. L'étude conclut que la situation des droits des travailleurs équato-guinéens est intensément conditionnée par le contexte politique d'autocratie et d'absence de libertés civiles et sociales; que l'économie enclave, générée par le pétrole, a fortifié la dictature et enrichi les gouvernants; que le marché du travail salarié est intensément politisé à travers des agences de placement qui sont en mains de parents directs du dictateur; que la liberté syndicale est inexistante.

1. *Forza Italia* et *Opus Dei*

Deux mois plus tard est paru un petit livre d'interviews d'Obiang Nguema, réalisé par le journaliste ex député de *Démocratie chrétienne,* puis de *Forza Italia*, Alberto Michelini[1] – en qui *La Repùblica*, fin janvier 2005, voyait « le soldat le plus éclairé de *l'Opus Dei* » au service de Berlusconi. Michelini a travaillé au *Téléjournal 1*, réalisant une des premières entrevues télévisées du pape Jean Paul II. Peu après, il devint conseiller du Vatican pour les questions de télévision. Cela explique peut-être pourquoi son fils aîné, Jan, a été le premier enfant baptisé par Jean Paul II après son accession au pontificat. En 1979, Michelini a accompagné le Saint-Père durant son premier voyage en Pologne.

Homme superactif, le 27 mars 2001 A. Michelini présenta au Théâtre *La Pergola*, à Florence, son film *Jean Paul II. L'homme qui a amené le monde dans le troisième millénaire.* Fin 2003 paraissait son film *La Alegría de los Hijos de Dios*, composé de témoignages de gens ayant découvert la foi. A signaler aussi *La grandeza de la vida ordinaria*, son reportage pour le centenaire de la naissance de Beato Josemaría Escrivá, fondateur de l'*Opus Dei*, qui met en valeur l'actualité et l'universalité de son message. En juillet

2006, A. Michelini a présenté à New York, à l'église Saint Malachy, sa vidéo *Credo*, animée par des *Arie* chantées par Andrea Boticelli, par laquelle il souhaite exprimer son émotion d'avoir pu croiser le chemin de Jean Paul II.

Côté cinéma, il convient de mentionner *La passion du Christ*, de l'Australien Mel Gibson. Un des régisseurs-assistant du réalisateur de ce film n'est autre que le fils Jan Michelini.

En politique intérieure, il a notamment plaidé pour la protection du patrimoine culturel dans les églises d'Italie. En matière de coopération et de développement, Michelini a assumé la fonction de représentant personnel du président du Conseil italien auprès du G8-Afrique. Avec raison il a souligné que l'aide publique ne suffit pas pour susciter un vrai développement de l'Afrique; au delà des aides officielles, il faut insérer le Continent dans le circuit commercial mondial. D'où son appel : « Imprenditori italiani, investite in Africa ».

Plusieurs pays d'Afrique, dont la Guinée Équatoriale – pétrole aidant – ont réussi une remarquable croissance de leur PIB. Selon Michelini, cela leur permettra de rejoindre le niveau de la « bonne gouvernance » (ce qui est loin d'être évident). Cette notion figure dans le *Plan d'action pour l'Afrique* auquel a travaillé Michelini du côté Italie destiné à la réunion du G8 de Gênes, en 2001.

C'est fin 2004 que le rapprochement Michelini-Obiang Nguema prend forme. Le 22 novembre, dans les locaux de la *Confindustria*, à Rome, Obiang Nguema et une délégation ministérielle ont exprimé le désir de rencontrer des entrepreneurs italiens et des représentants d'entreprises pharmaceuthiques, agro-alimentaires, de la pêche, des secteurs de l'énergie – notamment pétrolier – de la transformation du bois, des infrastructures hydrauliques. Un mois plus tard, le Vice Ministre aux Activités Productives, Adolfo Urso, signait avec le Vice Premier Ministre de Guinée Équatoriale un accord portant sur les spécialités précitées. Un Comité permanent était mis en place afin, selon Urso, « d'animer de forme institutionnelle, un rapport bilatéral consolidé avec un pays de petite dimension mais de grand intérêt économique, soit par ses énormes ressources pétrolières, soit pour ses forêts, ressources alieuthiques et agroalimentaires ».

Selon l'Agence de presse *Zenit*, le 2 décembre 2004, « Jean Paul II a impulsé la liberté en recevant le président de Guinée Équatoriale ». Selon *Catholic Press*, le 9 décembre 2005 le Pape Benoît XVI l'a accueilli à son tour.

Le 18 janvier 2005, lors d'une Conférence intragouvernementale et la création d'une *task-force* pour l'intervention en Afrique, A. Michelini déclarait : « En Afrique à la lumière du récent sommet du G8, il est possible d'investir dans des conditions décidément meilleures, et le partenariat a pour objectif, aujourd'hui, de promettre de la valeur ajoutée... Je suis sûr que le *Made in Italia* peut faire beaucoup pour relancer ce Continent qui n'a pas besoin seulement de la seule assistance humanitaire ». En février, il participa au *2ᵉ Sommet des Chefs d'État d'Afrique centrale sur le Bassin du Congo*, à Brazzaville, en présence d'Obiang Nguema. A cette occasion, les participants ont pris note de l'annulation par l'Italie de la dette des 11 pays de la sous-région d'Afrique centrale.

Le 1ᵉʳ février 2006, A. Michelini a prononcé, en présence d'Obiang Nguema et quatre de ses ministres, une conférence dans la salle de l'*Instituto Italiano per l'Africa e l'Oriente*, à Rome, sur le thème: « Opportunité de développement et d'investissement ». Idée clé : vivifier les relations privilégiées avec l'Italie et stimuler les investissements, avec comme but l'« ouverture du marché du pétrole alternatif de l'arabe ».

Et voici qu'en septembre 2006 parut son livre-interview – en espagnol – du dictateur de Guinée Equatoriale, *Por una Guinea mejor*. En tant que spécialiste du petit pays, on est frappé d'emblée par sa ressemblance avec un livre publié en 2002 par *Les Editions du Jaguar*, à Paris : *Teodoro Obiang Nguema Mbasogo, Président de la Guinée Équatoriale. Ma vie pour mon peuple*, dans lequel l'autocrate évoque son enfance, sa scolarité, sa carrière militaire, son coup d'État (mensongèrement intitulé *Coup de la Liberté*) pour chasser du pouvoir son oncle, le président-despote Macias Nguema, et ériger *Une Guinée meilleure*. La photo d'Obiang Nguema garnissant la page 159 du monologue français d'Obiang Nguema est reprise sur la couverture du livre en espagnol d'Alberto Michelini. La page de garde du livre, présentant ce dernier, fait silence sur son appartenance à l'*Opus Dei*. Probablement pour des impératifs d'humilité chrétienne.

Les 102 pages de la *Guinée meilleure* sont composées de questions du député italien, suivies des réponses d'Obiang Nguema, sans que ce monologue ne soit assorti d'un appareil critique. C'est ainsi que le dictateur évoque à sa guise :

– Un pays de 1.200.000 habitants [toute les Organisations internationales gouvernementales et non, situent la population entre 500.000 et 550.000 habitants];
– Les ressources de la Guinée Équatoriale sont utilisées rationellement;
– Nous sommes sur la voie de la bonne gouvernance;
– On continue d'évoquer la nécessité de démocratiser le Guinée Équatoriale, "alors que nous organisons des élections et qu'il existe des partis politiques";
– Les élections du 21 novembre 1993 ont été les premières multipartistes. [Vu le caractère non représentatif de ces partis, on doit plutôt parler de "multi-nguemisme"];
– L'actuelle structure politico-sociale, avec 13 partis politiques, 60 groupes religieux et diverses ONG ne justifie pas les accusations de dictature;

– Les accusations de la presse internationale viennent du fait qu'elle refuse de reconnaître « le caractère démocratique et transparent de nos élections ». Les critiques devraient pour le moins être fondées, et non destrutrices;
– Les médias donnent des informations objectivement tendancieuses; il existe des lobbies qui paient pour brûler l'image de la Guinée Équatoriale, et qui ordonnent à leurs journalistes d'aller réaliser un reportage négatif;
– On ne peut nier qu'un régime présidentiel fort répond à une vieille tradition africaine de pouvoir centralisé et d'autorité non partagée;
– Quand on parle de démocratie en Europe, il faut tenir compte du fait que celle-ci n'est pas identique à l'africaine;
– L'ex ambassadeur américain John Bennet s'est immiscé dans les affaires intérieures [alors qu'il s'élevait contre les violations des droits de l'homme, dont la torture].
– Seul l'État peut utiliser les revenus du pétrole, qui vont directement au Trésor. Le Gouvernement ne peut y avoir recours pour financer l'administration. Il doit le faire avec ses propres revenus.
– Il n'y a guère de corruption en Guinée Équatoriale;
– Nous donnons la priorité à la formation [Unesco et Unicef témoignent de la débilité du système éducatif du pays];
– « Je crois que le phènomène de la pauvreté est culturel. On peut faire de grands efforts pour que le peuple atteigne la prospérité, mais si le peuple n'a pas de culture il sera toujours au même niveau »;
– La Guinée Équatoriale a le privilège d'avoir réussi une transition sans convulsions ni affrontements [résultat de la politique de terreur];
– « Dieu a touché de sa volonté sacrée le sol de la Guinée Équatoriale et a fait qu'affleure le pétrole et autres ressources qui nous permettent de réaliser des progrès en faveur de notre peuple (santé, éducation, infrastructures) »;
– Les mots existent pour définir la vérité, et non pour l'occulter. « C'est pourquoi je viens de vous dire la vérité une et simple ».

Obiang Nguema explique aussi qu'actuellement son épouse partage sa vie officielle et privée. « Elle m'a donné trois enfants [dont l'aîné est ministre de l'Agriculture et des Forêts]. Mais ma vie familiale est complexe aux yeux des étrangers, car l'Africain que je suis conserve les traditions. J'ai partagé ma vie avec d'autres femmes qui m'ont donné d'autres enfants que j'ai reconnus. Ma seconde épouse [de São Tomé] est la mère de six enfants [dont l'aîné est vice-ministre des Hydrocarbures]. D'autres relations m'ont donné davantage d'enfants qui, tout en n'étant pas héritiers directs, bénéficient de mon appui et protection ». [La diaspora évoque quelque cent enfants[2], en vertu du droit de cuissage qu'il pratique à travers tout le pays, comme au sein du Gouvernement].

Reste l'état de santé du dictateur. Le 26 septembre 1999, l'*Agence France Presse* signala qu'Obiang Nguema souffre d'un cancer de la prostate et qu'il a subi par deux fois des examens à la Clinique Mayo, à Rochester (Minnesota). Son voyage était financé par *Mobil Oil*. Obiang Nguema a nié la nouvelle du cancer, qu'il attribue à la volonté de déstabiliser son pays. Lors de l'interview par Michelini, le dictateur signale qu'à l'Hôpital militaire du Val-de-Grâce (Paris), un médecin lui a détecté un diabète. Celui-ci aurait été la cause de sa sensation de fatique et de son amaigrissement. Tout serait rentré dans l'ordre. Cela n'explique pas les fréquents séjours sanitaires que le dictateur effectue dans sa clinique de Rabat (Maroc). Dans la diaspora, qui compte nombre de médecins et autres personnels de la santé, outre les traitements anti-cancer (voire des opérations), d'aucuns attribuent la perte de poids à l'obsession sexuelle du dictateur et ses éventuelles conséquences néfastes.

Un communiqué de presse du Parti de la gauche européenne, du 31 janvier 2006, dans le périodique *European Left*, s'intitule : « Pétrole rouge sang pour les entreprises italiennes et pour Berlusconi ». Selon le sénateur Francesco Martone, secrétaire de la Commission des Droits de l'Homme du Sénat : « Depuis vingt-cinq ans le président [Obiang Nguema] et son entourage font leurs affaires, accumulant les richesses, cultivant la corruption et réprimant toute critique. Un scandale soutenu par les intérêts pétroliers. Le 85% des citoyens vivent dans des bidonvilles; la liberté d'espression est inexistante face à la corruption, et la centralisation paralyse l'Etat... Selon l'Organsation de Coopération et de Développement économique (Paris), nous sommes en présence de la dictature d'un 'clan familial'. Où la justice est soumise à l'exécutif et où l'économie est dominée par le pétrole et la corruption gouvernementale. Sur les 50 ministres du gouvernement – on compte un ministre pour 10.000 habitants – 20 appartiennent à la proche famille de Nguema... Tout cela n'a guère d'importance pour nos représentants du gouvernement [italien]... et intéresse encore moins l'entrepreneur Berlusconi, qui a accueilli au Palazio Chigi, le 18 mai 2005, Obiang Nguema, afin de conclure un accord entre la Guinée [Équatoriale] et quelques entreprises italiennes, par dessus tout *Finmecanica*, leader de l'industrie de l'armement ». Et Martone d'interroger : « Est-ce cela, le coût de notre modèle de développement et d'internationalisation du système Italie ? »

En novembre 2006 *Nigrizia* (Verona) publiait un article de Max Liniger-Goumaz, intitulé « Les liens avec Rome. Les affaires italiennes ». Un ingénieur italien travaillant en Guinée Équatoriale critiqua ce texte, estimant les appréciations du professeur suisse comme déplacées. Peu après, *Nigrizia* publia la lettre d'une coopérante italienne P. Gaidano, confirmant les dires de Liniger-Goumaz, sous le titre : « Guinée Équatoriale et honte italienne ».

Début 2007, l'organisme *Transparency International* (Berlin), dans son *Index 2006 de Perception de la Corruption,* a montré que sur 163 pays examinés, la Guinée Équatoriale figure au 151e rang (152e en 2005). Quant aux dénonciations des violations des droits de l'homme, elles viennent tant d'*Amnesty International,* que de la CIA (Département d'État), de *Reporters sans frontières,* des Eglises catholique et protestantes, que de la presse internationale, ou encore de *Médecins sans frontières*, par son retrait en 2000 à cause de manipulations des aides humanitaires.

Dans un article d'un membre de *l'American Enterprise Institute for Public Policy Research*, du 23 janvier 2007, sur la lutte contre la malaria en Guinée Équatoriale, on lit : « La Guinée Équatoriale est dirigée par un régime particulièrement non-démocratique et corrompu ». Le 16 janvier 2007, l'hebdomadaire allemand *Der Spiegel*, décrivant les largesses chinoises (dont la remise de 75 mio de $ de dettes), en échange de l'accès au paradis pétrolier, qualifia la Guinée Équatoriale d'« État voyou ». Certes, Obiang Nguema joue les apparences de la démocratie, avec des élections auxquelles participent des micro partis, présidés par des barons du régime, dans le cadre d'une démocratie frelatée. D'où, comme l'écrivait le *New York Times* du 9 novembre 2006 : « Malgré 3 milliards de dollars de revenus du pétrole par an, la majorité de la population de Guinée Équatoriale vit sous le seuil de pauvreté ».

Au 4e Congrès international d'Etudes africaines de Barcelone, en janvier 2004, la professeure Campos Serrano avait conclu sa contribution sur la coopération et la démocratie en Guinée Équatoriale et le Mozambique par : « La démocratie s'est convertie dans ce contexte en une espèce de simulacre, et le languaye des libertés civiles en un discours factice ». Comme dans le livre d'A. Michelini.

2. Un consul très honorable

Pour 2006, *Transparency International*, examinant la corruption dans le monde – et classant les pays, du moins corrompu, la Finlande, aux champions de cette tare – situe la Guinée Équatoriale au 151e rang sur 156 pays examinés, ou au 41e rang sur 45 pays d'Afrique. Mais compte tenu des abondantes ressources en hydrocarbures, le pays continue à être courtisé par ceux qui espèrent profiter de cette manne, en mains de compagnies pétrolières américaines et de la famille qui monopolise le pouvoir depuis bientôt 50 ans. La corruption qui ronge la Guinée Équatoriale peut se définir par un « abus de pouvoir public pour des motifs de profit personnel »; il torpille les efforts de réduction de la pauvreté. Cette corruption « comme le tango, se danse à deux », écrit en septembre 2007 la revue officielle suisse *Un seul Monde*. Les profiteurs du Nord se dissimulent derrière leur mutisme véreux ou la flagornerie; ceux du Sud s'abritent sous une prétendue démocratie autochtone qui ne tolère pas les leçons de l'extérieur. Ainsi que l'a noté un rapport du Gouvernement américain sur la lutte contre la corruption à haut niveau, la kleptocratie mine autant l'accès à une démocratie effective qu'à un minimum de prospérité.

En octobre 2002, à Malabo, Teodoro Obiang Nguema, s'est vu remettre le Doctorat *Honoris Causa* en Sciences et Droit, ainsi que le titre de Professeur en Relations Internationales par les soins de la *Senior University International* des États-Unis (inexistante sur Internet). La délégation était présidée par le Prof. Ambassadeur Eugenio Caligiuri, chef du Département de Coopération Diplomatique Internationale du Parlement Mondial pour la Sécurité et la Paix (Palerme), Doyen de l'École des Relations Internationales et Diplomatie de la *Senior University International*, accompagné du Prof. Ambassadeur Abdul Sultan Hassam, vice-chancelier Recteur de la même institution.

Parmi les travaux de membres de cette université fantôme, on trouve une publication intitulée *Tantrea Sexualis. La Bible du sexe magique* (65 p.), signée d'un Antonio Tiberio di Dobrynia, prince de Rome et de Russie, Grand Inquisiteur du Parlement international des Chevaliers de la Croix, Prince impérial de l'Empire romain et de l'Empire byzantin, roi de Rome, de Bretagne et de France, Prince Inca du Pérou, 52e Grand Maître de l'Ordre souverain de St Jean de Jérusalem, chevalier russe de Malte, Duc de Valence, d'Aragon et de Castille, etc., etc. Ces titres sont qualifiés par la noblesse authentique de frauduleux et issus du Cyberespace. Quant à Eugenio Caligiuri, il est également présent par un article sur « L'établissement du Tribunal Pénal International et son influence sur le nouvel ordre constitutionnel vénézuélien. Un modèle de coopération et de conscience juridique internationale ». A cette occasion l'auteur se qualifie de cyber-diplomate. Cette qualité factice est confirmée par le fait qu'à Bucarest les membres du corps diplomatique, y compris les 34 consuls honoraires, affichent tous une rue de résidence, sauf le consul Caligiuri, qui se contente d'une case postale.

Dans la liste des institutions non traditionnelles, avec diplômes d'études à distance, énumérée par le gouvernement du Michigan (USA), figure une certaine *Senior University International*, sans campus, du moins aux États-Unis, et qui est connue pour changer fréquemment d'identité. Parmi les *moulins à titres*, Universités à distance ou Universités boîte aux lettres existe aussi une *Senior University*, à Richmond (Colombie Britannique, Canada, dans le Grand Vancouver, à 25 minutes de la frontière des USA), sans autre indication, sinon qu'elle loge à la Simpson Road. Elle ne figure pas dans la présentation électronique des écoles supérieures de la Ville de Richmond.

Notre cyber-diplomate se présente dans son curriculum électronique comme issu d'une famille de nobles italiens, médecin, diplomate et expert en droit international (sa thèse est introuvable), suite à des études en Argentine et un séjour au Venezuela. Tout aussi cybernétiques sont ses enseignements dans diverses universités d'Amérique latine, des USA et de Hong Kong. Il est également membre de l'Académie des Sciences de New York, de la *International Law Association* et de la *International Bar Association* au Royaume-Uni, tous organismes à qui il suffit de payer la cotisation exigée pour en faire partie. Notre Honorable explique que dès sa première rencontre avec Obiang Nguema il s'est rendu compte des qualités de cet homme de vaste culture, « président à temps complet », toujours prêt à jouer les médiateurs dans les conflits qui déchirent l'Afrique. Grâce à Obiang Nguema a été lancée « la révolution du bien être du peuple avec la justice sociale que nous demande de réaliser sa sainteté le Pape... Voici quelques jours le Président m'a dit : " Eugenio, nous construisons un Pays nouveau. Si on me parle d'un hôpital mal construit, j'en ferai construire un autre, meilleur...". Fréquemment, en pleine nuit, le Président va superviser les chantiers, ce qui a valu à beaucoup d'entreprises de quitter la Guinée Équatoriale pour manque de sérieux ». Caligiuri remercie divers pontes du régime nguemiste, évoquant notamment le général Mauro (président de la plupart des tribunaux militaires), et remercie « tous les amis gladiateurs de Malabo ».

Qui sont ces « gladiateurs » ? Le 17 août 2007 une Ordonnance d'Obiang Nguema a élevé à un grade militaire supérieur ses fils aînés (de deux épouses différentes) Teodorín et Gabriel, membres du gouvernement, aux grades de commandant et de capitaine; quatre autres fils, occupant également des fonctions publiques, Hugo, Alberto, Ruslan et Inocencio, ont obtenu respectivement les grades de Lt-col. et de capitaine. Un des frères d'Obiang Nguema, Antonio Mba Nguema, ministre de la Défense est promu Lt-général, un autre, cadet, Armengol Ondo Nguema, délégué à la sécurité nationale, devient général; l'oncle Manuel Nguema Mba reste général et ministre de la Sécurité nationale. Quant à Obiang Nguema, il se réserve depuis 2004 le grade le plus élevé de l'armée, soit capitaine-général. Faut-il s'étonner que Caligiuri, promu consul honoraire de Guinée Équatoriale, porte le titre de « Fils émérite » d'Obiang Nguema depuis décembre 2005 ? Tous les membres de la coupole nguemiste s'abreuvent aux mamelles de l'État par dizaines de millions de dollars, avec la complicité des multinationales du gaz et du pétrole[3].

Le *curriculum vitae* électronique de notre consul, outre une dizaine de grades universitaires, Doctorat et Certificats – dont un diplôme en acuponcture clinique, obtenu à Singapour – énumère d'autres diplômes, décrochés aux Chili, Colombie, Espagne, Grèce, Pays-Bas, Pologne, USA. S'ajoutent une dizaine de titres, dont celui de colonel de l'État du Kentucky, ou celui de *Tennessee Squire* (distinction octroyée par la distillerie du whisky *Jack Daniels*), ambassadeur honoraire, amiral d'honneur de l'État du Nebraska, diplomate émérite de la Présidence du Gouvernement et du Conseil de Recherche scientifique et technologique de Guinée Équatoriale, etc. Par ailleurs, Caligiuri se dit conférencier d'Université du Vénézuela, d'Italie, de Guinée Équatoriale, ainsi que Doyen associé de Diplomatie et Relations internationale de la virtuelle *Rutherford University*, successeur de la *Senior University International*, accusée, suite à une enquête fédérale américaine, d'émission de faux diplômes, typique de ce que l'on qualifie de *diploma mill* (moulin à diplômes), et chassée du Wyoming (USA). Mais la *Rutherford University* a été accréditée par le curieux Parlement Mondial pour la Sécurité et la Paix (Palerme), fondé en 1975 par feu Mgr Makarios II, président de la République de Chypre. Caliguri est représentant en Europe de la *Rutherford University* depuis juin 2002. En 2007, cette cyber-Université répond aux abonnés absents.

Finalement, le *curriculum vitae* de M. le consul honoraire mentionne une quarantaine d'articles en médecine et diplomatie, dans de nombreux pays. Après des recherches effectuées dans le catalogue d'une cinquantaine de bibliothèques universitaires, à travers le monde, aucune d'elles n'est apparue. Il faut donc se contenter du cyberespace.

Notre consul *Website Prof.* est aussi membre *honoris causa* de *l'International Bodygard and Security Services Association* (IBSSA), créé en France, en 1994, avec quartier général à Budapest et siège central en Israël, et participe à son Département juridique. IBSSA se présente comme Association internationale officielle de formation de milices privées, Selon ses statuts, elle forme principalement des gardes de corps. Ses membres d'honneur sont des personnes éminentes agissant au bénéfice de la sécurité mondiale.

Il en va de même des membres du Parlement Mondial précité, qui bénéficient de l'immunité diplomatique. C'est au nom de ce Parlement qu'en 2006 le cyber-Prof. Caligiuri, et deux autres membres, ont remis au président Omar Bongo, du Gabon, le Trophée de la Paix, le faisant Grand Chancelier et Sénateur à vie du Parlement du Monde. Plus surprenant est que le vice-président international de ce Parlement n'est autre que Teodoro Obiang Nguema. Quant au Prof. Caligiuri, il y occupe la fonction de membre du Conseil supérieur, avec le titre d'Ambassadeur *sans restriction* (*at large*).

Pour 2006, Eugenio Caligiuri a résumé sur Internet des statistiques montrant les visites abouties sur son site (6178), dont 243 en décembre. Outre la provenance de ces contacts, des graphiques résument visites et pages par mois et semaines.

Notons enfin qu'un Centre d'Études Diego de Torres y Moyachoque, cacique de Turmeque, entité crée à Madrid en juin 1996, mais établie en Colombie, compte au 13e rang de ses membres le Prof. Caligiuri, du Parlement Mondial (adresse à Maracaïbo, Venezuela). Mieux : au 194e rang figure Constancia Mangue de Obiang, Première Dame de la Nation, première épouse du dictateur de Guinée Équatoriale, mère de Teodorín.

La Guinée Équatoriale est un pays où « la démocratie s'est convertie en une sorte de simulacre et le langage des libertés civiles en discours factice », selon la Prof. Alicia Campos Serrano, de l'Université Autonome de Madrid; un pays où les cyber-scientifiques, cyber-diplomates ou cyber-médecins trouvent leur Eldorado. La Guinée Équatoriale n'est, hélas, pas le seul pays d'Afrique où sévit la plaie de la gestion familiale de l'État, comme l'expliquait fin août la revue algérienne *L'Expression*. Le refus de l'alternance au pouvoir exerce des ravages dans nombre de pays amis de la Guinée Équatoriale, du Gabon au Congo, de Cuba au Zimbabwe.

3. Les bons conseils hollandais

Parmi les aboyeurs, on comptera dorénavant aussi l'ex journaliste hollandais Mark Blaisse, soixantenaire, qui a écrit récemment un livre sur l'Iran moderne, et un autre sur le Pape Benoît XVI, avec le titre peu révérencieux de *Hey Joe! – a letter to Benedict XVI – God's marketeer* [… "le commis voyageur de Dieu"]. Dès 2010, Blaisse a loué ses services au dictateur nguemiste. Et le 12 février 2012, le grand éditeur parisien *L'Harmattan* a sorti de presse 174 pages de panégyrique[4]. Dans un avertissement au lecteur, Blaisse raconte qu'en 2009 il est entré en contact avec le gouvernement équatoguinéen, puis avec le président Teodoro Obiang Nguema. « Parmi nos conversations sur l'image et la place de son pays, nous avons également parlé du système sanitaire et éducatif. Nos discussions portaient [notamment] sur le peu de connaissance dans le monde, à propos de ce petit pays isolé [?], riche en pétrole ». Ajoutant que seul les mauvaises nouvelles sont communiquées au public.

En 2001, Blaisse a fondé à Amsterdam le Bureau Conseil *Pilgrim Consultants*, dont les services proposés à des entreprises et des gouvernements visent, entre autres : – à « gérer votre réputation »; – à « augmenter l'impact de votre compagnie dans le monde actuel ». A cette époque, il collaborait aussi avec *Human Rights Watch*. L'espagnol est absent de la liste des langues qu'il dit "maîtriser".

Au plan technique, on doit constater d'évidentes faiblesses au niveau de la version en français de "son" livre, certainement effectuée par des collaborateurs qui ne maîtrisent pas la langue, preuve en soient des expressions en langage oral, du type : « Un beau jour du mois de mai 2010, le président de la Haute Cour de justice. mandaté par le président, décida d'ouvrir les yeux du monde face au coup d'État, déjà presqu'oublié par la plupart ».

Quant à la présentation, elle témoigne de nombreux manquements aux règles élémentaires, avec une mise en page amateur, des répétitions de paragraphes, ou encore une table des matières commentée. Même au niveau du sous-titre, on note une incohérence. Reprenant l'ultime phrase de l'Introduction : « C'est un État que l'on pourrait décrire comme riche, trahi et oublié », cette formulation est reprise sur la couverture, mais sans l'accorder avec le titre principal, soit *Reconstitution du complot international contre la Guinée Équatoriale. Riche, trahie et oubliée*. Un phénomène courant pour des ouvrages publiés à compte d'auteur. Au compte de qui ? Le régime nguemiste a certainement mis à disposition de Mark Blaisse une série de collaborateurs, ce qui explique, en page 23, cette formulation : « … Les auteurs n'émettent aucun jugement, ils laissent ce soin au lecteur ».

Le livre se compose de trois chapitres et de quatre annexes. Le chapitre II (le I est en fait l'introduction) comporte sept actes [*sic*] allant de la préparation du coup avec présentation des principaux protagonistes et pays impliqués, au piège où sont tombé les mercenaires, à leur condamnation, aux « taupes » qui entrent en scène. A noter que dans la table, l'acte V et l'acte VI portent exactement le même libellé : « Où Simon Mann, Nick du Toit et les autres mercenaires sont condamnés », alors que dans le corps du document l'acte VI s'intitule : « Où Simon Mann est transféré à Malabo puis de nouveau condamné ». Dans les commentaires de la Table des matières, on lit : « Chacun de ces actes comprend les faits. Pour comprendre qui a préparé le coup et comment il a été finalement mené à bien ». Le Chapitre III s'intitule : « Quelques conclusions ».

L'intérêt de ce document, en plus de la présentation d'un Obiang Nguema pauvre victime isolée, réside dans les archives, avec des listes de personnes physiques et morales, des énumérations de contrats de financement ou de fournitures de matériel, et de déclarations de Simon Mann.

Le 30 novembre 2010, la section Afrique de *Radio Nederland*, sous la signature de Johan Huizinga, titrait : « Un journaliste néerlandais conseiller d'un dictateur africain ». On y lit : « Selon la chaîne VPRO qui a révélé l'affaire, Mark Blaisse est, contre rémunération, conseiller en relations publiques du président Obiang Nguema Mbasogo. Devant les caméras de VPRO, Blaisse a nié vouloir redorer le blason du dictateur ». Une fois l'affaire dévoilée, suite à des critiques venues de New York, Blaisse s'est empressé de démissionner de *Human Rights Watch*. Il affirme avoir été approché par Teodorín Nguema Obiang, le poulain du dictateur. Suite à un contrat, et sur conseil de Blaisse, des apprentis journalistes équato-guinéens ont bénéficié d'une formation indépendante en Espagne. Voici probablement l'explication du pluriel « les auteurs » utilisé dans le livre.

Dans le Blog mensuel de Mark Blaisse, on trouve le 18 février 2010, une *Carte postale de Malabo* en espagnol. Après le dénigrement des réalisations de l'Espagne coloniale, on apprend qu'aujourd'hui, « de la forêt a surgi la modernité, avec de splendides grate-ciel, de splendides boulevards maritimes, ministères et avenues. On peut circuler de nuit sans craindre des scènes comme à Lagos, Nairobi ou Johannesbourg. Un peu comme Shanghaï. Bien sûr, tout n'est pas idyllique. L'éducation, la santé, les moyens de communication... Pourquoi, en consultant internet, la Guinée Équatoriale apparaît-elle comme un terrain vague, hermétique, dangereux et dictatorial ? Pourquoi attaque-t-on ce pays sur tous les fronts ? En se basant sur de l'information obsolète, sur des 'faits' et rumeurs alimentés par l'opposition depuis Paris et l'Espagne ? La vérité, c'est que la réputation d'un pays africain ne chault à personne, petit et nouveau riche ? »

Alors que son livre était à l'impression en France, un Blog de fin janvier 2012 s'intitule : « Rencontre avec l'Espagne non-démocratique ». Blaisse y dit : « J'ai récemment écrit un livre sur une tentative de coup dans l'ancienne colonie espagnole, la Guinée Équatoriale (*Rich, Betrayed and Lonely*. PREG Publishing [?], 2011/L'Harmattan 2012), et j'essaie de trouver un éditeur en Espagne. Mais parce que j'ai écrit quelques phrases critiques sur le Roi Juan Carlos Ier, aucun éditeur ne daigne imprimer mon oeuvre. Le roi est saint et sa *Pas-tellement-démocratique-Sainteté* s'ingérera personnellement et créera des difficultés aux éditeurs, ce qui m'a été dit chez l'éditeur *Planeta. La Vanguardia*, le grand quotidien catalan qui avait envisagé de pré-publier quelques chapitres, s'est rétractée elle aussi, de peur d'être accusée de percevoir des super-royalties ».

Grâce au livre publié par L'Harmattan nous connaissons un nouvel ami sincère d'Obiang Nguema. Qui sera le prochain ?

Inutile d'épiloguer. Milieu janvier 2007, un Équatoguinéen de la diaspora a trouvé la conclusion adéquate à ce débat : Malela Idjabe, coordonnateur de *Demócratas por el Cambio* (qui regroupe la plupart des partis d'opposition réfugiés en Espagne) a souligné que « Derrière chaque grand dictateur d'Afrique se cache un démocrate occidental ».

Souvent aboyeur.

---

1 Alberto Michelini, *Por una Guinea mejor. Guinea Ecuatorial : un modelo africano de desarrollo. Entrevista al President de Guinea Ecuatorial T. Obiang Nguema Mbasogo.* Elvetica Edizioni. Chiasso (Svizzera), 102 p., ill.

2 Ruf, M., «Pillage de la Guinée Équatoriale. Les connexions suisses d'Obiang Nguema ». *L'Hebdo*. Lausanne, 5 juillet 2012, pp 10-14 (v. en particulier p. 14 sur ses enfants, dont les jumeaux Pastor et Juste, actuellement agés de 26 ans, scolarisés à Genève et à Rolle, et qui possèdent la nationalité suisse. Cf aussi Adjo Saabie, «Constancia Nsue Obiang, épouse de Théodoro Obiang, neveu de Nguema», in *Épouses et concubines de chefs d'État africaines. Quand Cendrillon épouse Barbe-Bleue.* L'Harmattan, Paris, 2008, p. 135ss.3 Obiang Nguema est un des pire autocrates kleptocrates vivants, selon Vukasin Petrovic, «Equatorial Guinea: Ignorance worth fistfuls of dollars». *The Christian Science Monitor*. Boston, 14 juin 2012.

4 Mark Blaisse, *Reconstitution du complot international contre la Guinée-Équatoriale. Riche, trahi* (sic) *et oublié* (sic). L'Harmattan. Paris, 2012.

Postface

AUJOURD'HUI RESTE ÉGAL A HIER

Djongele Bokokó Boko

Loin de n'être qu'un résumé de l'ère Macias Nguema, ce livre montre que même si le « Grand Maître » a disparu, le régime dictatorial et répressif instauré par lui reste vivace. Les hyènes de l'ère Macias sont aujourd'hui les "dinosaures féroces" qui, après avoir manié la cravache de la terreur, dans les rangs de l'armée et de la *Jeunesse en marche avec Macias*, se repaissent du pétrole qu'ils accaparent.

La modification majeure enregistrée depuis la destitution du « seul miracle de la Guinée Équatoriale » se manifeste par la découverte des hydrocarbures. Mais, alors que toute cette richesse aurait pu apporter une amélioration du bien-être, de la santé et de l'éducation à la majorité de la population, on constate qu'elle ne fait que cautionner un régime de parti unique qui continue à célébrer le culte de la personnalité de son leader.

Le boom du pétrole et du gaz peut être considéré sous deux angles :
– au plan intérieur, on observe le paradoxe que beaucoup de ceux qui font partie du régime, et le soutiennent, ont été dans le passé de soi-disant opposants. Le peuple, qui étouffe sous le déspotisme, avait placé un temps ses espoirs dans ces hommes qui sont aujourd'hui acolytes du régime qu'ils étaient censés réduire au silence afin d'instaurer la démocratie et assurer le bien-être social. Mais la frustration a grandi avec le constat que derrière les diatribes et harangues "anti-dictature" – distillées dans les médias espagnols – n'étaient que démagogie. Le plus triste, pour le peuple, c'est de les voir convertis en "estomacs reconnaissants". Certes, le pétrole sent mauvais; mais dans les poches cela ne se remarque pas;
– au plan extérieur, le régime nguémiste s'appuie sur un front économique double, l'un dominé par les compagnies pétrolières, surtout des États-Unis, qui non seulement approvisionnent les comptes des hommes du régime, mais encore mettent à leur disposition et subventionnent des entreprises de sécurité et des groupes de lobby chargées de laver l'image du président; l'autre, avec les grandes démocraties occidentales qui, afin de ne pas mettre en péril leur approvisionnement, s'abstiennent de condamner Malabo et de pressionner en vue d'un changement d'orientation politique.

Ces complicités engendrent la corruption[1]. Une tare fondée sur la dilapidation des revenus du pétrole – de ceux du bois aussi – qui servent à enrichir la coterie au pouvoir. Le cas de Teodorín est le plus significatif, qui acquiert des voitures haut de gamme, des tableaux, des résidences, des avions, des yachts, etc., quand son père achète des Boeing 777. Pendant que les enfants continuent à déambuler dans les rues du pays, sans chaussures, en vêtements de mendiants, sans être scolarisés parce que leurs classes manquent de matériel; quand, les malades doivent payer jusqu'aux seringues afin de bénéficier d'injections à l'hôpital; quand les complices du régime acquièrent des immeubles en Espagne, en France, au Maroc et ailleurs, alors que nombre d'Équatoguinéens n'ont pour logis que des huttes misérables, de carton et de planches, innondées et remplies de boue sous les pluies.

Ce gaspillage de millions de dollars et d'euros se manifeste d'abord dans les médias internationaux grâce aux dénonciations des ONG[2], ainsi que des investigations judiciaires ouvertes en France, aux États-Unis et en Espagne; il se reflète aussi à l'intérieur du pays, où les membres du régime s'affichent dans de grands véhicules 4x4, sont propriétaires d'hôtels et d'affaires diverses. Dans un gouvernement pléthorique, ministres, secrétaires de ministères, directeurs généraux, etc, sont surtout "entrepreneurs", sociétaires d'entreprises à 50% – et ce sans avoir apporté de capital initial –, actionnaires de sociétés dont ils perçoivent des dividendes sans même assister aux assemblées générales, etc., etc. Ce qui mène à constater qu'il n'existe pas de véritable gestion de l'État, car tout n'est qu'affaires[3].

Face à ce panorama désolant, le futur de la Guinée Équatoriale se présente bien sinistre. Car loin de profiter de la survenue du pétrole pour former les gens, surtout les jeunes, avec une éducation supérieure permettant d'acquérir les connaissances indispensables dans diverses disciplines pour être à la hauteur, demain, comme gestionnaires des resources naturelles, les détenteurs du pouvoir montrent qu'ils méprisent le savoir. De sorte que perdure l' "analphabétisme culturel" du temps de Macias Nguema.

Le "culte de la personnalité", signalé plus haut, naît de cet analphabétisme et se manifeste notamment en matière de musique populaire. Ainsi, presque tous les musiciens guineo-équatoriens, en groupe ou individuellement, ont un répertoire qui commence et qui se conclut par des louanges et des félicitations au président et à la "Première Dame". On devine la raison ultime de ces litanies : la survie au *paradis* nguemiste.

Naguère pays parmi les plus pauvres, la Guinée Équatoriale a enregistré des changements vertigineux. L'un d'eux concerne le revenu *per capita*. La Banque mondiale et le FMI, prenant en compte les volumes d'extraction et d'exportation de pétrole, signalent que l'État perçoit un montant de 37.000 dollars/an par citoyen, supérier à celui de plusieurs pays d'Europe occidentale. Cependant, ces mêmes organismes disent que la majorité (80% des citoyens), continue à vivre avec moins de 2 dollars par jour. Pour mettre en doute les données des institutions internationales, les porte-paroles du régime exhibent les réussites du gouvernement, tel le complexe de Sipopo, la basilique de Mongomo, les bâtiments d'institutions telle la *Banque Africaine* et autres. Mais dans les villages et banlieues, les gens continuent à se lever très tôt le matin pour chercher de l'eau destinée aux besoins domestiques.

On peut, par ailleurs, se demander, combien de Guineo-équatoriens peuvent jouir de Sipopo, quand ils n'ont même pas de quoi s'acheter une aspirine.

Parmi les changements dans la société équato-guinéenne figure la disparition de l'opposition :
– a l'extérieur (d'où proviennent les nouveaux alliés du régime), ce qui subsiste sont des groupuscules de nostalgiques d'un passé lointain, qui semblent revendiquer davantage le souvenir de l'époque coloniale espagnole que de rechercher un futur démocratique. Leur absence de crédibilité, l'incohérence et le défaut d'idéologie fait plus de mal au peuple qu'ils prétendent défendre que la propre dictature. Et on ne peut guère oublier que ceux qui rentrent aujourd'hui au pays, à peine arrivés décident de s'affilier au PDGE;
– à l'intérieur, à part l'asphyxie à laquelle le régime la soumet, l'opposition ne peut pas présenter d'autre bagage que celui de ses propres échecs. Les luttes intestines, les haines et jalousies, le personnalisme, etc, mais avant tout le manque de moyens économiques, ont mené beaucoup de dirigeants à s'affilier au régime pour subsister.

Il fut un temps où l'opposition avait exercé un travail de sappe contre la dictature. Sous Macias Nguema, les dénonciations dans les médias internationaux, ainsi que devant les organismes des Nations Unies, faisaient effet de condamnations du pouvoir absolu. Même durant les premières années de la seconde dictature elles avaient leur poids. Toutefois, rien ne se modifiait dans la politique de Malabo, La fatigue et le découragement ont gagné l'opposition. En causé, la composition de ces formations, parmi lesquelles l'élément ethnique et tribal étaient trop souvent présents, sans oublier le personnalisme du "leader". Toutefois, parmi les membres de l'opposition figurent des hommes et des femmes qui jouent – ou ont joué – un rôle saillant, digne d'éloges; mais on leur reconnaît rarement cette qualité. Ils devront être reconnus le jour où une étude globale sur le rôle de l'opposition en Guinée Équatoriale sera réalisée.

Aujourd'hui, l'opposition, au lieu de se lancer à bras ouverts vers la démocratisation du pays, se convertit en une escorte décorative du régime. Le pays semble vivre une fastueuse indolence, tant à Malabo qu'à Bata, ou encore dans les villages où certains leaders végètent placidement. Finalement, le ralliement à la dictature d'un grand nombre leur vaut une pension de quelques centaines de francs CFA qui leur garantit une existence ni austère, ni opulente, dans la lointaine province. Peu vaut mieux que rien.

Parmi ce qui peut encore être qualifié d'opposition figurent des voix qui plaident pour que la Guinée Équatoriale se transforme en État fédéral. Mais, quand on analyse la réalité, on se heurte aux divisions tant ethniques que tribales. Au sein de chaque peuple qui intégre la République, ces divisions sont multiples, de sorte que n'importe quel projet semble impossible à réaliser. Encore faudrait-il que surgisse une véritable conscience de ce qu'est la Guinée Équatoriale. Malheureusement, les générations nées de Macias Nguema à aujourd'hui n'ont connu que la dictature !

Les dictatures se nourrissent fréquemment de l'"achat" des volontés. Teodorín est maître en ce domaine : il répartit de l'argent à la population comme on distribue des bonbons aux enfants. Cela ne se fait pas dans le cadre de budgets, à travers le ministère des Finances, mais selon son seul orgueil. De la sorte, il est gratifié d'appaludissements, tel un César sur son trône; tout cela publiquement, pour confirmer la générosité du ministre-héritier du fauteuil présidentiel.

La chute de Macias Nguema semblait avoir dissipé le voile de ténèbres qui recouvrait le pays. Mais rapidement on a vu revenir les mensonges d'avant. Ceux qui avaient assisté le "Vieux" sont les mêmes qui écrasent les libertés de nos jours. En Guinée Équatoriale, *aujourd'hui reste égal à hier*.

Selon Barrington Moore Jr., «Dans les révolutions, de même que dans les contre-révolutions, ainsi que lors des guerres civiles, survient un moment crucial où subitement les gens constatent qu'ils ont rompu de manière irrévocable avec le monde antérieur, accepté leur vie durant. Pour les classes et individus distincts, ce déferlement d'une nouvelle et surprenant vérité se présente en phases successives d'affrontements au système régnant. Il y a des décisions et des moments uniques – la prise d'un palais… la destitution d'un dictateur… – suite auxquels on ne peut plus reculer. Décider une action violente se meut en nouvelle légalité »[4].

En Guinée Équatoriale, le peuple n'a pas participé aux événements politico-militaires qui ont mené à la mort du dictateur. De sorte qu'il reste écarté de la répartition des nouvelles richesses, "butin" des seuls substituts de Macias Nguema. N'étant pas le protagoniste de son destin, le peuple se voit privé de la capacité de prendre des décisions qui influencent sa vie, en ouvrant une voie vers le mieux-être.

Les réformes que nécessite la Guinée Équatoriale ne peuvent visiblement pas continuer à dépendre de la seule volonté de ceux qui accaparent le pouvoir depuis près d'un demi siècle. Il faut des changements en direction d'un système économique fondé sur la propriété privée, un système politique assurant l'égalité devant la loi; l'établissement d'une démocratie parlementaire représentant toutes les sensibilités ethniques du pays. En définitive, une conversion du pays en État de Droit Démocratique, avec séparation des pouvoirs fondée sur la force de la loi, où la volonté populaire est respectée, qui permet d'indiquer, à travers des élections libres, qui doit gouverner la République.

Depuis le boom pétrolier, une victime est restée sur le carreau : l'agriculture. On l'a laissée périr, coulant quelques larmes réthoriques. Alors que la Guinée Équatoriale, spécialement l'île de Bioko, avait réussi depuis longtemps à devenir fournisseur des pays voisins, elle est actuellement condamnée à importer des produits alimentaires qu'elle aurait pu continuer à cutiver elle-même. Jamais Bioko ne se serait abandonnée à un tel sort, n'était la fièvre du pétrole qui a converti le pays en un prétendu "Eldorado"[5].

Evoquer la Guinée Équatoriale, c'est devoir se répéter. Mais la réalité fait que parfois l'arbre cache la forêt. Ce pays ressemble a un réservoir d'eau apparamment propre, mais lorsqu'on la verse dans un verre, la boue s'y accumule. Traduction : ce pays est un terrain avec deux équipes : celle des infortunés, la majeure partie du peuple, qui manque de tout parce que l'État ne remplit pas ses obligations; et celle des profiteurs, gouvernants et acolytes, avec leurs comptes bancaires, leurs propriétés immobilières, etc. Appartenir au premier camp, c'est mourir prématurément; naître dans le second, c'est atteindre le paradis.

Le pays reste un enfer pour la majorité.

1 Douglas A. Yates, *The Scramble for African Oil. Oppression, Corruption and War for Control of African Natural Ressources*. Pluto Press. Londres, 2012,
2 Gustau Nerin y Abad, *Blanco Bueno Busca Negro Pobre. Una crítica de los organismos de Cooperación y las ONG*. Traduit du catalan par l'auteur. Roca Editorial. Barcelone, 2011
4 Brooke, J., "For Equatorial Guinea, The Yoke of Freedom". *The New York Times*. New-York, 22 novembre 1987. (Écrit depuis Luba) : «Insecurity for foreign investors has hidered a revival of cocoa cultivation. "Any one who comes in with some money to invest will find some minister demanding to be put on the board of directors", an aid worker said».
3 Barrington Moore, Jr., *Los orígines de la dictadura y de la democracia*. Madrid, 1976, pp 157-158.
5 Samuel Denantes Teulade, *Malabo, Guinée Équatoriale. Le nouvel Eldorado pétrolier de l'Afrique*. L'Harmattan. Paris, 2009. V. aussi Avila Laurel, Juan Tomás, *Diccionario básico y aleatorio de la Dictadura guineana* (en versión digital). Editorial Ceiba. Centro d'estudis internacionals de biología i antropología. Vic (Barcelona), nov. 2011. Ernest Ndouong Moussavou, *Françafrique. Ces monstres qui nous gouvernent*. Chap. 3 *Guinée Equatoriale – Obiang Nguema Mbasogo*. L'Harmattan. Paris, février 2012, 124 p.

INDEX

Abaga Ondo Mays 57
Acacio Mañe 85, 113
Abandon de territoire 173
Aboyeurs 179-191
Abus de droits 106
ABC 17, 128
Abdication 144
Academia de los Grupos Especiales de Opéraciones 46
Academie militaire, 74 v. Saragosse
Académie des Sciences (New York) 186
Actual 120
Administration civile 40, 52, 75
Accidents 74
Actual 115, 149
Accord, v. Cooperation, Finances
Acton, Lord 76
Adaro 74, 105, 114
Addax 173
Addis-Abeba, v. Ethiopie
Administration,, Administrateurs 65, 116, 122, 128
Aéroports 142, 144, 150 v. Aviation
Affaires étrangères 33, 37, 39, 55, 59 61, 64, 78, 87, 111, 117, 128-129 137, 149, 169-170, 174 v. Diplomatie
Affairisme 49
Africa (Dakar) 68, 99, 119
Africa Business 147
Africa Energy Intelligence 178
African Foreign Report 146
African Studies Quarterly 167
Afrique 18, 49, 81, 86, 185
Afrique-Asie 66, 149
Afrique Centrale 170
Afrique francophone 110, 112, 142 151 v. aussi Francophonie
Afrique nouvelle 136
Afrique du Sud 162, 169, 171
Afripesca 65, 79
Agence France-Presse 89, 115 118, 123, 149, 170, 183

Agressions 51, 64, 173, 175
Agriculteurs, Agriculture 33, 40 116, 61-62, 67, 195
Agro-alimentaire 181
Ahidjo 69, 109, 116
Aides 23, 24, 64, 67, 104, 106, 109 112, 137-138, 140-141, 145, 169 185 v. aussi Assistance, Coopération, Générosité
Aide d'urgence 59
Aide militaire 75
Aide suisse en cas de catastrophe 136
Akalayong 147
Akonibe 32, 45, 118-119, 162-163
Akurenam 32, 34, 45
Alcool, Alcoolisme 152, 170-171 v. aussi Obiang Nguema, Pauvreté Soûlards
Alena 79
Algérie 188
Alicante 123
Algérie 14
Aliments, Alimentation 22, 54, 65 75 v. aussi Faim
Allemagne fédérale 22, 25, 60, 79 84, 86, 168
Allen, P. 180
Alopathie 121
Alianza Nacional de Restauración Democrática de Guinea Ecuatorial, v. A.N.R.D.
Alimentation 105, 142, 151 v. Faim
Allemagne 67, 81
Alliances 135-153
Alsthom 82
Alternance 188
Amaigrissement 184
Amalige 71
Ambassadeurs 56, 119, 188 v. aussi Diplomatie
AmeradaHess 168, 170
American Enterprise Institute

for Public Policy Research 185
Amérique centrale 81
Amérique du Sud 78
Amérique latine 57, 83, 87
Amin Dada 15, 37, 153, 168
Amis, Amitié 21, 170
Amnistie 21, 27, 33, 35, 47, 53, 87
Amitié 21
Amendes 60
Amitié 145
Amnesty International 32, 43, 53, 90, 99, 167, 184
Amnisties 19, 21, 27, 33, 35, 43, 90, 99
Amouroux 173
Amsterdam 189
Analphabétisme 75, 194
Analphabétisme politique 32
Andalousie 99
Andombe Buanga, G. 56, 58, 63
"Anges" 110
Angola 27, 34, 65
Añisok 34, 40, 179 v. aussi Ela Nzeng, Nzomo
Année du Travail 98, 117
Annexion 175
Annobón 27, 32, 34, 71, 176
A.N.R.D. 18, 23, 24, 25, 26, 32, 38, 46-48, 54, 63-64, 67, 70-71, 87-88, 95, 103, 108, 116, 140, 148, 153, 156, 162
Anthropologue 169
Appropriation de biens 58
Arbitrage 78, 178 v. aussi Médiation
Argentine 70, 86, 89, 179, 186
Armée 19, 20, 27, 37, 40, 42-43, 49, 52-53, 54-56, 75, 85, 96-97, 100, 117, 120, 122, 128, 137, 137, 139, 150, 159, 163, 168-169, 176, 182, 187 v. aussi Gouverneur militaire, Inspection
Armée de l'Air (Espagne) 112
Armes, Armement 14, 40, 57, 85, 184
Arrestations 57-58, 65, 68, 74, 110, 137, 150, 167

Arrogance 150
Arts et Culture 45
Artuccio 42, 49
Asile v. Réfugiés
Asyle politique v. 119
Assemblée, v. Parlement
Assemblée constituante 152, 155
Assemblée nationale, v. Parlement
Asociación hispano-guineana 144
Asociación para el Progreso de Guinea Ecuatorial (APGE) 148
Assassinats 37, 38, 43, 62, 68, 70, 79, 85, 96, 104, 129, 149, 151, 169 v. aussi Liquidations
Assistance 24, 68, 105 v. aussi Aide
Assistance militaire 66, 74
Associations 87, 161 v. aussi Droit, Coopération
Assoziazione Volontari Dokita 179
Astuce 163
Assurances, v. Promesses
Asumu Nsue, M. 57, 63
Asumu Oyono 52
Athéisme 113
Auto-complot 68
Autocrate, Autocratie 37, 78, 83, 107, 118, 171
Autonomie 12, 34, 34
Avanies 108, 118
Aviocar 74 v. aussi Aviation
Avions, Aviation 34, 66, 69, 74, 105, 112, 119, 149, 169, 193
Avocats 45, 51, 61, 63, 79
Baby nel Cuore 179
B.A.D. 23, 27, 33
Bahia (hôtel) 74
Baie de Corisco, v. Corisco
Balance commerciale 66
Balance des paiements 64
Balinga, B. 58
Banco de Bilbao 123
Banco de Crédito y Desarrollo 56, 63
Banco de España 107

Banco de Guinea Ecuatorial 105, 113
  v. aussi Banque centrale
Bancs de sable 174
Banditisme, Bandits 118, 121, 150
Baney 14
Bangui v. République centrafricaine
Banian, v. Mbañe
Banques 110
Banque Africaine de Développement
  13, 14, 13, 46
Banque centrale 35, 64, 79, 91 v. aussi
  Banco de Guinea
Banque des États de l'Afrique centrale
  144
Banque de Développement des États
  de l'Afrique Centrale (B.D.E.A.C.)
  142, 146
Banque Mondiale 13, 116, 136, 194
Banque de Paris et des Pays-Bas 64
Banqueroute 64
Banques helvétiques 146
Bantou 122
Barleyorn, V., Père 85
Barre, R. 52
Barrières 45
Base antiesclavagiste 173
Basilé 67
Basilique 194
Bata 35, 37, 39-41, 45, 51-52, 54, 56
  66, 74, 84-85, 88-89, 94, 65-94, 115
  118, 128-129, 142, 175, 179
Bassin du Congo 182
Baudruche 72
BBC News 179
Bébé Doc, v. Duvallier
Bee Ayetebe, S. 54
Bee Ebang Efiri, P. 61
Belle-Mère, La v. *La Suegra*
Belobi, îlot 175
Benedetti, M., consul 177
Benicasim 123
Benin 81
Bénitier 163

Bennet, J. 183
Benoit XVI 189 v. aussi Pape
Ben Yahmed, B. 127-131
Berkeley, Université. 167
Berlusconi, S. 180-181, 184
Besora y Galliana 79
Bhang, v. Chanvre indien, Drogues
Biafra, guerre du 34, 178
Bible du Sexe magique, La 186
Bibliographies 151
Bico, C. 39
Bidonvilles 184
Bidyogo, P. 115
Bien-Être social 74
Bikwele 56
Billets d'avion 125
Bindang, M. 65
Bingo 49
Bioko, île 27, 34, 37, 40, 54, 66, 71, 84
  112, 135, 170, 176, 178
BIRD (Banque Internationale pour la Re-
  construction et le Développement) 66
Birrel, I. 14
Biya, Paul 69
Black Beach, v. Playa negra
Blaisse, M. 189
*Bloc unique des Forces démocratiques
  guinéennes* 63, 72 v. Oyono Ayingono
Boeing 777 193
Bois 52, 108, 115, 121, 123, 181, 193
Bokasa, J. B. 15, 37, 52, 153, 168
Boletín Informativo (C.M.S.) 128
Bongo 70, 113, 175-177, 179, 188
  v. aussi Gabon
Bonn 67
Bosio Dioko 37, 51, 59, 79
Boticelli, A. 181
Bouées 174
Bourgeoisie 90
Bourses, Boursiers 71
Bradage 146
Brazzaville 182 v. aussi Congo
Brigade anti-terroriste 64

Britannique, v. Royaume-Uni
Brutalité 38
Bruxelles, v. Communauté Economique Européenne
Buale-Borico, E. 40, 62, 140, 146, 149
Bubi 39, 58, 78-79 voir aussi Union Bubi
Bucarest 186
Budapest 188
Budget 21, 100, 112
Bulletin de la Société de Géographie de Paris 177
Bulletins de vote 90
Bunker 39
Bureaux d'études v. Espagne, France
Bush 170
Cacao, Cacaoyères 22, 52, 85, 161-162
Cadavre 145, 147 v. aussi Mort
Cadeaux 174
Café 52
Calendrier 128
Californie 180
Caligiuri, E. 186-187
Calomnie 60
Calvo Sotelo 60, 88, 99, 107, 109 111-112
Cambio 16 60, 118, 120
Cameroun 17, 22, 30, 40, 52, 58, 66 69, 81, 84, 108-109, 120, 163, 168
Cameroon Tribune 116
Campos Serrano, A. 5, 180, 185, 188
Canada 68, 186
Canard enchaîné, Le 83, 116, 119-120
Canaries 70
Cancer 183
Canibalisme 38
Canonnières 74 v. aussi Marine
Cap Esterias 174
Capetown, v. Afrique du Sud
Cap Lopez 84
Cap Saint Jean 173
Capitalisme familial 171
Capitaux 82

Carburant, v. Pétrole
Carnet de travail 162 v. Travail
Carrare, marbre de 179
Carrero Blanco 128
Cartes 175-176
Catalogne 76
Catastrophes 114
Catholic Press 181
Catholic World Nes 168
Catholiques, v. Benoît XVI, Église Ignace de Loyola, Jean Paul II Pape, Vatican
Cauchemar 86
Censure 52, 60-61, 75-76, 79, 160
Centres culturels 66, 86
Centro de Desarrollo de la Educación (CDE) 13
Centurion, voir C.M.S., Nguemistes
CFA franc 12 v. aussi Banques, Colonisation,
Chaillu, P. du 174
Chambre de Commerce, Industrie, Agriculture de Fernando Poo 64
Chambre des Représentants du Peuple, v. Parlement
Chantiers de Bretagne 82
Chanvre indien 58, 117, 123
Chaos 21, 25, 30, 101, 111, 142
Charisme 121
Charte des N.U. 77
Chefs traditionnels 63, 174
Cheney, D. 170
Chevron 168, 175
Cheysson, Cl. 67, 116, 19
Chili 91, 98, 118-119, 121, 136 155, 157-158
Chine populaire 21, 27, 40, 62, 68 81, 85, 96, 111, 128-129, 143, 170 185, 190
Choisir 85
Choléra 142
Christianisme 122 v. aussi Eglise
Chypre 179, 187

Cimetière 123
Cinéma 180-181
CIA 184 v. États-Unis
C.I.C.R. 32, 119, 178
Circulation 45
Civile, tenue 62
Clan de Mongomo, v. Mongomo Famille, Nguemistes
Clandestinité 48
Clarétins 84, 174 v. aussi Eglise
Cleptocratie 171
C.M.S., v. Coneseil militaire
Cocktail Molotov 74
Cocotiers, île 51, 175
Cofindustria 181
Colombie 13, 188
Colombie britannique 186
Colonel 55, 7
Colonialisme/Neocolonialisme/Colonisation 19, 22, 30, 53, 81, 83 90, 104, 146, 172 v. Recolonisation
Combats 57
Combines 107, 110 v. aussi Maneuvres, Corruption
Comité pour la Protection des Journalistes 14
Commando 66
Commerce, Commerçants 38, 61, 107 112
Commissaire royal 275
Commission *ad hoc* des frontieres 176-177
Commission d'enquête, v. États-Unis
Commission des Droits de l'Homme (CDH) 27, 29, 31, 33, 38, 42-43, 45 53, 55, 61, 68, 71-72, 77, 84, 86-87 90-92, 117, 120, 128, 135, 148-152 155, 162
Commission européenne, v. Communauté
Commision du Golfe de Guinée 175
Commision Internationale des Juristes (C.I.J.) 32, 41, 49, 53, 91, 119, 128

142, 149, 155, 157, 162
Commission mixte 22, 69, 111, 120 140
Commissaire royal 173
Commissaires, Commissariat d'État 62-63
Comité International de la Croix-Rouge v. C.I.C.R.
Communauté économiques européenne (C.E.E.) 20, 23, 33, 64, 67 108, 115-116, 136, 140, 142-143 145, 147, 151 v. aussi Union européenne
Communauté des Etats de l'Afrique Centrale (CEAC) 141
Communauté hispanique 23
Communications 61
Compagnie française de recherches minières 52
Complices, Complicités 32, 51-53 63-65, 83, 193
Comptes bancaires bloqués 110, 120
Complot 49, 56-57, 65, 87 voir aussi Auto-complot
Communauté européenne 19
Concessions minières, pétrolières 66, v. aussi Mines
Conciliation, v. Médiation
Conditions de vie 169
Conféderation internationale des Syndicats libres 180
Conférence de Berlin 84
Conférence constitutionnelle 118
Conférence franco-africaine 145
Conférence de Paris 84
Conférence des pays donateurs 105-106, 111-112, 114
Confiance 46
Confiscations 57, 68, 90, 150
Conflits 16
Confusion des pouvoirs 61
Conga, île 51, 174-175
Congélation 138

Congo-Brazzaville 175, 188
Congrégation des Fils de l'Immaculée Conception (Italie) 179
Congrès International d'Etudes Africaines (Barcelone) 185
Congreso, v. Espagne, Parlement
Conscience nationale 98
Conseil de commandement de la Révolution 72 v. aussi Oyono
Conseil d'Etat 160
Conseil militaire Suprême (C.M.S.) 12 27, 28, 32, 35, 39, 41, 47, 49, 53-55 60, 62-63, 70-71, 75-76, 83, 86, 96 98-99, 105, 109, 111, 115-116, 120 122, 124, 127, 155
Conseil Œcuménique des Églises 24 43-44, 85, 127 v. aussi Protestants
Conseil de la République 33, 46, 56, 123
Conseil Technique 109
Conseillers militaires 20, 46
Conseillers espagnols 65, 104, 111
Conseil norvégien pour l'Afrique 14
Conseil révolutionnaire 18
Consorzi Ligure Artistico 179
Conspiration 57
Constituante, Constitution, Constituants 27, 47, 51, 53, 62, 77, 87, 90 92. 107-108, 110, 115, 119-122, 136 141, 148-149, 151, 163 v. Akonibe
Constitution 11, 18, 71, 86-87, 118, 144 155-166
Constitutionnalisme rédhibitoire 163
Constructions 33, 170, 179
Consulats, Consuls 23, 54, 113, 185 v. aussi Diplomatie
Continuité 149
Contradictions 110
Contrats pétroliers 171
Contrebande 150
Contumace 58
Convention franco-espagnole 176
Convergence Sociale-Democrate (CPDS) 148, 176, 180

Convoitises 51, 64, 113, 139, 145-146, 169
Coopération, Coopérants 19, 20, 25 32, 47, 52-53, 60, 66-67, 70, 73 89-90, 104, 107, 112, 114, 137 139, 141, 143, 145-145, 147, 149 170, 175, 179, 181, 184 voir aussi Aides, Projets stériles
Cooptation 5, 28
Corée du Nord 11, 65, 54, 105, 150 170, 179
Corisco, île 173-178
Corps diplomatique, v. Diplomatie
Corps expéditionnaire, v. Maroc
Corruption 14, 47, 67, 75-76, 82, 89 96, 105, 109-110, 120, 136, 138 149, 171, 183-185
Córtes, v. Parlement
Corruption 128, 136, 156, 193
Corvette 74
Cotonu 14, 85
Coup de la Liberté 56, 75, 86, 89 96, 111, 168, 182
Coups (v. aussi Putsch) 11, 17, 18, 22 23, 31, 37, 40-41, 64, 67, 85-86, 106 117, 136-138, 141, 145, 151, 169 189
Courrier, Correspondance 61, 160
Cour Internationale de Justice 178
Cour Suprême 156-157
Cours du soir 70
Cousins, v. Famille
Coût de la vie 73
Crânes 107
Crédibilité 49
Crédits 106
Crédits à l'exportation 171
Crédits *stand by* 66
Crime 75
Croix, La 89
Crustacés 32, 53
Cruzada Nacional de Liberación 85
Cuba, Cubains 27-28, 65, 67-68, 85

203

111, 188
Crimes 43
C.S.D. 144
Culte 75
Culte de la personnalité 194
Culte catholique, v. Eglise
Culture 38, 75, 107, 143, 183
Curriculum vitae 186-188
Cyber-diplomate 186, 188
Cyber-espace 186, 188
Cyber-Université 188
Dakar 72, 115, 121 v. aussi Sénégal
Dauphin 71
Débat politique 27
Déclaration Universelle des Droits de l'Homme 87, 89
Décolonisation 28
Décorations 38
Decraene, Ph. 52, 65-66, 70, 92
Décrets 19, 21, 55, 62, 71, 82, 99 143, 160-162, 175
Dédommagement 55
Défections 60
Défense, v. Armée
Déficites 64
Délits 49
Démissions 57, 140, 171
Démocrates pour le changement 191
Démocratie, Démocratisation 17, 18 21, 23, 25, 27, 28, 33, 42, 62, 71, 75 78, 82, 101, 105, 108, 114, 118-119 121, 138, 151-152, 156, 158-159, 161 163, 167, 170, 182, 185, 191, 193
Démocratie équivoque 98
Démocratie positive 98
Démographie 34, 182
Démoralisation 75
Département d'État, v. États-Unis
Députés 156, 158
Déroulage, v. Bois
Désastre 129
Desinformation v. Nguemistes, Presse
Désordres 108

Despote, Despotisme 15, 43, 116
Destituions 47
Détenus, Détentions 5, 145, 152, 167
  v. aussi Prisons
Détestation 63
Détournements 150, 180
Dette 182
Développement 73, 82, 114, 181-184
Développement intégral 98
Développement social 98
Devises, trafic de 65
Devoir d'ingérence 77
Devoir du citoyen, personnel 161
Devoirs de l'État 163
Diabète 183
Diable, s 62, 163
Diamants 177
Diario 16 60, 76, 120, 128, 149
Diaspora 31, 71-72, 101, 119, 121, 184
Dictature, Dictateurs 15, 17, 20, 23, 48 61, 67, 73, 82, 85-86, 88, 91-92, 101- 125, 136, 139, 142, 150, 156, 167, 170 179-191, 193-197
Diego de Torres y Moychoque, (Centre) 188
Dieu 83, 88, 168, 179, 183, 189
Dignité 75, 88
Dinosaures 193
Diplomatie, Diplomates 20-22, 23, 27 40, 43, 55, 58-60, 62, 66-67, 69-70 75, 90, 104, 110, 112, 116, 119, 129 138-139, 142, 144-145, 149, 168, 183
Disette 89 v. aussi Faim
Disparitions 89, 167
Discrétion, accords de 169
Dispensaires 151
Dobrynian A. T. di 186
Doctorat *honoris causa* 179
Dons 45, 170
Donateurs, v. Aides
Doo Kingue 114
Douanes 25
Dougan, J. 63

Dragages Constructions, v. Société française
Drapeau 174
Drogues 58, 89, 104, 117, 152
Droit d'association 86, 91, 115, 152 156
Droit de cuissage 183
Droit d'expression 43
Droit d'ingérence 25
Droit de la mer 176
Droits civils, civiques 53, 73, 90-91, 115, 120, 151-152, 156, 162 163 v. aussi Libertés
Droits de l'Homme 15, 18, 22, 27-28 30, 42, 52, 60, 63, 67-68, 75, 83 86, 88, 96, 101, 110, 120, 128, 139 163, 167, 170, 183-184
Droits des peuples, populaires 86 91, 117
Droits politiques 73, 128
Düsseldorf 60 v. aussi Allemagne
Du Toit, N. 189
Duvallier 76, 81, 98
Dynastie v. État patrimonial, Nguemistes, Obiang Nguema
Eau potable 169-170, 194 v. Santé
Eaux territoriales 175
Eaux-de-vie 59
Ebana 65, 79, 90
Ebano 54, 57, 65, 122
Ebebiyin 11, 32, 45, 57-58
Ebendeng Nsomo, M., Cap. 41, 51
Écho illustrée, L 85
École d'Hôtellerie 70
École Polytechnique Fédérale (Suisse) 146
École Martin Luther King 70
Économie 39, 45, 74, 82, 89, 104 108, 128
Ecosoc (Conseil Economique et Social des N.U.) 68, 90
Edem Kodjo, M. 55
Édition 190

Éducation 45, 70, 85, 100
v. aussi Enseignement, Religieux
Efa Mba 53
EFE (Agence de presse) 60
Église catholique 41, 52, 70, 81 83-96, 101, 113, 169, 184
v. aussi Clarétins, Jean-Paul II, Jésuites, Pax Romana, Vatican
Église presbytérienne, v. Presbytériens
Églises 127, 179, 181, 184
Ekong Andeme 65-66
Ekong Awong, Caporal 61
Ekong Andeme, P. 57
Ekua Miko, M. 40, 69, 129
Ekwueme 109, 113 v. aussi Nigeria
Ela, J.-M.,Père 81, 83, 90
Ela, P. 79
Ela, R. 79
Ela Nzeng, S., Cdt (Nzomo de Añisok) 39-40, 55, 62, 65, 94, 119, 129
Ela Oyana 56
Eldorado 195
Élections 13, 17, 27, 37, 48, 118, 136 140, 149, 152, 156, 158, 167, 170 182, 185
Électricité 181
Électromenager 57
ELF-Erepca 66
ELF-Aquitaine 82, 147, 176
Éliminations 38 v. Assasinats, Mort
Élites 27
Elo, R. 61
Elobeyes Chico et Grande, îles 70, 173 175-176
Elo Ndong, D. 62
Eloy Elo Nve Mbengono, M. 61
Élysée, v. France, Paris
Elzagirre 79
Embargo 106, 113, 141
Embassades, Embassadeurs, V. Diplomatie
Émeutes 46

Emblèmes nationaux 163
Empoisonnement 79
Énergie 34, 39, 63, 181
Energy Africa (Afrique du Sud) 176
Enfants 54, 182-183, 193
Enfer 17, 60, 103, 121, 179
Engelhard, M.R. 67
Enlèvements 144, 149, 151
Emprisonnements, v. Prisons
Enfants 89
Enfer 168, 197
Enseignement, Enseignants 13, 45, 49
   52, 59, 65, 69-70, 73, 85, 87, 170
   182-183, 194 v. aussi Religieux
Entrepôt 57
Entrepreneurs 23
Epalepale Ilina, F. 49, 62, 79
Épidémies 142 v. aussi Santé
Épiscopats 86-87 v. Evêques
Épouses 183 v. aussi Femmes
Esagwong, clan (Mongomo) 150
Esangui (clan), et alliés 11, 15, 31, 33-
   34, 46, 55, 58-61, 63, 72, 74, 76, 98
   116 118-119, 159, 167 v. aussi Mbon
   Esebekang, Nkodjoé, Nzomo, Obuk
   Pouvoir clanique
Escuder y Galliana 79
Esclavage, Esclaves 149, 151, 173
Escorte présidentielle 41, 55
Escriva, J., M. 180
Escroqueries 108, 120, 136, 169
   v. aussi Corruption
Esebekang 12
Esomba, Ph. 49
Esono, C.B. 54
Esono Abaga Ada, J. 40, 110, 119, 129
Esono Mbomio, J. 45, 66
Esono Obama Eyang, P., Ss-lt 39-40
   58-59
Espagne, Espagnols 15, 17, 18, 19-20
   21, 22, 23, 24, 26, 28, 31, 32, 33, 3
   40-41, 43, 45-46, 52, 54 , 56, 58-60
   63-67, 69-74-76 78-79, 82-86, 88-90
   92, 96, 99-101, 103-113, 118, 121
   123, 128, 135, 138-151, 168-169
   171, 173-176, 178, 185, 190-191
   194 v. aussi Juan Carlos Ier
Espagnol 60
Establishment britannique 169 v.
   aussi Royaume-Uni
Establisment espagnol, v. Espagne
Establishment équato-guinéen, v.
   Nguemistes
Estuaire du Muni 1763
Esono Obama Eyang
Espoir 143, 147
Estudios geográficos 174
État 75, 103, 147, 160, 183-184, 189
État criminel, État policier 167
État fédéral 194
État patrimonial 12
État voyou 185
États-Unis 13, 19, 20, 21, 27, 52-53
   67, 84, 90, 101, 111, 114, 135, 140
   145, 150-151, 168-171, 173-174
   178-181, 183, 185, 193 v. aussi
   Presbytériens
Éthiopie 40, 59, 70
Éthnies 71
Étudiants 54
Europa Press 167
European Left 184
Évacuations 52, 145
Évangélisation, Evangile 84, 88, 92
Évêchés, Evêques 84 v. aussi
   Eglise catholique
Evinayong 14, 32, 43, 45, 85
Evren, Gal 99, 157
Evuna Owono Asangono 40, 58-59
   123, 128
Eworo Ndongo, J. 38
Execuatur 67
Exécutions capitales 38, 58, 138
   139 v. aussi Peine de mort
Exigensa 56, 63-65, 123, 150
Exil, Exilés 19, 27, 33, 48, 53, 66, 100

111, 117, 146 v. aussi Réfugiés
Exode 39
Expatriés 45
Expédition navale 149
Exploitation conjointe 176
Explorateurs 84
Exportations 57, 176 v. aussi Import-Export
Expression, liberté d' 152
Express, L' 70
Expression, L' 188
Expulsions 13, 23, 38, 46, 60, 89, 144 168
ExxonMobil 168-170 v. aussi Pétrole
Eya Nchama, C. M. 32, 38, 71, 73, 77 95, 121-122, 148 v. aussi A.N.R.D.
Eyegue Ntutumu 37, 38-39, 59
Eyi Mensui Andeme, It (Esagwong) 60, 79, 150 v. Mongomo, Torture
Eyoma, M. S., 44
Exécutif 61
Exil 37, 121 v. aussi Réfugiés
Facteur 62 v. aussi Poste
Faim 75 v. aussi Alimentation, FAO
Faisanderie 83
Famille 18, 27, 28, 31, 33, 37-38, 49 53, 58-59, 62-63, 72, 78, 83-84, 89 96, 101, 116-119, 144, 168, 182-184 187 v. aussi Nguemisme, Terreur
Famille royale (Espagne), v. Juan Carlos Ier
Fang 58, 74, 76
Fantôme 104, 111
FAO 22, 54
Farce 122
Farine 142, 151 v. Alimentation
Fascisme 17, 27, 41, 64, 73, 88, 93 99-100, 141, 144, 151
Fatigue 184
Faucher, v. Combines, Guru-Guru
Fédération Internationale des Droits de l'Homme 32, 53
Femmes 58, 70, 83, 86-87, 183

v. aussi Enfants, Veuves
Fernandez Trelles, V. 60
Fernando Póo, v. Bioko
Ferris, M. 65
Ferris Maxe Ela, M.
Ferry 79
Figaro, Le 148
Fils 187
Fils émérite 187
Finances publiques 20, 38-39, 56, 64 78, 112, 118, 128, 140, 183
Financial Time 146
Finca Rosita y las Coronas 56-27
Finlande 185
Finmecanica 184
Flagornerie 179, 185
Florence 180
Floride 167
Foi 86
Folie 17 v. aussi Nguemistes
Fonction judiciaire, v. Justice, Tribunaux
Fonction présidentielle, v. Présidence
Fonction publique, Fonctionnaires 38, 87, 117, 150 v. aussi Hauts-Fonctionnaires
Fonds Européen de Développement 14
Fonds International d'Echanges Universitaire (FIEU) 34, 38
Fonds Monétaire international (FMI) 64 65, 68, 90, 116, 136, 169, 171, 194
Forages pétroliers 66
Forbes 169
Force aérienne, v. Aviation
Forces armées, v. Armée
Forêts v. Bois, Teodorín
Formation, v. Enseignement
Fortune 169
Fraga Irribarne 74, 123
France, Français, Francophilie Francophonie 15, 20, 21, 22, 25, 31 33, 34, 35, 40, 44, 46-47, 52, 64-70 72, 78, 81, 84-86, 89-90, 92, 101 108-112, 115-118, 121, 128-129

135-138, 141-148, 151-152, 158
173-178, 188, 190, 194 v. Afrique
  francophone, Paris
Franco, Generalisime, Franquisme 38
  74, 83, 96, 98, 122-123, 128, 163
Frankenstein 83, 99
Fraude v. Élections
Frelifer 18, 32, 148
Frelige (Frente de Liberación de Guinea Ecuatorial) 63, 66, 70-71, 148
Frente Anti-Macias (F.A.M.) 148
Fourberie 96
Front Anti-Macias 71
Front Polisario 28, 53, 69, 95, 114
  124, 135
Front révolutonnaire 79
Front socialiste 79
Frontières maritimes 173, 176
Frontières terrestres 177
Fuites de fonds 112
Fusillements 51, 107 v. aussi Mort
Gabon 22, 26, 27, 28, 32, 34, 40, 44
  46, 51-52, 58-59, 65-67, 69-70, 81
  84, 90, 92, 94, 104, 113, 115, 118
  129, 135-136, 141, 144, 147, 149
  155, 173-177, 179, 188
Gaidano, P. 184
Gantin, Cardinal 86
Garanties économiques 107
Garcia Minaur 79
Garcia Trevijano 43, 56, 63, 67, 71
Garde civile espagnole 85
Garde coloniale 38, 174
Garde-côtes 39, 74
Garde marocaine, v. Maroc
Garde personnelle, prétorienne 33, 47
  90, 114 v. aussi Cuba, Maroc
Gaspillage 67
Gaz 69, 132, 168, 193
Gazette de Lausanne 89
Générosité 169
Genève 44, 91, 105-106, 114, 172
Génocide 63, 85

Geôliers 47 v. aussi Dictature
  Nguemisme, Prisons
Géologie 114, 177
Geopolitique 78
Gepsa (Guineo-española de Petróleos S.A.) 64, 69, 106, 123
Ghadafi 96
Ghetto 77
G8-Afrique 181
Gibson, M. 181
Giscard d'Estaing 20, 28, 52, 66, 112
Gladiateurs 187
Glass, chef 173
Global Witness 167
Glorification 190
Golfe de Guinée 28, 174
Gomez Marijuan Msr 52, 95
Gonzalez, Felipe 100, 137, 139, 143
  145-146, 149
Gorilles (police) 114
Goulag 81, 115
Gouvernance 181-182
Gouvernement provisoire 124
Gouverneur civil 37, 62,
Gouverneur militaire 37, 39-40, 42
  54, 118
Gouvernements 22, 33, 91, 109, 141
  171, 189
Gouvernorat 5
Grace 21
Gran Canarias 79
Grand Maître 15, 30, 86, 193
  v. aussi Macias Nguema
Graullera, J. L. 60, 75, 128
Grève, droit de 162
Grimaldi 79
Griots 179
Grupo de Zaragoza, v.
Grupos Especiales de Operaciones
  (G.E.O.) 95 v. aussi Academia
Guadalajara 95
Guardia nacional 44
Guéguerre 113

Guerre 120, 178
Guttierrez Melado 60
Guinea Conakry 179
Guinea española 174
Guinea 2000 175
Gulf Oil 123
Guru-Guru 107, 115, 120 v. Combines
Gustave 174
Habeas corpus 163
Habitat 75
Haïti 38, 76, 81
Hannon 127
Harpers Magazine 171
Hassan II 68 v. aussi Maroc Mercenaires
Haut Commissariat des N.U. pour les Réfugiés 46, 53, 99 v. aussi Réfugiés
Haute Cour de Justice 189
Hauts fonctionnaires 57-58, 64
Hebdo, L' 149
Hégémonie policière 82
Heimo, B. 88
Héritiers, v. Clan de Mongomo Nguemistes, et noms spécifiques
Hiérarchie militaire, v. Armée Colonels, Nguemistes
Hispanisation 84 v. aussi Espagne
Hispanité, Jour de l' 66, 74, 84, 148 172-178
Hispanoil 66, 74, 142
Hispanophonie 167
Histoire 101-125, 172-178
Hollande, v. Pays-Bas
Homéopathie 121
Homicides 167
Hommes d'affaire 82
Homme-orchestre v. Oyono Ayingono
Honneur 76
Hong Kong 186
Honte 110, 184

Hôpital militaire du Val-de-Grâce (Hôpital, Paris) 184
Hôpitaux 75, 150, 179, 194 v. Santé
Hors-la loi 51, 82, 135, 150, 155, 159 v. aussi Nguemistes
Hospitalisation, v. Hôpitaux
Hôtels 74, 177
Houston 169, 176
Huizinga, J. 189
Humanisme 116
Human Rights Watch 189-190
Humour 108, 118
Hyde, Mr 169 v. Obiang Nguema
Hydrocarbures 70, 183, 193 v. Gas Kérosène, Pétrole
Hypocrisie 163
IciCémac 170
I.C.R. Review 122
Ideal 98
Identité nationale 100
Idéologie 19
Idiot, Idiotie 14
Ignace de Loyola 84 v. Jésuites
Igname 151
Îles 27-28, 51, 70, 172-178 v. aussi par noms spécifiques
Illégalité 78
Illusions 26, 111-113, 145-146
Imparcial, El 128
Immixtion 183
Impartial, L' 115
Import-export 56, 65
Impôts 163
Imprimeries 100
Impunité 152
Incapacité 79
Incarcérations v. Prisons
Incendies 28, 43
Incompétence 89, 110, 149
Incurie 53
Indemnisations 46, 74
Indépendance 11, 19, 34, 51, 53, 74, 109
Independence Federal Saving Bank 171

Indigence 75
Industrie 34, 38-39, 63, 115
Information 38-39, 57, 60, 62
    v. aussi Papier, Presse
Infrahumain 162
Insécurité 64
Insolence 42
Inspection des Finances 57
Instituteurs 71, 85 v, aussi
    Enseignement
Instito de Estudios Africanos 79
*Instituto Italiano per l'Africa e
    l'Oriente* 182
Inteligentsia 83, 156
Intégrité physique 156 v Torture
Intellectuel 38, 156, 161
Intérieur, ministère 39, 45, 59, 61
    78, 144 v. aussi Police
International Bar Association 186
*International Bodygard and Security
    Services Associations* 188
International Law Association 186
Internet 188, 190 v. aussi Cyber-
Interrogatoires 38, 152
Intimidations 170
Instituteur 59
Interview 144, 182-185
Interviú 60, 99, 119-120, 128
Intesa 68
Intoxication, Action d' 153
Investissements, Investisseurs 23, 182
    65, 106-107, 112, 168, 176
Inviolabilité du domicile 75
IPGE (parti) 11
Irrégulatiés 141
Islam 92
Islas del Golfo de Guinea 174
Isuzu 57
Italie 85, 115, 119, 123, 179, 181
    v. aussi Vatican
Jack Daniels (whisky) 187
Jacobinisme 163
Jaguar, Edit. 18

Japon 64
Jean-Paul II 81-96, 103, 120, 136
    159, 180-181
Jeckyl, Dr 169 v. Obiang Nguema
Jésuites 84-85, 178 v. aussi Ignace
    de Loyola
JetAir 169
Jeune Afrique 34, 47, 49, 71, 127-
    133, 171
Jeune Afrique (Economie) 147, 151, 176
Jeunesse en marche avec Macias
    28, 37-39, 41, 43, 53, 61-63, 85
    91, 96, 111, 123, 128, 151, 193
Johannesbourg 190
Jones Dougan, J.-L. 51
Jour férié 91
Journaux, Journalistes 14, 45, 66, 82
    88, 162 v. aussi Comité, Presse
Jover 79
Juan Carlos Ier 18, 20, 21, 26, 28
    47, 53, 75, 98, 104, 108, 111, 116
    136, 138, 159, 190
Juges, Jugements 41, 61, 159
    v. aussi Tribunaux militaires
*Junta coordonadora de la oposición
    guineana* 148
Junte, v. Clan de Mongomo, Ngue-
    mistes
Justice et Culte 33, 39, 42, 51, 61-62
    77, 86, 117, 142, 156, 159-160, 184
Justice et Paix 86
Juventud en marcha con Macias,
    v. Jeunesse
Kérosène 70
Kiarsseny, zone de 173
Kim Il Sung 105 v. aussi Corée du
    Nord
Kiosi 51
Kiosi-Akelengue 94
Kleptocratie 185
Kobel, A. 175, 178
Koch, W. F. 67
Kogo 32, 34, 45

Koss Epangue, M. 69
Koweit de l'Afrique 167
Kriegspiel 66, 70
Kukumankok 115
Lâcheté 160
Lagos 52, 55, 190 v. aussi Nigeria
Lamentations 73
Langues vernaculaires 84
Lansana Conté 179
Laquais 18, 48, 58, 85
Lassitude 73
Latrémolière, J. 47
La Vanguardia 191
Légalité 145, 163
Légalité d'exception 163
Législatf, v. Parlement
León, v. Opération
Lettres de créance, v. Diplomatie
Léopard 46
Lèpre, Léproserie 91, 151
Lerena, J. 173
Leva, îlot 173-174
Libérations 74
Liberté 74, 159, 181
Libertés fondamentales 31,42, 45 47
 61, 77, 86, 88-89, 92, 101, 115, 117
 122, 127-128, 136, 147, 151-152, 155
 167, 180, 184
Libre circulation 69, 160
Libreville, v. Gabon
Libye 14
Licences d'Import/Export 56, 65
Linge sâle 109
L'Intelligent, v. *Jeune Afrique*
Liniger-Goumaz, M. 23, 48, 93, 123
 153, 178, 184
Linus (sculpteur) 91
Liquidations 38, 85, 85 v. aussi
 Assassinats, Peine capitale
Livres 23
Lobbies 183, 193
Logements 170, 194
Loi fondamentale v. Constitution

Lois 20, 66, 68, 160
Longchamp, A. 85
Lozada, S. M. 78
Luba 32, 34, 45, 56
Lucifer 51, 62
Luis, M. 13, 38
Lutte d'influences 18
Macias Nguema. Fr. 15, 18, 19, 20
 22, 23, 25, 27, 30, 33, 37, 39, 41
 45-6, 48-49, 52-53, 56, 58, 61, 63
 65, 67, 70, 72, 75-76, 79, 82, 83-87
 89, 91-92, 96, 101, 104-105, 107
 111, 113, 116-116, 120-122, 139
 149-150, 155, 159, 161, 167-168
 175, 177, 182, 193 v. aussi Dictatu-
 re, Mongomo, Nguemisme, Terreur
Machiavel 59
Macisme 92 v. aussi Nguemisme
Madiba, L. 70
Magasins d'Etat 65
Magistrats, 150 v. aussi Ministres
 Nguemistes, Juges, Secrétaires d'État
Main d'œuvre 25, 52, 54, 61 v. Travail
Magnanimité 62, 169
MAIB (*Movimiento para la Autodéter-
 minación de la Isla de Bioko*) 176
Makarios II, Mgr 187
Malabo 34, 37, 38, 45, 57, 66-67, 75
 84, 86, 88, 99, 128, 144-146, 149-
 150, 174, 179
Maladies 75 v. aussi Santé
Malaga (Congrès de) 71
Malaria 170, 185
Malnutrition, 54, 68, 79 v. Alimentation
Malela Idjabe 191
Malibu 180
Malo 79
Mañe, Acacio 85
Mangue Okomo, Nsue de Obiang, C.
 56, 83, 188 v. aussi Femmes
Manioc 151
Manipulations 111
Mann, S. 189

Manne 115
Manœuvres (combines) 110
Mansogo Nsi, C., Cap. 61
Mao Zedong 96 v. aussi Chine
Maraton, Co 168-169
Marché noir 3, 65
Marchés tropicaux 47, 82, 115-116
  145-146
Marine nationale 38, 61, 74, 106, 135
Maroc, Marocains 11, 13, 20, 21, 24-25
  28, 32, 34, 40, 46-47, 53, 57, 63-64
  66, 68-70, 78-79, 89-90, 98-99, 105
  114, 135, 184, 194 v. Mercenaires
Martin Peinador, L. 174
Martone, Fr. 184
Marxisme-léninisme 72
Mascarades 56, 62
Masié Ntutumu, M. 33, 37, 57, 59, 65
Masogo, A. 45
Massacres 14, 83, 98 v. aussi Mort
Materia reservada, v. Censure
Matières premières 113
Mauritanie 24
Mauvais traitements, v. Sévices
  Violences
Maye Ela, Fl., Cdt (Clan Mbon,
  Mongomo) 24, 26, 27, 33. 35, 38-39
  44, 46-47, 55, 57-59, 62, 64-65, 69
  78-79, 119, 128
Mayo, Clinique (USA) 183
Mba Ada, M. 33, 45, 56, 58,79, 106, 123
Mba Nchama, F. 39, 46
Mba Ndong, A. 57
Mbañe, île 51, 173-177
Mbanié, v. Mbañe
Mbangwe, v. Mbañe
Mba Ndong, A. 117
Mba Nguema, A. 168, 187
Mba Nguema, S. Ss-lt 39, 44
Mban Nsolo Mban, D. 40
Mba Nsue, J. 33, 45, 56, 59
Mba Oñana, Fr. Cdt 35, 37, 40, 45, 53
  55-57, 59, 65, 78, 84, 87, 92, 117

  123, 128
Mba Ondo Nchama, F. 61-62, 78
Mbato, v. Obama Nsue Mengue
Mbega Obiang Lima, G. 187
Mbini 32, 45
Mbomio, Ciriaco V. 33, 59
Mbomio, L. 45, 54, 71, 79
Mbon, Clan 12, 28
Mboumou Miyakou, A. 177
M'Bow, A. M. 53
Mécontentement populaire 168
Médecine indigène 121
Medecins, v. Santé, Violences
Médecins sans Frontières 185
Medenou (loc.) 177
Médiateurs, Médiations 52, 138, 175
  187 v. aussi Arbitrage
Médicaments 128, 151
Mediterráneo, El 123
Médias d'État 168
Médiocrité 73
Mégalomanie, v. Obiang Nguema
Mémoire 13
Mene Abeso, T. Ss-lt 33, 39
Menem 179
Mengue Oyono, E. 62
Mensonges 63
Mensuy Mba, P. 33, 39
Mentalité 171
Mercenaires 27, 34, 46, 57, 68-89
  114, 141, 189 v. aussi Maroc
Mères de la Place de Mai 86, 88
Mésinformation, v. Presse
Messa Bill 40, 116
Messager, Le 168
Méthodistes 84 v. aussi Protestants
Micha Ela Obono 40
Micha Ondo Bile, P. 170
Micha Nsue Nfumu, J. 40, 62, 128
Michel, N. 178
Michelini, A. 180-185
Michelini, J. 180-181
Miko Abogo, Pl. 180

Micropartis 185
Microsoft 180
Miko, Sgt 138, 145
Mikomeseng 11, 35, 45, 58, 91, 119
Miko Oyono, M. 38
Milam Tang 13
Minas SA 24
Mines 34, 39, 52, 63, 105, 151
Ministères, Ministres 33, 85, 140, 142
 168, 175, 179, 181, 183, 184
Minnesota 183
Miracle (premier et second) 15, 39, 47
 84, 156, 170
Miramar (École d'hôtellerie) 70
Misère 82, 101, 109, 120, 128, 136
 167-171, 180
Missionnaires espagnols 174, 178
 v. aussi Clarétins, Jésuites
Mitraillettes 149
Mitterand, Fr. 67, 70, 101, 108-109
 112, 116, 119, 143, 146
Mobbs, Ph. M. 176
Mobil Oil 183 v. aussi Pétrole
 ExxonMobil Oil
Mobutu Sese Seko, 114, 141, 145
 168, 175, 179
Mœurs 90
Mogadiscio 47, 162
Molifuge 148
Monalige 11
Monarchie sociale 144
Moncloa 139, 149
Monde, Le 64, 113, 115, 123, 146
Mongo Beti 13, 49, 127, 133 v. aussi
 Jeune Afrique, *Peuples Noirs −
 Peuples Africains*
Mongomistes, v. Nguemistes
Mongomo (district, loc,) 11-12, 14-15
 34-35, 38-39, 45-47, 54-55, 58, 61-
 64, 72, 76, 83, 85-86, 89-90, 96, 103
 108, 111, 113, 116-117, 121, 124, 136
 149, 151, 155, 162, 169, 194
Monocaméralisme 156

Monographie 67
Monologue 182
Monopole 151
Monstres 168
Mont Santa Isabel 34
Monts de Cristal 177
Montes de Oca 84
Moran, F. 100, 137-138
Moralité 53, 88, 108, 117
Mora-Mayo 79
Moro, Fr. 76
Moro Mba, J., Cdt 41, 61
Mort, Morts 19, 22, 57, 144-145
 150, 167, 168, 179 v. aussi Assas-
 sinats, Liquidations, Peine capitale
Moto Nsa, S. 111, 148
Moulins à titres v. *Senior University*
*Mouvement international pour
 l'Union fraternelle entre les races
 et les peuples* (UFER) 53, 72
*Mouvement panafricain pour la
 Jeunesse* 17, 27
Mouvements humanitaires 83
Moyen-Age 179
Moyen-Orient 168
Mozambique 185
MPLA, v. Angola
Muatetema Rivas 177
Multinacionales, v. Gaz, Pétrole
Multinguemisme 182
Multipartisme factice 77, 170, 182
Mundo negro 147
Mundo obrero 17
Munga 173
Munge 11
Muni (estuaire, fleuve) 147, 173
Musique 194
Mutinerie 51
Mutisme 52, 85
Mystification 123
Nairobi 190
Naïveté 68
Nationalisme 100

Nation la plus favorisée 107
Nations Unies 15, 23, 24, 28, 32-33
   37, 38, 40, 58-59, 61, 66, 68, 77-79
   85, 90, 96, 101, 105, 107, 114, 122
   128-129, 135-136, 146, 150-152
   158-159, 162, 176-177 v. Commission des Droits de l'Homme, FAO Haut-Commissariat, OMS UNESCO
Navigation 113
Navires 106 v. aussi Navigation
Nchama Elsa, C. 56
Naphte, v. Pétrole
Ncué 78
Ndong Ela Mangue, J. 116
Ndong Micha A. 162
Ndongo, A.M. 94
Ndongo, M.R. 72, 115, 123, 148
Ndongo Asangono, M. 60
Ndongo Mba, M. Ss-lt 40, 54-55
Ndongo Miyone 59
Ndongo Owono Ayang, A. 62
Ndowe 74
Négociations 16, 55, 78, 108 , 176
Nguesa Mangue, T.. 74
Néocolonialisme, v. Colonialisme
Népotisme 47, 88, 96, 123, 151, 159
Neutralisation 119
Neuvecelle, J. 89
Neveu gentilice, Neveux, v. Famille
New York, v. États-Unis
New York Times 175, 185
New African 117
Ngomo, D. 1118
Ngouabi, M. 175
Ngua Alu, T. 62
Nguema, A. 57, 117, 150
Nguema Edu, A. 44, 49, 53, 55
Nguema Edu, Fr., Lt 41
Nguema Esono, B. 35, 37, 59, 78, 129
Nguema Mba, M. 168
Nguema Mba Nzogo, Cdt, v. Obiang Nguema

Nguema Esono, B. 37, 38-40
Nguema Obiang, Teodorín 14, 56
   179-180, 186, 193-195,
Nguemisme, Nguemistes 14, 17, 26
   18, 27, 37, 38, 43, 47-48, 57, 59. 62
   65-66, 68, 71, 73-75, 87-88, 90. 92
   96, 103, 113, 117-121, 128, 136, 145-
   150, 169-170, 189, 193 v. Hors-la-loi
Niefang 32, 45, 54, 58
Niger (delta, fleuve) 84
Nigeria, Nigerians 14, 25, 30, 38, 40
   52, 54-55, 81, 83-84, 92, 109, 113
   145, 149, 151, 168
Nigrizia 184
Nkodjoé 12
Niveau de vie, v. Conditions, Misère
Njoya, Vessah 69
Nko Ivsa 118
Nkue 179
Noblesse, titres de 186
Noël 145
Nord (Pays riches) 73
Normalisation (accords de) 67
Notables, v. États-Unis, Famille Nguemistes
Nse Maye, A. 48
Nsok 34
Nzomo (clan) v. Añisok, Ela Nzeng
Nsono-Okomo, Martín
Nsue Angue Osa, M. 70
Nsue Ela Eyang, P. 59, 111
Nsue Ngomo, E. 56, 79
Nsue Nguema, M. 45
Nsue Obama, P. ss-lt 43
Nsue Okomo, M. 148
Nueva España, La 122
Nve Bengobesama Ochaga , B.
   v. Ochaga Nvé
Nvono Nka Manene, C. 35, 40, 1128
Nyerere 18
Nze Abuy, Mgr 52-53, 84, 89, 94-95
Obiang Alogo Ondo 59
Obama Ondo Eyang, P. 33

69. 90
Obiang, Job 85
Obiang Enama, P. 33, 39-40, 48, 58, 63
Obiang Mangue 59
Obiang Nguema Mbasogo, T. 11, 13-14
   17, 19, 21, 22, 25, 26, 27, 33, 35, 37
   38-41, 48-49, 53, 56-57, 62, 65-65
   67, 69, 74-77, 79, 82-83, 85-86, 88
   91-92, 96-100-101, 104-108, 110-111
   113, 116- 118, 120-123, 127, 135
   137-141, 143-148, 150, 155-156, 159-
   160, 167-170, 173, 175, 179-191
   v. aussi Dictature, Nguemisme, Terreur
Obondo 78
Obsession sexuelle 184
Obuk 12
Occident 20
OCDE 171, 184
Ochaga Nvé Bengobesama, C. 45, 49, 72
Occupation 175
Office des transports (Oficar) 150
Offshore 175
OIT (Organisation Internationale du Travail) 48, 54, 67-68, 70, 151, 156, 162
Okenve Mituy, F. 40
Okoumé 69, 151, 159
Oligarchie 35, 64, 68, 73 v. aussi
   Nguemistes
Olivares, I. 99, 119, 162
OMS 67
Onchocerchose 170
Ondo Ayanga, L. 58
Ondo Edjang 57
Ondo Edu, B. 11
Ondo Ela, Sgt 38
Ondo Eto 70
Ondo Maye, D. 79
Ondo Ngomo, J. 177
Ondo Nguema, A. 187
Ondo Nguema, P. 40
Ondo Nsi, V. 61
Onguene Onguene 149
O.N.U v. Nations Unies

O.P.E.P. 20, 136, 168
Opération León 67
Opposition 19, 64, 82, 90, 107-108
   120, 137-138, 140, 144, 148, 168
   190-191, 192-197
Oppression 25, 81
Opus Dei 180, 182
Or 113
Ordonnance 187
Ordre public 108
Oreja Aguirre 22, 53, 128
Organisation des femmes de G.E.
   70 v. aussi Femmes, Promotion
Organisation des Nations Unies, v.
   Nations Unies
Organisation sociale 86
O.U.A. 15, 35, 37, 40, 52, 55, 59
   69, 78, 85, 114, 152, 158, 176
Orgies 173, 177
Orthodoxes 179
Osservatore romano 85
Ossorio 84
Ostentation 90
Otages 138
Ouganda 72
Ouvriers, v. Travailleurs
Owona, J. 163
Owono, L. 45
Owono Mituy, D. 58
Owono Asangono, A. v. Evuna Owono
Owono Ndong Andeme, C. 79
Oyono, L., Cap. 74
Oyono Ayingono, D. 38, 44, 63, 71
   74, 79
Oyono, S. 153
Oyo Riqueza, E. 39, 55, 61-62, 64, 73
   76, 78-79, 122
Pacte social 78
Pactes internationaux 87
Paillasse 168
Pain, v. Alimentation, Farine
País, El 112, 120, 123, 128, 146-148
Paix 1457

Paix 1457
Palais des Nations (Genève) 114
Palais du Peuple, v. Palais présid.
Palais présidentiel 35, 52, 90, 179
Palazio Chigi 184
Pandeca 148
Palermo 179
Panacée 144
Pape 81-96, 103, 113, 120 v. aussi Catholiques, Jean-Paul II, Vatican
Papier 60
Paradis 82
Paralysie (économique) 110
Parc avicole 67, 151
Parents, v. Famille
Paris 63, 71, 73, 76 v. aussi France
Parlement 21, 82, 99, 106, 128, 140 144, 151, 155, 158-159, 177, 179
Parlement mondial pour la Sécurité et la Paix 179, 186, 188
Partage des revenus 168 v. aussi Gaz, Pétrole
Partage territorial 66
Parti unique, v. P.D.G.E., P.U.N.T.
Parti Démocratique de Guinée Équatoriale (P.D.G.E) 14, 167 v. Dictature Nguemistes
Partis politiques 87, 118, 120, 140 152, 155-156, 162, 182
Pastor y Peña 79
Patrie 163
Paul III, Pape 84
Pauvres, Pauvreté 5, 73, 167, 171, 183 185 v. aussi Misère, Sôulards
Pax Romana 121
Pays-Bas 22, 64, 67, 189-191
Pays donateurs 96
Pays les moins avancés, v. P.M.A.
PDGE 14
Pêche 19-20. 52-53, 65, 79, 108, 111 115, 121, 140, 143, 145, 175, 181 v. aussi Poissons
Pêcherie 174

Pegesa 56
Peine de mort 40-41 v. aussi Mort Exécutions
Pékin 62 v. aussi Chine populaire
Pélissier, R. 34, 82, 99
Penne, M. 116
Peine de mort 19, 39, 58, 160
Pentecôte 92
Pénurie 171
Persécutions 89, 10
Perversité 76
P.D.P. 148
Petrogab 69
Pétrole 12, 5, 13, 20, 22, 25, 35, 47, 51 53, 65-66, 69-70, 72, 78, 81, 90, 92 104, 106, 110, 112-113, 120-121, 128 136, 138, 142, 145-147, 151, 159 167-178, 180-185, 187, 189
Pétrole lampant 69
Petronas, Co (Malaisie) 176
Peuple 88, 159, 161
Peuples 77
Peupes noirs/Peuples africains 49 121, 127-133, 151
Peur 5, 78, 82, 109-110, 120
Phalange, v. Franco, Franquisme
Pharmacie 181
Philosophie nationale-paternaliste 163
Photos 182
Pièces d'or 91
Pilgrim Consultants 189
Pillages 64, 82, 96, 138, 145
Pinochet, A. 98, 118, 136, 157, 169
Pire endroit de la terre 142, 146
Pistoleros, Pistolets 53, 150
Placements bancaires 146
Plage 51
Plan 79
Plan (italien) d'Action pour l'Afrique 181
Plan militaire 138 v. Espagne
Plantations 46, 161
Playa negra 27, 28, 37, 59, 119

Pleins pouvoirs 142
P.M.A. (Pays moins avancés) 71, 73
Poissons 65, 174 v. aussi Pêche
Police 5, 32, 39, 55, 58, 60, 62, 75, 79
  138, 145-146, 150, 152, 167
Police militaire espagnole 58, 123
Pologne 83, 86, 88, 180
Population, v. Démographie
Porte-parole 161
Portugal, Portugais 15
Ports 35, 52
Poste 61-62 v. aussi Censure
Pour une Guinée meilleure 182-185
Pouvoir 5, 108, 159, 185
Pouvoir clanique 168 v. aussi
  Esangui, Famille, Fang
Pouvoir judiciaire v. Justice
Pouvoirs publics 158
Pouvoir exécutif 61
Prébandes 66
Précarité 171
Preboste, N, Père 85
Préfecture apostolique 84
Première Dame, v. Mangue de Obiang
Presbyteriens 84, 173, 178
Prêtres 41, 85
Première Dame 194
Premier ministre 84, 128, 150
Presidence, Président, Présidentiel
  13, 14, 19, 38, 52, 62, 74, 107-108
  136, 152, 156, 183
Presidence à vie 15, 20, 51, 63
  77, 86, 157
Presse 15ss, 46, 60, 64, 85-86, 88
  111-113, 117, 120-121, 127-128
  135-153, 156, 168-169, 183-184
Prêts 25, 35
Prévarication 53, 83, 89, 151
Prisons Prisonniers politiques
  18, 27, 32, 37, 38-40, 43, 45, 57
  59-60, 62, 83, 85, 87-89, 96, 99
  101-125, 129, 167-169
Privilèges 75-76, 152

Procès 20, 61, 167 v. aussi Tribu-
  naux militires
Procès bidon 117, 167
PIB 171, 181
Professeur 179
PNUD 13, 66, 90, 96, 111, 114, 136
  136 v. aussi Développement
Projets 138
Projets stériles 67
Procureur 51, 78
Promesses 18, 114
Promotion féminine 70
Promotions 55
Propagande 48, 115, 169
Propriétaires agricoles 46-47
Propriété publique 75
Prosélytisme 92
Prospection, v. Pétrole
Protectorat 168
Prostate 183
Protestants 84-85, 184 v. aussi Bap-
  tistes, Méthodistes, Presbytériens
Protestations 25
Provocations 59, 176
Prudence 107
Psychopates v. Macias Nguema
PUNT 11, 37, 60, 77
Putsch (v. aussi Coup) 19
Quai d'Orsay v. Diplomatie, France
Rabat 184
Radio d'État 14, 74, 168, 171, 179
Radio Nederland 189
Radio suisse-romande 89
Radio Vatican 89
Raminagrobis 78
Ramon y Vizcaina 79
Ramos-Izquierdo y Vivar, L. 174
Rançons 43, 51
Rapaces 112
*Rassemblement démocratique de
  Libération de la Guinée Equato-
  riale* (RDLGE) 72, 115-116, 148
Rats 175

Rats 175
RCA (République centrafricaine) 72
Recarte, A. 60
Recolonisation 16, 99
Réconciliation nationale 31, 78, 88, 92
Reconstruction 24, 76, 105, 108
   v. aussi Démocratie
Renversement d'alliance 91
Référendum constitutionnel 62, 108
   158 v. aussi Constitution
Réfugiés 15, 17, 18, 24, 25, 27, 30
   31, 35, 43, 45-47, 52-53, 56, 70-
   71, 88-89, 99, 103, 110, 121, 128
   145, 148, 150, 152, 191
Régime dictatorial v. Dictature
Régime nguemiste, v. Dictature
   Nguemistes
Régime présidentiel v. Présidence
Régression 82
Reine d'Angleterre 169 v. aussi
   Royaume-Uni
Religieux 70 v. aussi Eglise catholique
Remaniement ministériel 78
Remarques africaines 115
Renversement, v. Coup
Reportages négatifs 183
Reporters sans Frontières 167, 184
Représentant résident des N.U. 38
Répression 49, 57, 81-83 v. aussi
   Violences
Republica, La 180
République centrafricaine 48, 140
   142, 168
Résidence surveillée 59
Résistance passive, populaire 54, 74-
   75, 98, 116, 148
Résurection 89
Revenu 39, 194
Révolte de palais 35, 47, 77, 137
Révolutions 195
Revue française d'études politiques
   175

RFA, v. Allemagne
Rice, C. 171
Riches 170
Richmond (USA) 186
Riggs Bank 169, 171, 180
Rio Benito, v. Mbini
Rio Campo 172
Rio Muni (Province) 15, 28, 34, 37
   39-40, 56-57, 61, 66, 69-71, 74, 82
   84, 112, 118, 128, 135, 175-176
   v. aussi Société Forestière
Rio de Oro, v. Sahara
Roberts, A. 169
Rochester (USA) 183
Rodesia/Zimbabwe 48
Roi 21, 75, 138, 147 v. Juan Carlos Ier
Roig, F. 79
Rothschild, Banque, Groupe 52
Royaume Uni 14, 57, 84, 111, 117, 137
   169, 171, 173 v. aussi Coups, Reine
Rovira Alepuz, J. 56
Rueda, H. 13
Ruine (matérielle) 76, 89
Rumeurs 190
Rúperez 144, 148
Russie 21
Rutherford University (USA) 187
Saavedra, M. 175
Sábado gráfico 122
Sabotage 76
Saenz de Santamaria 64
Sahara, v. Front Polisario
Saint Père, v. Pape
Salaires 79
Sal y Pimienta 120
Santé 39
Sam (loc) 177
San Carlos (loc.), v. Luba
Sanchez, A. 168
Santa Isabel, v. Malabo
Santé 33, 58, 68, 78, 146, 152, 170
   183-184 v. Eau, Faim, Hôpitaux
Santos, A. 59, 61

São Tomé y Principe   84, 160, 183
Scandinavie   147
Sceptre   114
Saragosse (Académie militaire)
   28, 39, 41, 76, 148, 177
Satrape   96
Scandaless   51, 111, 136, 138, 149
   169, 184
Schnyders, A. L.   67
Sciences   143
Sebastian, P.   47
Seconde dictature, v. Dictature
   Nguemisme, Obiang Nguema
Secours en cas de catastrophe   52
Secrétaire d'Etat   38, 168
Securité   64, 74, 90, 147, 149, 168, 187
Sedes   66, 68
Seitz, V.   168
Séminaires   113   v. Eglise catholique
Sénat, v. Conseil de la République
Sénat américain   180
Sénat espagnol   174
Sénat italien   184
Sénégal   53, 68   v. aussi Dakar
Senior University International   179
   186
Séparation des pouvoirs   156, 159
Septénat   158
Sergent   137-138
Seriche Borico Dougan, C.. Cdt   39, 41
   61, 78, 83-84, 87, 92, 104, 111
Service militaire   163   v. Armée
Services secrets, v. Afrique du Sud
Servilité   191
Servir al pueblo   148
Sévices   149
Shanghaï   190
Shell Co   168
Silberstein, K.   169
Silence complice   85
Simon Eyoma, Maria
Simulacre   71, 91, 123, 149, 185, 188
Sipopo   194

Sipri   14
Smith, J,   48
Slogans   85
Socialisme   111-112
Solidarité, syndicat   86
Société anonyme   141
Société Anti-esclavagiste   32, 42, 53
Sociedad italienne d'exploitation
   de bois (S.I.E.M)   123
Société forestières du Rio Muni   28
   35, 52, 81
Société français de Dragages et
   Travaux Publics   28, 35, 52, 82
Société pétrolière mixte guinéo-
   espagnole, v. Gepsa
Sociétés d'État   141
Société mixte   147
Sogesa   79
Soguisa   79
Soleil, Le   121-122
Solidarité internationale   78
Solidarité (Syndicat)   87
Sommet (2e) des Chefs d'État
   d'Afrique centrale   182
Sorciers   62
Sorinas, Père   174
Sotero Si,   45
Sourire   89
Sous-développement   73   v. P.M.A.
Soûler, Soûlards   171, 173
Sous-gouverneur espagnole   174
Sous-marins   34
Sous-sol   78
Souveraineté nationale   158-159, 174, 177
Soviétiques, v. Russie, Union soviétique
Spangoc   123
Spiegel, Der   185
Spegel Grove, v. Marine US
Sponsors   115
Sport   66, 85
Stade   38
Statistiques   67$
Statut juridique   108

Stoessel, W. 67
Stratégie 160
Stupidité 51
Suarez 18, 28, 60, 99, 141
Subventions 73
Subversion 87
Suède 14
Suegra, La 65
Suffrage universel, v. Democratie
Suicides 51 v. aussi Mort
Suisse 35, 72, 75-78, 85-86, 88, 91
  115, 136, 140, 142, 146, 151, 173
  175, 178, 185
Sultan Hassan, A. 186
Summerlin, T. Cap 140
Sunday Times 146
Supercherie 74
Superman, v. Oyono Asangono, D. 72
Superministres 109
Sûreté, v. Police
Syndicats 48, 83, 118, 120, 151, 155
  161-162
Système de destruction 75
Système judiciaire, v. Justice
Système présidentiel v. Présidence
Tailleur 150
Tanzanie 18
Tass (Agence) 66
Tchad 68, 109, 176
Tejero, Col. 99
Télécommunicacions 61
Télégramme de Brest 115
Téléjournal I 180
Télévision 180
Télex 69
Tensions 145
Teodorín, v. Nguema Obiang, T.
Teonesto 12
Territoire national 52
Terreur, Terrorisme 15, 22, 37, 40, 46
  76, 85, 96, 99, 105, 144, 149, 152, 183
Terrorisme d'Etat 72
Tête de pont 144, 147

Thatcher, M 169   v. aussi Mercenaires
Thèse de doctorat 175, 178
Thon 108, 115
Thuriféraire 167
Tiberio di Dobrynia, A. 186
Tiédeur 89
Tiempo 146
Timbres 127
Tigre, v. Macias Nguema
Torao Sikara, P. 11
Torture (physique, psychologique)
  Tortionnaires 5, 27, 34, 41, 43, 58, 79
  85, 90, 96, 119, 150-152, 159, 167, 183
Toscan Stucchi de Siena, Co 179
Total, Co 168, 176
Tourisme 39, 62, 81
Traditions africaines 183
Trafics 65, 117, 170   v. Drogue
  Enfants
Trahison 63, 189
Traités 173
Traité de sécurité 66
Traité du Pardo 84
Transparence, *Transparency International* 14, 171, 183-185
Travaux forcés 42
Trahison 177
Transports 40, 61, 74
Travail , Travailleurs 48, 54, 61, 64
  68, 73, 103, 117, 121, 161, 180
Travail obligatoire, v. Travaux forcés
Travaux forcés 128, 151
Travaux publics 40
Traveljournal.net 176
Trésor 183
Tribalisme 15, 64, 98, 101
Tribunal de La Haye 35
Tribunal pénal international 186
Tribunal populaire Suprême 159
Tribunaux militaires 28, 35, 40-42, 57
  87, 117
Tribune le Matin 123
Tribune de Genève 114, 120, 147

III République 109, 122
Tromperies 110
Trophée de la Paix 188
Tuer, v. Dictature, Morts
Tullow Oil 173
Tunde Idiagbon, Gal. 149
Turquie 91, 99, 119, 121, 136, 155
 157-158
Tyranies, Tyrans 17, 71, 73, 138, 149
U.C.D., v. Union du Centre
U.D.E.A.C (Union Douanière des
 États de l'Afrique Centrale 25, 66
 109-110, 116-117, 142
U.F.E.R., v. Mouvement internat.
Ukoko, îlot 175
Une Guinée meilleure 182
Université Nationale d'Enseigne-
 Ment à Distance UNED 143
UNESCO 13, 27, 53, 57, 183
UNHCR 25 v. aussi Réfugiés
UNICEF 33, 183
Union Douanière des États de
 l'Afrique Centrale (U.D.E.A.C.)
 146-147
 Union, L' (Gabon) 176
 Union Bubi 11, 32
 Union du Centre Démocratique
  (Espagne) 28, 60, 65, 112
 Union Européenne 14, 169 v. aussi
  Communauté économique europ.
 Union Générale des Travailleurs de
  Guinée Équatoriale 48, 162
 Union Financière pour l'Afrique 52
 Union Fraternelle entre les Peuples
  (UFER) 45
 Union Soviétique 15, 19, 20, 22-23
  27, 28, 30, 32, 34, 52-53, 63, 65-
  66, 74, 78-79, 81, 83, 85, 90, 101-
  102, 111, 113, 115, 121, 139, 145
  150, 160 v. aussi Russie
 Union Syndicale Africaine 47-48, 86
  162
Unité nationale 161

Universalité 98, 163
Universités, Universitaires 71, 167
 180, 186, 188 v. aussi UNED
Un seul Monde 185
Unzueta, A. de 174
Uranium 138, 145
Uriate, M. 79
Urso, A. 181
*US Geological Survey Minerals
 Yearbook* 175-176
Usurpation de pouvoir 88
Vaccination 142, 151
Val-de-Grâce (hôpital, Fr)
Valencia 148
Valeurs humaines 107 v. Libertés
Valise diplomatique 89, 103, 111
Vanco Co 176
Vancouver (Canada) 186
Vanguardia, La 75, 118, 120, 128
 191
Vatican 52, 84-86, 88, 112-113, 121
 180 v. aussi Paradis
Véhicules 57
Velarde Fuentes 79
Vénézuela 186, 188
Verité 183
Vétérans 118, 155 v. aussi Famille
 Nguemistes
Veuves, 70 v. aussi Femmes
Vicariat français des Deux-Guinées 84
Vice-Présidence, v. Maye Ela, Fl.
 Eyegue Ntutumu, M., Ela Nzeng, E.,
 Milam Tang, Nguema Esono, E.
 Oyo Riqueza, Seriche Bioco
Vices 171
Victimes 70 v. aussi Veuves
Violations territoriales 52
Violences 5, 33, 35, 45, 55-56, 66
 71, 75, 77, 99, 139, 142, 150
Viols 43, 89, 96, 110, 155
Vitraux 179
Vittel 145 v. France
Voltaire 90

Votations, Votes 90, 108
Voz del Pueblo, La 71
VPRO (Tele) 189
Walter, Soc. 1668
Washington Post 170
Wauthier, Cl. 71, 82
Website Prof. 188
Wele-Nzas 31, 45, 58 v. aussi Añisok, Ngomo)
West Africa 112, 120
Wilson, missionaire 173
Wojtyla, Karol, v. Jean Paul II

Woleu-Ntem 51
Wonga (Coup) 169
Xinhua 167
Yachts 180, 193
Yaoundé v. Cameroun
Zaïre 175, 179
Zaragoza, Grupo de 12
Zenith, Agence de presse *181*
Zimbabwe 48, 169, 188
Zone d'influence 66, 142
Zone du franc (CFA) 141-144, 147 151

Le trio funeste : Francisco Macias Nguema, Teodoro Obiang Nguema, Teodorín Nguema Obiang

La trio funeste :

Macias Nguema

Le trio funeste :

Teodoro Obiang Nguema

Le trio funeste :

Teodorín Nguema Obiang

L'Harmattan, Italia
Via Degli Artisti 15 ; 10124 Torino

L'Harmattan Hongrie
Könyvesbolt ; Kossuth L. u. 14-16
1053 Budapest

Espace L'Harmattan Kinshasa
Faculté des Sciences sociales,
politiques et administratives
BP243, KIN XI
Université de Kinshasa

L'Harmattan Congo
67, av. E. P. Lumumba
Bât. – Congo Pharmacie (Bib. Nat.)
BP2874 Brazzaville
harmattan.congo@yahoo.fr

L'Harmattan Guinée
Almamya Rue KA 028, en face du restaurant Le Cèdre
OKB agency BP 3470 Conakry
(00224) 60 20 85 08
harmattanguinee@yahoo.fr

L'Harmattan Cameroun
BP 11486
Face à la SNI, immeuble Don Bosco
Yaoundé
(00237) 99 76 61 66
harmattancam@yahoo.fr

L'Harmattan Côte d'Ivoire
Résidence Karl / cité des arts
Abidjan-Cocody 03 BP 1588 Abidjan 03
(00225) 05 77 87 31
etien_nda@yahoo.fr

L'Harmattan Mauritanie
Espace El Kettab du livre francophone
N° 472 avenue du Palais des Congrès
BP 316 Nouakchott
(00222) 63 25 980

L'Harmattan Sénégal
« Villa Rose », rue de Diourbel X G, Point E
BP 45034 Dakar FANN
(00221) 33 825 98 58 / 77 242 25 08
senharmattan@gmail.com

L'Harmattan Togo
1771, Bd du 13 janvier
BP 414 Lomé
Tél : 00 228 2201792
gerry@taama.net

Achevé d'imprimer par Corlet Numérique - 14110 Condé-sur-Noireau
N° d'Imprimeur : 96404 - Dépôt légal : mars 2013 - *Imprimé en France*